비판적 담화분석

담화와 담론이 만나는 장

비판적 담화분석

담화와 담론이 만나는 장

최윤선 지음

한국문화사

비판적 담화분석
-담화와 담론이 만나는 장

초판 1쇄 발행   2014년 3월 30일
초판 2쇄 발행   2015년 8월 31일

지 은 이   최 윤 선
펴 낸 이   김 진 수
펴 낸 곳   **한국문화사**
등   록   1991년 11월 9일 제2-1276호
주   소   서울특별시 성동구 광나루로 130 서울숲IT캐슬 1310호
전   화   02-464-7708
전   송   02-499-0846
이 메 일   hkm7708@hanmail.net
홈페이지   www.hankookmunhwasa.co.kr

ISBN 978-89-6817-120-8   93700

이 저서는 2010년도 정부재원(교육과학기술부 학술연구조성사업비)으로
한국연구재단의 지원을 받아 연구되었음(NRF 2010-812-A00218).

이 도서의 국립중앙도서관 출판시도서목록(CIP)은 e-CIP
홈페이지(http://www.nl.go.kr/cip.php)에서 이용하실 수
있습니다. (CIP제어번호: CIP2014009182)

내가 대학을 다니던 1980년대는 한국 사회에서 담론 연구가 시작된 시기이다. 당시 군사 독재 정권이 폭력적 억압을 통해 사회 전반에 담론 생산을 통제하고 있던 상황이었기에 사회과학에서는 푸코나 하버마스의 이론들이 소개되면서 담론 생산의 외적 강제에 대한 비판적 분석이 활발하게 전개되던 상황이었다. 그에 영향을 받아 당시 불어불문학과 4학년이었던 나는 문학이 아닌 언어학, 그 중에서 사회 문제와 맞닿는 연구가 가능한 담화 분석이나 사회 언어학을 공부하고 싶다는 뜻을 품게 되었다. 그렇게 유학을 떠났으며, 학위를 받고, 학생들을 가르치면서 연구를 수행했다. 연구는 담화 분석이 여전히 주요 관심 분야이기는 했으나 그때그때 관심 가는 주제의 논문을 써내는 식이다 보니 뚜렷한 방향성을 띠지는 않고 있었다.

그러다가 2010년 학술진흥재단에 인문저술지원사업을 신청하면서 연구의 방향을 뚜렷이 하는 기회를 잡게 되었다. 내가 신청한 저술성과 확산지원사업은 기존의 연구 성과를 수정, 보완하여 저술을 출판하는 것을 지원하는 사업이었다. 이를 위해 그 이전까지 써 온 논문들을 종합적으로 검토하면서 비로소 내 연구 체계를 구성하고 방향을 설정할 수 있었다. 이전까지의 나의 논문들은 서로 다른 영역-정치 담화 및 광고-과 다른 언어학적 주제들-지시, 전제, 함축, 문체, 어휘 연구 등-을 개별적으로 다루고 있었는데, 이들을 비판적 담화 분석이라는 공통된 문제의식으로 통합하여 그 틀 속에 적절하게 배치할 수 있게 된 것이다. 그 결과 나오게 된 것이 바로 이 책이다.

이 책의 부제를 담화와 담론이 만나는 장으로 설정한 것은 사회과학에서 거대 담론 위주의 담론 연구와 언어학에서 담화 연구가 서로 만나는 접점의 필요성을 느꼈기 때문이다. 사회과학 분야에서는 권력의 생산 및 재생산이 물리적 방식이 아닌 담론을 통해서 생산된다는 것을 오래 전부터 지적하고 있었으나 그것을 일상적 담화 차원에서 분석한 연구는 상대적으로 미흡하였다. 그러므로 이 책은 거대 담론 차원에서 이론적으로만 지적되어온 지배 담론의 이데올로기성이 우리가 제대로 의식하지 못하는 일상 언어 차원에서 어떻게 교묘하게 구현되고 있는지를 구체적으로 분석함으로써 이제까지 서로 떨어져 진행되어온 담화와 담론 연구가 만나는 의미있는 장(場)을 열고자 하였다.

이 책은 내가 진행해 온 연구를 총정리하는 형태로 이루어져 있다. 여기에 수록된 내용은 주로 나의 기존 논문에서 다룬 내용들이다. 그러나 기존 논문을 단순히 복제한 것은 전혀 아니다. 기존 논문들이 대개 시의적인 주제들에 대한 분석이었다면, 이 책은 그 논문들을 언어학적 지표들을 중심으로 새로 구성하는 형태로 집필하였다. 또한 이전 논문에서 사용한 프랑스의 사례들을 적당한 한국 사례들로 바꾸거나 상호 비교하는 방식으로 분석 사례들을 확대하였으며, 담화 분석 작업을 처음 접하는 초보자들이 쉽게 이해할 수 있도록 전문적인 언어학 내용을 축소하고 설명을 쉽게 하는 등의 대대적인 수정 과정을 거쳤다. 무엇보다도 기존 논문에서 없거나 부족하였던 비판적 담화 분석의 시각을 분석 내내 일관되게 적용하여 통일성을 유지하고자 하였다.

책을 쓰는 내내 가능한 한 다양한 언어학적 지표들이 여러 영역에 걸쳐 고루 분산되기를 시도하였으나 끝내고 보니 부족한 부분이 아직 많은 것을 새삼 느끼게 된다. 언어학의 화용론 부분에서 중요한 개념인 인칭대명사 분석을 통한 직시의 문제, 전제 및 함축에 관한 부분 등은 나름대로 구체적 분석을 통해 체계적으로 정리하였다고 여겨진다. 반면 음성/음운론 관련 분석이 빠져있으며 통사/의미론 분야에서도 좀 더 다양한 분석 사례들을 제시하지 못한 것은 아쉬움으로 남는다. 향후 여러 분야에서 보완 작업이 이루어져야 할 것이다.

이 책이 나오기까지 여러 분들의 도움이 있었다. 먼저 이 책에 오랫동안 관심을 가지고 조언을 아끼지 않은 선후배, 동료 연구자들에게 진심으로 감사의 말씀을 드린다. 많이 부족하지만 그나마 이 책이 읽을 만하게 되었다면 그것은 모두 그분들의 덕택이다. 출판을 선뜻 결정하고 도와주신 한국문화사 분들께도 감사드린다. 끝으로 항상 부족한 엄마이자 아내인 나를 묵묵히 감당해준 내 가족에게 이 책을 바친다.

2014년 3월

▌ 차례 ▐

I. 들어가면서

담화와 담론

담화/담론 분석을 위해서는 먼저 'discourse'를 정의할 필요가 있는데 이것은 생각보다 쉬운 작업이 아니다. discourse에 대한 정의는 일종의 "말 또는 글 모음"이라는 지극히 단순한 것에서부터 언어학, 철학, 사회학과 같은 학문적 입장에 따라 구별되는 전문적 정의에 이르기까지 서로 혼재되어 사용되고 있기 때문이다. 즉 각자의 입장과 관점에 따라 discourse의 정의가 달라지면서 다양한 정의들이 난립하고 있다. 우리나라에서도 discourse라는 개념이 번역되는 과정에서 '담화'와 '담론'이라는 두 가지 표현이 병용되어 사용되고 있다. 일반적으로 언어 연구에서의 discourse는 담화로 번역되어 왔으며, 후기 구조주의 학자들을 중심으로하는 철학 및 사회과학 연구에서는 담론이라는 표현이 선호되고 있다.

사회과학 분야에서는 1960년대 이후 프랑스의 푸코 Foucault나 독일의 하버마스 Habermas 와 같은 학자들의 담론 이론에 힘입어 담론의 이데올로기성 및 담론에 내포된 권력과 지배/피지배 관계에 대한 학문적 논의를 중심으로 담론 연구가 진행되었다. 특히 푸코는 사회에서 권력이 행사되는 과정이 물리적 억압의 방식에서 점차 담론을 통한 생산적인 방식으로 변하고 있음을 지적함으로써 담론 연구의 중요성을 천명한다. 그는 사회 깊숙이 편재되어 있는 권력망을 모세 혈관에 비유하면서 권력에 대한 비판 작업은 권력이 국지화된 만큼 국지적 차원에서 이루어져야 함을 강조한다. 그리고 그 투쟁 과정의 중심에 담론 연구를 내세운다. 담론 연구야말로 지배 담론을 통해 교묘히 구현되는 권력의 이데올로기성을 구체적으로 밝혀내고 권력을 해체하는데 기여할 수 있기 때문이라는 것이다.[1]

반면 언어학 분야에서의 담화 연구는 위의 사회과학적 배경과는 거리를 두고 진행되었다. 주로 영미 언어학자들을 중심으로 전개된 담화 분석의 초점은 언어 사용에 맞춰진다. 기존 구조주의 언어학이 실험실에서 존재하는 추상적이고 이상화된 언어 연구를 중심으로 하였다면, 담화 분석은 실제 발화된 언어를 분석 대상으로 삼는 차이를 보인다. 이러한 언어 사용에 대한 연구는 담화가 발생하는 상황 맥락에 기초하여 사회학, 인류학 등의 인접 학문과 상호 연관성을 맺으면서 화행론, 화용론, 대화 분석, 변이 분석, 상호 작용 사회언어학, 의사소통 민족지학 등과 같은 다양한 조류들을 형성하며 발전해오고 있다.[2]

해외 연구의 활성화와 함께 한국 사회에서도 담론/담화 연구가 진행되었다. 한국에서의 담론 연구는 1980년대부터 본격적으로 시작되었는데 오랜 기간에 걸쳐 군사 독재 정권이 검열과 폭력적 억압을 통해 사회 전반−특히 정치의 장−에서 담론 생산을 통제하고 있던 상황을 반영하여 담론 생산의 외적 강제에 대한 비판적 분석에 관심이 집중되었다. 그 영향을 받아 담론 연구는 해석학적이고 사회 비판적인 거대 담론 분석이 그 주류를 형성하며 오늘에 이르고 있다. 반면 순수 학문적 성격이 강했던 담화 연구는 영미 언어학적 전통 위에서 나름대로의 학문적 발전을 이루어왔다.

그러나 이러한 담론/담화 연구의 활성화에도 불구하고 사회과학/언어학 사이의 학제 간 소통이 활발하지 않은 탓인지 이 두 연구 사이의 결합

---

[1] M. Foucault, *L'ordre du discours*, Editions Gallimard, 1971. (이정우 옮김, ≪담론의 질서≫, 새길, 1993.)

_____, *Surveiller et punir: Naissance de la prison*, Editions Gallimard, 1975. (오생근 옮김, ≪감시와 처벌: 감옥의 역사≫, 나남, 2003.)

[2] D. Schiffrin, *Approches to Discourse*, Blackwell, 1994.

은 찾아보기 어려웠다. 거대 담론 중심의 사회과학 분야에서 권력의 생산이 담론을 통해서 생산(및 재생산)되고 있음을 오래 전부터 지적하였으나 그것을 일상적 담화 차원에서 구체적으로 연구하려는 언어학적 시도는 상대적으로 미흡하였던 것이 사실이다.

그러므로 이 책은 거대 담론 차원에서 이론적으로만 지적되어온 지배 담론의 이데올로기성이 일상 언어 차원에서 어떻게 구현되고 있는지 구체적으로 분석함으로써 이제까지 서로 떨어져있던 담화와 담론 연구가 서로 만나는 의미있는 장(場)을 열어 보이고자 한다.

비판적 담화 분석

이 책에서 담론과 담화의 만남은 기본적으로는 페어클로 Fairclough에 의해 대표되는 비판적 담화 분석(Critical Discourse Analysis, 이후 CDA로 약칭하기로 함)의 입장에서 이루어진다.

여기서 담화 분석 앞에 '비판적'이라는 말을 덧붙이는 것은 그것이 전통적 담화 분석의 입장과는 다소 거리가 있기 때문이다. 사회·정치적 담화 분석이라고 불리기도 하는 이 담화 분석 방식은 페어클로를 비롯하여 반 데이크 Van Dijk, 워닥 Wodak과 같은 학자들을 중심으로 발전된 이론 틀로서[3] 사회과학의 담론 연구가 가지고 있는 문제의식을 공유하고 있다. 기존 담화 분석 연구가 대체로 가치 중립적 입장을 견지하며 진행되어온 반면, CDA는 사회의 익숙한 곳에 숨어 있는 담화의 권력 관계,

---

[3] R. Wodak, "Editor's Introduction: Critical Discourse Analysis - Challenges and Perspectives" in R. Wodak(ed), *Critical Discourse Analysis*, Sage publication, 2012, p. xxxvii.

지배/피지배 관계를 찾아내고 그것의 힘의 관계를 들춰내는 것을 목표로
한다. 이러한 입장은 "푸코가 각 시대별 에피스테메[4]에 기초하여 권력이
행사되는 과정이 물리적인 힘을 통해서라기보다는 담론을 통해서라는
점을 강조하면서 권력과 담론과의 관계에 주목"하였던 문제의식을 이어
받은 것이라고 할 수 있다.[5] 그러므로 CDA는 푸코 등에 의해서 제기된
거대 담론 이론을 구체적 언어 분석에 적용하고자 하는, 즉 담론과 담화
연구를 접목시키고자 하는 접근 방식이다. 그 결과 CDA는 방법론에 있
어서 언어학적 담화 분석을 토대로 하여 "담화가 어떻게 사회적 조건들
을 생산/형성하고 현 상황을 영속화, 재생산 또는 정당화하는데 기여하
며, 다른 한편으로는 사회 변화의 시작과 전개 및 공고화 과정에 어떻게
개입"하는지에 대해서 구체적인 언어 분석을 통하여 밝혀낸다.[6] 담화 연
구와 담론 연구가 만나는 장을 소개하고자 하는 이 책이 CDA의 관점을
채택하는 이유가 바로 여기 있는 것이다.

분석대상: 정치 담화 및 광고 담화

이 책은 담화 연구와 담론 연구가 구체적으로 어떤 모습으로 만나는지

---

[4] 에피스테메는 "고고학적 관점에서 지식의 단절과 불연속을 보여주려고 푸코가
  사용하는 개념이다. 푸코는 르네상스 시대부터 현대까지의 지식 체계들을 분석하
  면서 각 시대의 지식 체계는 서로 공통성을 찾을 수 없는 원리들로 구축되어 있다
  고 주장했다. 에피스테메는 각 시대 지식 체계들을 근거 짓는 정신적 규칙을 의미
  한다." 하상복, ≪푸코 & 하버마스 -광기의 시대, 소통의 이성≫, 김영사, 2009.
[5] 박정자, 푸코의 권력개념(1), http://www.cjpark.pe.kr
[6] 이원표, 페어클로(한국어판, 2004) 역자 서문, p.xi. N. Fairclough, *Media
  Discourse*, Edward Arnold, 1995. (이원표 옮김, ≪대중매체 담화 분석≫, 한국문
  화사, 2004.)

실제 분석을 통해서 보여주고자 한다. 이를 위해 정치 담화와 광고 담화를 주요 분석 대상으로 삼고자 하는데 그 이유는 이 두 장르가 담화의 이데올로기성을 잘 드러내주는 대표 영역이기 때문이다. 정치 담화에는 정치적 이해관계에 따라 여러 이데올로기들이 대립하기 마련이며, 광고의 경우는 자본의 이해관계가 정교하게 숨어 있다.

정치 담화와 광고 담화는 둘 다 상대를 설득하는 설득 커뮤니케이션의 범주에 속하는 공통점을 지니고 있으나 실제 분석 과정에서는 그 유사성보다는 차이점이 두드러진다. 정치 담화는 —최근 들어 엔터테인먼트적인 요소가 점차 중요시되고는 있으나— 이성적 설득을 그 근간으로 한다면, 광고는 제한된 시공간 내에서 소비자를 구매로 이끌려는 감성적 소구가 그 주를 이루게 된다. 이렇게 서로 유사하면서도 차이를 드러내는 정치 담화와 광고 담화의 특징이 본 작업에서 목표로 하는 담화 속에 숨어 있는 권력 관계 및 이해관계의 실상을 보다 잘 드러내줄 것으로 기대한다.

책의 구성

이 책은 언어와 사회에 대해 호기심이 있는 일반 독자들—특히 대학 초년생—이 쉽고 재미있게 읽을 수 있는 담화 분석 연구서이고자 한다. 그래서 언어학적 지식이 없더라도 누구나 쉽게 이해할 수 있도록 전문적인 언어학 내용은 최소화하였다.

Ⅱ절에서는 담화와 담론 연구를 서로 연결시키는 시각을 제공하는 비판적 담화 분석에 대한 이론적 고찰을 시도한다. 이를 위해 먼저 CDA가 기존 언어 연구들과 어떠한 차별성을 지니고 있는지 살펴본다. 그 뒤 페어클로가 담화 분석에 적용하는 세 가지 차원인 텍스트-담화 수행-사회

문화적 수행으로 구성되는 각 과정의 특징 및 역할에 대해서 소개한다.

III절은 CDA의 문제의식을 다양한 정치 및 광고 담화에 적용한 담화 분석 사례들로 구성하였다. 각 장은 담화 분석에 있어서 중요한 언어학 주제들을 다루게 된다. 이들은 비판적 담화 분석이라는 공통된 문제의식을 지니되 나름의 독립성을 지니고 있으므로 책의 순서에 상관없이 관심 있는 부분을 먼저 골라 읽어도 이해에 어려움이 없도록 하였다.

1장에서는 지칭 및 인칭에 대해서 살펴본다. 어떤 지시어를 사용하여 상대를 지칭하는가에 따라 발생하는 언술 효과를 분석하는 작업은 담화 분석에 있어서 흥미로운 연구 대상이다. 다양한 지칭 방식과 인칭대명사 (-우리/당신/나/너/그들)의 사용을 중심으로 이제까지 제대로 의식하지 못하고 있었던 부르는 행위 속에 숨어 있는 권력 관계 및 이해관계를 분석한다.

2장에서는 문체 및 어휘의 선택과 배제의 이데올로기에 관심을 둔다. 현대 사회에서 현실을 재구성하는데 있어서 결정적인 준거틀(frame-work)을 제공하는 것 중의 하나가 바로 언론 매체이다. 이 장은 여러 매체가 생산해낸 다양한 담화들이 어떠한 이해관계에 따라 현실을 재구성해내고 있는지 구체적인 언어 분석을 통하여 밝히고자 한다. 이를 위해 어휘의 선택 및 문장 구조에 작용하는 이데올로기적 작용을 살펴본다. 어휘 차원에서는 한 단어의 선택(및 배제)이 어떤 힘겨루기 과정을 통해 발생하는지에 대해서 분석한다. 문장의 경우, 수동형/능동형의 선택(및 배제), 명사 구문화 등으로 인해 발생하는 담화 효과들을 집중적으로 검토한다. 또한 언어 속의 성차별 현상을 문법과 어휘 차원으로 나누어 고찰함으로써 그 속에 숨어 있는 남성 중심의 이데올로기를 드러내고자 한다.

3장에서는 전제와 함축을 다룬다. 전제와 함축은 화용론에서 중요하게 다뤄지는 연구 주제로서 언어학뿐만 아니라 철학 및 논리학과도 맞닿아 있다. 기존 언어학 연구들이 주로 전제와 함축의 이론적 정리에 집중되어 왔으므로 이 장에서는 이들이 구체적인 정치 담화를 통해 생산해 내는 담화 효과에 대해 살펴본다. 그 뒤를 이어서는 그라이스 Grice의 대화격률(conversational maxims)을 검토한다. 대화격률이란 원활한 의사소통을 위해 지켜야 하는 규칙이다. 그라이스는 대화격률이 위반될 경우 발생하는 함축 의미에 대해 주목하였다. 함축은 모든 언어 활동에 등장하나 그것이 특히 강화된 형태로 등장하는 영역으로 광고를 들 수 있다. 여러 광고에서 그라이스의 대화격률을 위반할 경우 발생하는 함축 의미와 그 속에 숨어 있는 광고 전략을 읽어내고자 한다.

4장에서는 이미지 및 기호에 관한 분석을 시도한다. 메시지가 기의라면 그것이 표현되는 양상은 기표라고 할 수 있다. 이때 기표와 기의가 합쳐져서 기호라는 종합체가 탄생하게 된다. 1~3장에서 주로 다룬 내용이 메시지(기의)에 대한 담화 분석이었다면 이 장에서는 이미지(기표)를 중심에 놓는 기호 분석을 시도한다. 문화 비평가들은 산업사회에서는 기의가 기표에 우위를 차지하였으나 후기 산업사회에 이르러서는 기표가 기의에 우선시되면서 수많은 이미지 중심의 기호들이 범람하며 소비자들의 욕망을 부추기는 소비 사회로 전환되었음을 지적한다. 이 장에서는 담화/기호, 기의/기표 간의 상관관계를 현대 소비 사회의 대표적 코드인 광고를 통하여 규명하고자 한다.

참고 사항

이 책은 2010년 학술진흥재단(현 한국연구재단)이 시행한 인문저술지원사업 중 기존의 연구 성과를 수정·보완하여 저술출판 계획을 가지고 있는 과제를 지원하는 저술성과확산지원을 받아 진행되었다. 그러므로 이 책은 저자가 이제까지 수행한 담화 분석 연구를 정리하는 작업이다. 수록된 내용 중의 일부는 책을 쓰는 과정에서 새롭게 연구한 결과이고, 일부는 기존 논문을 참고하여 새롭게 집필하였다. 집필에 부분적으로 이용된 논문은 아래와 같다.

1장 인칭/지칭 연구: <프랑스 광고커뮤니케이션 채널 유형 연구(2009)>, <2007 프랑스 대통령 선거 TV토론의 언술전략 분석(2008)>, <프랑스 광고에 드러난 인칭대명사의 담화효과 분석(2004)>, <제 16대 대통령 선거 후보들의 언술전략 분석(2003)>, <프랑스와 한국의 정치담화 비교분석(2003)>, <프랑스와 한국의 대통령선거 담화 비교 분석: 상대후보에 대한 지칭전략을 중심으로(2000)>.

2장 문체/어휘 연구: <선택과 배제의 담화 전략 분석- 멕시코만 원유 유출에 대한 BP의 보도 자료를 중심으로(2011)>.

3장 전제/함축 연구: <2012년 프랑스 대통령 선거 TV 토론의 담화 분석 - '전제'와 '함축'을 이용한 F. Hollande의 상대후보 공격전략을 중심으로(2012)>, <프랑스 광고 속에 드러난 함축 의미의 화용론적 연구(2009)>.

4장 이미지/기호 연구: <프랑스와 한국의 광고 기호 비교 분석(2005)>, <프랑스 자동차 광고 기호 분석: 시각적 요소와 언어적 요소의 관계(2002)>.

꼭 소개하고 싶으나 저자의 연구가 부족한 부분은 해외 연구자들의 분석 결과를 활용하였다. 여기서 소개한 해외 연구는 아래와 같다.

3.2. <문체가 말을 할 때>는 트루 Trew의 "Theory and Ideology at work" in *Language and Control*.

3.3. <성이 말을 할 때>는 로메인 Romaine의 <언어와 사회(Language and society)>중의 제 4장 「언어와 성별」, 야겔로 Yaguello의 <언어와 여성(les mots et les femmes)>의 2장 「남성명사와 여성명사: 문법적 불균형」 3장 「남성명사와 여성명사: 의미의 불균형」 및 4장 「욕설: 언어의 힘과 권력자의 언어」.

II. 비판적 담화 분석이란 무엇인가

앞에서 우리는 사회과학 분야에서의 담론 연구와 언어학에서의 담화 연구가 서로 접점을 찾지 못하고 분리되어 진행되고 있음을 지적하면서 담화와 담론이 만날 수 있는 연구의 장의 필요성에 대해서 언급하였다. 그리고 그러한 문제의식을 가장 잘 해결할 수 있을 접근 방법으로 비판적 담화 분석(Critical Discourse Analysis)을 제시하였다. 언어학자인 페어클로는 그의 저서 ≪언어와 권력(Language and Power)≫에서 먼저 일반 언어학이 사회적 맥락에서 유리된 채 진행된 것을 비판하고, 이를 비판한 다른 언어학적 입장들-화행론, 사회언어학, 대화분석 등-에 대해서도 이들의 가치중립적 연구 입장을 비판하면서 CDA가 기존 언어 연구와 다른 지향점을 가지고 있음을 강조한다.[7] 그러므로 이 장에서는 먼저 CDA의 문제 의식이 기존 언어 연구들과 어떠한 공통점 및 차이점을 지니고 있는지 살펴보고, 그를 바탕으로 하여 CDA의 이론적 특징 및 페어클로의 담화 분석 방법에 대해서 차례로 고찰하기로 한다.

1. 기존 언어 연구 비판

현대적 의미의 언어 연구는 소쉬르 Saussure가 제안한 랑그/파롤 (langue/parole)의 이분법적 구분을 수용하며 발전된 구조주의 언어학에서부터 시작한다. 소쉬르는 랑그를 특정 공동체에 공통으로 사용되는 불변의 것으로 한 사회의 언어 체계로서의 추상적인 언어 목록이라고 규정

---

[7] N. Fairclough, *Language and Power*, Longman, 1989. (김지홍 옮김, ≪언어와 권력≫, 경진, 2011, pp. 29-49.)

하면서 언어 연구에 있어서 이러한 체계에 대한 공시적 연구의 필요성을 강조하였다.[8] 소쉬르는 랑그를 사회 전체에 걸쳐 동질적인 것으로 간주하고, 파롤은 랑그의 개별적 실천으로서 랑그의 변이체에 그치므로 언어 연구는 파롤이 아닌 랑그에 초점을 맞추어야 한다고 주장하였다.[9] 이러한 그의 입장은 언어 실천에 대한 연구, 즉 파롤에 대한 연구를 배제함으로써 언어 연구를 이상화된 연구로 제한시켰다. 페어클로는 언어 사용의 실천을 고려하지 않고 사회적 맥락을 배제한 언어 연구는 실험실에서만 존재하는 추상적이고 제한적인 언어 연구에 그치게 된다고 비판하면서 일반 언어학적 입장을 비사회적 방식의 언어 연구라고 그 한계를 지적하였다.[10]

이렇게 파롤에 대해 랑그를 우선하는 입장은 언어학의 연구 영역을 소위 순수 언어학으로만 제한하는데 이의를 제기하는 여러 언어학적 조류에 의해서 비판을 받게 된다. 그 대표적 분야로 화행론, 사회언어학, 대화 분석 등을 들 수 있다. 그런데 페어클로는 이들 연구 또한 한계가 있음을 지적하면서 그 극복 대안으로서 CDA를 제시한다. 이제부터 이들 언어학적 입장이 일반 언어학의 랑그에 한정된 언어 연구를 어떻게 극복하고자 하였고, 그것이 CDA의 문제의식과 어떤 유사점과 차이점을 보이는지 페어클로의 ≪언어와 권력≫을 통해 검토하기로 한다.

화행론 비판

화용론은 기존 언어학이 도외시해 온 파롤의 영역을 구체적 연구 대상으로 삼는다는 점에서 일반 언어학과 근본적인 차이를 보인다. 그런데

---

[8] F. de Saussure, *Cours de linguistique générale*, Payot, 1972.

[9] F. de Saussure, *op. cit.*, pp. 31-32.

[10] 페어클로(한국어판, 2011), *op. cit.*, p. 32.

화용 연구는 유럽 및 영미 지역에서 서로 다르게 진행되었다. 유럽에서는 화용론을 '언어 사용에 대한 과학'(the science of language in use)으로 인식하여 보다 광범위한 연구가 진행되어 온 반면, 영미 언어 연구에서는 오스틴 Austin과 써얼 Searle의 화행론을 중심으로 연구가 진행되었는데[11] 페어클로는 특히 영미 연구가 제시하는 화행론에 대해 비판적 입장을 취하였다.

화행론은 언어가 발화를 통하여 일련의 행위를 수행하는데 사용된다는 기본 가정에서 출발하여 발화가 행위에 연결되는 데 충족시켜야 하는 발화 조건에 대해 연구하였다.[12] 화행 연구는 개인적 언어 실천인 파롤의 발화 상황과 생산 조건 등에 대해 관심을 기울인다는 점에서 기존 일반 언어학의 랑그 중심 언어 연구와 근본적 차이를 보인다. 이 점에 대해서는 페어클로 역시 화행론에 대해서 긍정적 평가를 내리고 있다. 발화를 통하여 행위를 한다는 화행론의 입장이 '사회적 실천으로서의 담화(discourse as social practice)'의 중요성을 강조하는 비판적 담화 분석과 맞닿아 있다는 것이다.[13]

그러나 화행론의 이러한 긍정적 기여에도 불구하고 페어클로는 화행론의 주요 약점으로 개별주의(individualism)를 들고 있다. 그는 화행론에서의 주요 관심 대상인 언어 행위가 전적으로 개인 차원에서 원자론적으로 생산되는 것으로 간주된다는 점을 비판한다. 일반적으로 오스틴이나 써얼이 주장하는 화행은 개인들의 목표나 의도를 달성하기 위해 개별

---

[11] J. Austin, *How to do things with words*, Oxford University Press, 1962.
J.R. Searle, *Speech Acts: An Essay in the Philosophy of Language*, Cambridge University Press, 1969.

[12] D. Schiffrin, *op. cit.*, pp. 89-91.

[13] 페어클로(한국어판, 2011), *op. cit.*, p. 37.

화자들이 개인적으로 채택하는 전략의 차원으로 이해된다. 즉 화행론에서 가정하는 개인들은 일반적으로 동등한 대화 규칙 하에 동등하게 대화에 기여하는 상호 협력적 관계일 것으로 간주된다. 그러나 실제 대화상에서 발언은 대화자들 사이의 사회적 관계, 즉 힘의 관계에 따라 제약받기마련이다. 그러므로 사회적 갈등 관계 및 지배/피지배 관계를 기본적으로 상정하는 CDA와 달리 화행론은 언어적 상호 작용에 대해 관념화된 이상향의 모습을 띠고 있다는 점을 페어클로는 강력히 비판한다. CDA를 통해 사회적 갈등과 권력의 작용들이 첨예하게 드러나는 담화에 대한 비판적 분석을 하고자 하는 문제 의식과 화행론이 근거하는 일종의 만들어진 발화 상황에 대한 이상적인 분석과는 상당한 괴리가 존재한다는 것이다.[14]

사회언어학 비판

사회언어학은 일반 언어학이 무시해 온 언어 변이형에 관심을 두고 발전하였다. 소쉬르를 중심으로 하는 구조주의 언어학자들은 언어 체계를 고정적인 것으로 보고 그 체계를 규명하려고 노력한 반면, 사회언어학자들은 사회학이나 인류학의 도움을 통하여 고정적인 체계가 아닌 언어 사용 속에서 드러나는 다양한 변이 현상에 대해 연구하고자 하였다. 이들은 주류 언어학이 고수해 온 추상적 −혹은 비사회적인− 언어 연구 방식을 비판하는 도전적 입장을 취하였다. 초기 사회언어학의 대표적 연구자로 라보프 Labov나 번스타인 Bernstein을 들 수 있다. 라보프는 뉴욕 흑인들의 언어 사용 중에서 특히 음운론적 변이형이 그들이 속한 사회 계층과 밀접한 연관성이 있음을 밝힌 바 있다.[15] 번스타인 역시 언어와 사

---

[14] 페어클로(한국어판, 2011), *op. cit.*, pp. 37-38.

회 계급 사이의 연관성에 관한 사회언어학적 연구를 수행하였다.[16] 이들은 언어적 변이 현상과 사회적 변인들 사이에 체계적 상관성이 있음을 다양한 실증 연구를 통하여 규명해 내고자 하였다. 이러한 일련의 사회언어학적 연구들은 한 사회 공동체 내에서 언어가 고정적으로 존재하는 것이 아니라, 공동체 내의 구성 집단(계층/계급)들의 다양한 변이형들로 이루어진다는 것을 보여 주었다. 그 결과 이전까지 랑그 차원으로 제한되었던 언어 연구에 파롤에 대한 연구의 중요성을 확고히 하였다는 점에서 그 의미를 갖는다. 개인의 언어적 실천인 파롤에 대한 연구가 사회언어학자들에 의해서 정당화되고 그 중요성을 인정받게 된 것이다.

페어클로는 사회언어학이 일반 언어학 연구가 배제하거나 무시하였던 언어 변이 현상을 중요한 연구 대상으로 확립시킨 점에 대해 긍정적으로 평가하였다. 그럼에도 사회언어학이 어떠한 변이 현상이 존재하느냐에 대해서만 관심을 집중하고 그러한 변이 현상이 발생한 원인과 방식에 대해서는 상대적으로 무관심한 것을 비판한다. 사회언어학은 변이 현상이 '무엇'이냐에 대해서는 강하나, '왜' 와 '어떻게'라는 물음에는 취약하다는 것이다. 그는 사회언어학이 왜 그러한 변이 현상들이 생겨났으며, 권력을 반영하는 기존의 사회언어학적 질서가 어떻게 도입되어 유지되고 있는지 등과 같은 문제에는 관심이 적은 것을 비판한다.[17] 즉 사회언어학은 언어적 변이 현상을 초래한 사회 조건에 대한 근본적 질문이나 문제 제기는 하지 않은 채 그러한 현상의 존재 자체만을 기술하는데 그

[15] W. Labov, *The Social Stratification of English in New York City*, Cambrige University Press, 2006.

[16] B. Bernstein, *Theoretical Studies towards a Sociology of Language*, Routledge, 1971.

[17] 페어클로(한국어판, 2011), *op. cit.*, p. 34.

친다는 점에서 한계가 있다는 것이다.

그는 사회언어학의 조사 결과가 기존의 권력 관계를 정당한 것으로 간접적으로 시인하는 결과를 낳는 부작용이 있음을 경계하여야 한다는 점 역시 지적한다. 예를 들어 계층/계급에 따른 음운/형태/통사/어휘론적 특성의 존재 사실을 밝혀냄으로써 마치 그것을 당연한 것으로 받아들이게 되는데, 그것은 사회에 존재하는 부당한 권력 관계를 합법화하고 공고히 하는 부정적 역할을 담당하게 되는 위험을 안고 있다는 것이다.[18]

대화 분석 비판

페어클로는 담화 분석 중에서 특히 영미학자들에 의해 연구가 진행된 대화 분석을 비판한다. 대화 분석은 대화 참여자들의 의사소통 및 상호작용 속에서 그들이 발언한 대화가 어떻게 받아들여지고 해석되는가를 분석한다. 이러한 연구 경향은 언어학, 사회학, 인류학, 인지심리학 등의 여러 영역을 아우르는 범학제적 성격을 지니고 있다. 대화 분석은 광범위한 대화 자료로부터 인접쌍(adjacency pair) 찾기, 말순서 취하기(turn-taking), 화행 연속 조작(act sequence organization) 등과 같은 요소들을 통하여 드러나는 대화의 패턴, 분포, 구조를 탐색하고 대화자들이 상호작용 과정에서 사용하는 담화 전략과 대화 스타일 등에 대한 다양한 연구를 포괄한다.[19] 대표적 연구자로 레이코프 Lakoff, 태넌 Tannen, 쉬프린 Schiffrin, 굼퍼츠 Gumpertz 등을 들 수 있다.

대화 분석이 CDA와 공통적으로 연관되는 부분은 그것이 실제 대화 상황을 분석한다는 점이다. 앞서 살펴본 화행론의 경우 사회적 실천으로

---

[18] 페어클로(한국어판, 2011), *op. cit.*, p. 35.
[19] D. Schiffrin, *op. cit.*, pp. 273-279.

서의 담화의 중요성을 강조함에도 불구하고 그 직접적인 연구 대상이 실제 대화가 아닌 가상적 대화에 근거하는 것에 따른 문제점에 대해 페어클로의 비판을 받았다면, 대화 분석은 인류학에서 널리 사용되는 민족지(ethnography) 방법에 기초하여 수집된 실제 대화를 분석 대상으로 삼는다. 그리고 수집된 구체적 대화에 기초하여 대화 참여자들이 어떻게 발언 기회를 획득하고 상대의 대화에 반응하는지 분석하여 드러나는 대화 구조가 곧 사회 구조를 반영하고 있다는 것을 설명한다는 점에서 대화 분석은 CDA의 문제의식과 맞닿아 있다.

그러나 페어클로는 대화 분석이 대화가 보여주는 미시 구조에 대한 관심은 큰 데 반해서 그것을 사회 전체 차원의 거시 구조와 연관 짓는 것에는 무심한 태도를 보인다는 점을 비판한다. 즉 화행론의 실험실적(in-vitro)인 가상 대화에 대한 이상주의적 분석과는 달리 실제 대화를 분석한다는 점에서 대화 분석의 의의가 인정되기는 하나, 분석이 주로 미시적 차원에 한정되고 사회 구조라는 거시적 차원에서 문제점과 해결책을 모색하지 않는다는 점이 한계라는 것이다. 이러한 한계는 앞서 사회언어학에 대한 비판과 그 맥을 같이 한다. 페어클로는 대화 분석 역시 사회언어학과 마찬가지로 '무엇'에만 관심을 기울이고 '왜', '어떻게' 등에 대해서는 상대적으로 관심을 덜 기울인다는 점은 비판받아야 한다고 주장한다.[20]

종합

이상으로 여러 언어학 사조들이 CDA의 문제의식과 어떠한 차별성을 지니고 있는지 살펴보았다.

---

[20] 페어클로(한국어판, 2011), *op. cit.*, pp. 41-43.

먼저 CDA는 일반 언어학의 랑그 중심의 추상적/이상적 언어 연구가 아니라 실제 사용되는 구체적인 파롤 연구의 중요성을 강조한다는 점에서 화행론, 사회언어학, 대화 분석 등과 그 맥을 같이 한다. 그러나 화행론에 대해서는 언어에 작용하는 힘/권력 관계를 고려하지 않은 채 언어 사용을 순수한 개별적인 선택으로 간주하는 이상적 태도에 대해 비판적 입장을 취한다.

사회언어학에 대해서는 언어 변이 현상이 사회적 계급/계층의 차이를 반영한다는 것을 보여주었다는 점에서는 긍정적이나, 그러한 변이 현상을 초래한 사회 조건에 대한 비판적 시각을 갖지 않고 기존의 권력 관계를 정당한 것 혹은 당연한 것으로 기정사실화하는 위험을 안고 있음을 지적한다.

대화 분석에 대해서는 일상 대화 분석을 통해 사회 구조를 읽으려는 점에서 CDA와 유사한 문제의식을 지니는 반면, 그 분석이 대화의 미시 구조에만 집중되어 사회 전체의 거시 구조와 연결되지 못한다는 점을 비판한다.

결론적으로 기존 언어학 연구는 현실에 대한 비판적 문제의식 없이 언어 현상을 분석하는 차원에 안주하는 반면, CDA는 그러한 현실의 배후에 작용하고 있는 권력 관계의 규명에 초점을 맞추고 있다는 점에서 가장 근본적인 차이를 보이고 있다.

2. CDA의 이론적 전제

CDA는 1990년대 초부터 페어클로를 비롯하여 반 데이크 Van Dijk, 워닥 Wodak과 같은 학자들을 중심으로 발전된 이론 틀로서 현재는 언어학 특히 담화 분석 연구 내에서 확고하게 자리 잡았다. 그러나 CDA는 다른 언어학 분야와는 달리 상대적으로 고정된 연구 방법론을 가지고 있지 않다. 또한 CDA 내부에서도 서로 다른 접근 방식을 가진 여러 조류 들이 다양하게 공존하고 있다.[21] 이렇게 다양한 흐름을 하나로 연결시키 는 것은 이들 연구에 공통적으로 존재하는 문제의식이다.

비판적 담화 분석은 언어와 사회 사이의 관계를 비판적으로 분석하는 연구 작업이다. 좀 더 정확히 말하자면 CDA는 이데올로기, 정체성 그 리고 불평등이 사회적이고 정치적인 맥락 안에서 생산된 텍스트를 통해 어떻게 되풀이되는지 연구하는 담화 분석 연구이다.[22]

---

[21] R. Wodak & M. Meyer, "Critical discourse analysis: history, agenda, theory, and methodology", in R. Wodak & M. Meyer (eds.), *Methods of CDA*, Sage, London, 2009, pp. 1-33. (R. Wodak, *op. cit.*, 2012, p. xxxvii. 에서 재인용.)
워닥과 메이어는 CDA 안에서 현재 CDA를 구성하고 있는 조류들을 다음 6가지로 구분하고 있다.

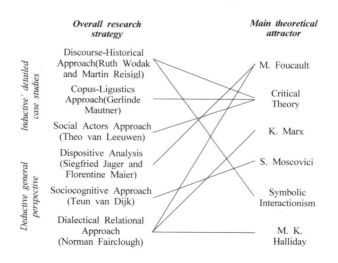

[22] T.A. Van Dijk. "Multidisciplinary CDA: a plea for diversity." in R. Wodak &

페어클로는 자신이 담화 분석 앞에 비판적(critical)이라는 표현을 덧붙인 것은 언어-권력-이데올로기의 연결 모습에 관심을 가지기 때문이라고 설명한다.[23] 이러한 문제의식은 푸코에게서 영향 받은 것으로 푸코는 권력이 행사되는 과정이 물리적인 힘을 통해서라기보다는 담화/담론(discourse)을 통해서라는 점을 강조하면서 권력과 담화와의 관계에 주목하였다. 푸코는 권력을 억압적인 방식으로 이해하던 기존의 해석 방식과 달리 권력의 생산적인 측면을 강조하였다.[24] 그는 사회 깊숙이 편재되어 있는 권력망을 모세 혈관에 비유하면서 이러한 미세한 권력 장치 및 권력 관계를 제대로 분석해 내려면 기존의 정치 권력에 대한 비판적 분석으로는 충분치 않으며 더 세밀하고 정교한 차원의 담화 분석이 필요하다는 것을 강조하였다. 그리고 그 해결책으로 이 시대의 권력 비판 작업은 국지적 차원에서 이루어져야 함을 강조한다. 권력의 편재적 특성 때문에 그것에 대한 투쟁도 국지화하여야 한다는 것이다.[25] 이러한 푸코의 문제 의식을 기저로 하여 권력을 실어 나르는 구체적 운반 수단인 담화를 통하여 이데올로기가 생산/재생산되는 과정을 비판적 시각으로 분석하고자 하는 것이 페어클로가 지향하는 CDA의 목표이다. 이러한 입장에 기초하여 비판적 담화 분석이 상정하고 있는 주요 전제들에 대해서 살펴보기로 한다.

M. Meyer (eds.), *Methods of CDA*, Sage, London, 2009, pp 95-120. (R. Wodak, *op. cit.*, 2012, p. xxi.에서 재인용)

[23] 페어클로(한국어판, 2011), *op. cit.*, pp. 28-29.

[24] "권력이 그렇게 강력한 힘을 발휘하고 그렇게 쉽게 받아들여지는 까닭은, 권력이 단순히 부정적인 힘으로서만 우리에게 강요되지 않고, 사물들을 생산하며 쾌락을 산출하고 지식과 담론을 형성하는 적극적인 기능을 갖고 있기 때문이다." (M. Foucault, "Truth and Power", in P. Rainbow (eds), The Foucault Reader, Pantheon, New York, 1984. 윤평중, ≪푸코와 하버마스를 넘어서≫, 교보문고, 1990, p. 195.에서 재인용)

[25] 윤평중, *op. cit.*, pp. 194-205.

담화는 이데올로기적이다

페어클로의 CDA에 사상적 기저를 제공한 푸코는 이데올로기를 모든 그룹의 행위를 정당화하는 권력/지식의 형태로 규정한다.[26] 이데올로기는 "권력 안에서 혹은 권력을 관통하는 사회적 관계를 구성하는 의미구조"로서 "사회적 관계의 모든 권력 단계에서 우위 집단의 정당화와 유지"를 위해 작동하는 담론으로 구성된다는 것이다.[27] 페어클로는 이렇게 사회 전반에 걸쳐 행사되는 촘촘한 권력 장치를 제대로 읽어내려면 사람들이 일상에서 접하는 크고 작은 담화가 각기 나름의 이데올로기성을 가지고 있다는 점을 뚜렷이 인식하는 것이 필요하며, 이러한 권력 및 이데올로기의 편재성을 제대로 들춰내려면 더 세밀하고 구체적이며 비판적인 담화 분석이 필요하다는 것을 강조한다.

담화는 사회적으로 구성되면서, 동시에 사회를 구성한다

페어클로는 언어 사용을 사회의 다른 단면들과의 변증법적 관계 속에서 사회적·역사적으로 위치시켜 이해해야 한다고 주장한다. 여기서 변증법적이라는 의미는 언어가 사회적으로 구성되지만 또 그 역으로 사회를 구성한다는 것이다. 즉 담화는 담화가 생산되는 사회 구조 및 제도 등에 직접적인 영향을 받는다는 점에서 사회적으로 구성되지만, 그 영향 하에 생산된 담화가 역으로 사회 구조 및 제도 등에 영향을 미친다는 점에서 사회를 구성하는 기능 역시 수행한다. 비판적 담화 분석은 담화의 이런

---

[26] C. Barker & D. Galasinski, *Cultural Studies and Discourse Anlaysis*, Sage, London, 2001. (백선기 옮김, 《문화연구와 담론분석》, 커뮤니케이션북스, 2009, p. 103.)

[27] 바커 & 갈라신스키(한국어판), *op. cit.*, pp. 103-104.

두 가지 측면, 즉 사회적으로 구성되는 것과 사회를 구성하는 것 중 어느 한 가지가 아니라 이 둘 사이의 긴장 관계를 의식하고 이를 분석하고자 한다.[28]

담화 속의 권력 관계는 비가시적이다

페어클로는 담화 속에 힘의 관계가 항시 내재하고 있음을 지적한다. 예를 들어 의사와 환자 사이의 대화에서 주로 질문을 하거나 상대의 말을 끊는 것은 환자보다는 의사인 경우가 많은데, 그 속에는 환자와 의사 사이의 불평등한 힘의 관계가 작용하고 있다는 것이다. 이렇게 힘의 관계가 작용하는 담화는 셀 수 없이 많다. 상사-직원, 교수-학생, 장교-사병, 하다못해 평등한 관계로 생각되는 연인 사이에서도 힘의 관계가 존재한다. 이러한 불평등한 관계는 일종의 관행으로 굳어져 우리는 그 불평등성을 일상에서 의식하지 못한 채 자연스럽게 받아들이게 된다. 이러한 관행이 유지되는 것은 권력이 지니고 있는 비가시성(invisibility)에 기인하고 있는데 페어클로는 이러한 비가시적 관행 속에 숨어 있는 담화의 권력 관계를 드러내는 것을 CDA의 목표로 삼고 있다.[29]

담화는 선택의 체계이다

페어클로는 텍스트를 선택 대상(options)의 집합으로 간주한다. 하나의 텍스트는 잠재적이고 유용한 선택 대상의 체계(systems of options)로부터 특정 대상을 고른 결과이다. 선택은 어휘적, 문법적 차원-어떤 단어를, 어떤 문법구조를 선택할 것인가-에서부터 시작하여 "특정한 사건이나

---

[28] 페어클로(한국어판, 2004), *op. cit.*, p. 79.
[29] 페어클로(한국어판, 2004), *op. cit.*, p. 78.

사태를 어떻게 표현할 것인가, 그 텍스트가 대상으로 삼는 사람들과 어떻게 관련시킬 것인가, 어떤 정체성을 투영할 것인가"와 같이 좀 더 큰 차원의 선택으로 이어지게 된다.[30] 그러므로 그는 담화 분석에서 중요한 것은 텍스트에 존재하는 것뿐만 아니라 텍스트에 부재하는 것 –다시 말해 선택되지 못하고 배제된 것–에 대해 주의를 기울여 선택된 것을 여타 다른 가능했던 대안들과 대비시켜 고려하는 작업이 필요하다는 점을 강조한다.[31]

3. 페어클로의 담화 분석 방법

CDA 연구 방법론은 하나로 고정된 이론적 그리고 방법론적 입장을 취하지 않는다. 개별 연구들은 서로 다른 이론적 모델과 연구 모델을 지니며 그것을 일반화하는 공통의 분석틀은 존재하지 않는다. 이 연구들은 공통의 문제의식을 공유하고 있을 뿐이다. CDA를 언어학적 방법론이라기보다는 일종의 관점(perspective), 즉 "문제 지향적인 학제 연구 사조(a problem-oriented interdisciplinary research movement)"로 이해하는 것이 더 적절하다는 주장이 지배적인 이유가 바로 여기에 있다.[32] 여기서는 페어클로가 제시한 3차원 담화 분석 방법을 소개하고자 하는데 이것은 CDA 전체를 아우르는 것이 아니라 페어클로 개인의 방법론임을 밝혀둔다.

---

[30] 페어클로(한국어판, 2004), *op. cit.*, p. 27.
[31] 페어클로(한국어판, 2004), *op. cit.*, p. 28.
[32] N. Fairclough, J. Mulderring & R. Wodak, "Critical discourse analysis" in R. Wodak (eds.), *Critical Discourse Analysis*, Sage publication, 2012, p. 79.

페어클로는 담화 분석 과정을 아래 <표 1>과 같이 텍스트의 언어적 분석에 초점을 맞추는 **텍스트**(text) 차원, 텍스트 생산 및 소비 과정과 관련된 **담화 수행**(discourse practices) 차원, 텍스트와 담화 수행에 작용하는 사회구조, 조직, 제도적 상황과 같은 **사회문화적 수행**(sociocultural practices) 차원, 이렇게 3개의 차원으로 나누어 기술하고 있다. 그리고 이 담화의 3가지 차원에 해당되는 담화 분석을 <표 2>가 보여주는 **기술** (description), **해석**(interpretation), **설명**(explanation)의 세 가지 단계로 접근할 것을 제안한다.[33]

<표 1> 페어클로 담화 분석의 3차원 구도

---

[33] 페어클로(한국어판, 2004), *op. cit.*, pp. 82-90.
페어클로가 구분하는 3차원인 <text-discourse practices-sociocultural practices>는 <텍스트-담화 관행-사회문화적 관행>, <텍스트-담론적 실천-사회적 실천>으로 번역되기도 한다.

<표 2> 페어클로 담화 분석의 3단계 작업[34]

분석 차원	단계	내 용
텍스트	기술	해당 텍스트에 작동하고 있는 언어학적 속성들을 기술하는 단계
담화 수행	해석	텍스트를 텍스트 자체로서만이 아니라 그것이 생산되고 소비되는 수행과정과 연관시켜 해석하는 단계
사회문화적 수행	설명	텍스트의 산출 및 해석 과정에 작용하는 사회적 결정 내용 및 그것의 사회적 효과에 대해 설명하는 단계

텍스트

페어클로가 제시하는 텍스트 분석은 "전통적인 형태의 언어학적 분석, 즉 어휘 분석과 의미론, 문장 및 좀 더 작은 단위들의 문법, 소리 체계(음운론) 그리고 글자 체계 등을 망라"한다. 텍스트 분석은 또한 "문장들이 서로 연결되는 방식(응집cohesion), 인터뷰에서의 말순서 취하기(turn-taking) 조직이나 신문 기사의 전체 구조 같은 것들을 비롯하여 문장 이상의 텍스트 조직에 대한 분석 역시 포괄"한다.[35] 그는 신문 및 텔레비전과

---

[34] 페어클로(한국어판, 2011), *op. cit.*, pp. 67-68.
페어클로가 ≪Language and Power(1989)≫를 ≪Media discourse(1995)≫보다 먼저 집필한 관계로 이 두 책에서 제시하는 담화 분석 과정의 용어가 다소 차이를 보이고 있다. 그는 분석의 3차원 구조를 ≪Language and Power≫에서는 <텍스트-상호 작용-맥락>으로 정의하였다가 ≪Media discourse≫에서 <텍스트-담화 수행- 사회문화적 수행>으로 다르게 지칭하였다. 이는 이 두 과정을 지시하는 내용이 달라졌다기보다는 상호 작용보다는 담화 수행을, 맥락보다는 사회문화적 수행이라는 표현으로 그 내용을 보다 구체적으로 확정시킨 것으로 이해할 수 있다.
[35] 페어클로(한국어판, 2004), *op. cit.*, p. 83

같은 미디어를 분석하는 경우 단순히 텍스트 분석만을 할 것이 아니라 사진 이미지나 지면 배치와 같은 시각적 구성은 물론 영상 및 음향 효과 등을 포괄하는 다기호적인(multisemiotic) 분석을 시도할 것을 권장한다.

페어클로는 ≪언어와 권력≫에서 어휘, 문법, 텍스트 구조 상에서 관심을 가질만한 내용을 아래 <표 3>과 같이 체계화하였다.[36] 이것은 담화 분석을 위한 언어학적 응용 지표들로 유용하다. 그러나 이것은 분석을 위한 일종의 참조 사항일 뿐이지 모든 담화에 일률적으로 적용되는 규칙이나 방법은 아니다. 분석에 적용되는 언어학적 지표들은 텍스트의 특성에 따라 차이를 보이게 되며, 담화 분석에 있어서 중요한 것은 분석하고자 하는 텍스트를 담화 수행 및 사회문화적 수행과 결합시켜 텍스트의 이데올로기성을 가장 잘 드러내 보여줄 수 있는 언어학적 요소들을 적절히 포착해 내는 작업이어야 한다.

<표 3> 텍스트 차원에서 제기될 수 있는 질문 목록

물음 A (어휘에 관한 것)

1. 낱말들이 어떤 체험적 가치를 지니는가?
(1) 어떤 분류 얼개가 이용되는가?
(2) 이념상으로 논란이 되는 낱말들이 들어 있는가?
(3) 반복 어휘 표현 또는 과도한 어휘 표현이 있는가?
(4) 낱말들 사이에 이념상으로 중요한 어떤 의미 관계(동의, 하의, 반의)가 있는가?

2. 낱말들이 어떤 관계적 가치를 지니는가?
(1) 완곡한 표현들이 들어 있는가?
(2) 유표적으로 격식적인 또는 비격식적인 낱말들이 있는가?

---

[36] 페어클로(한국어판, 2011), op. cit., pp. 215-217.
<표 3>은 페어클로의 ≪언어와 권력≫에 제시된 내용을 재인용한 것임.

3. 낱말들이 어떤 표현적 가치를 지니는가?

4. 어떤 비유가 쓰이는가?

<u>물음B (문법에 관한 것)</u>

5. 문법자질들이 어떤 체험적 가치를 지니는가?
(1) 어떤 유형의 과정 및 참여자가 우위를 점하는가?
(2) 행위주가 불분명한가?
(3) 과정들은 어떤 것인 듯한가?
(4) 명사화가 이용되었는가?
(5) 문장이 능동태인가, 수동태인가?
(6) 문장이 긍정문인가, 부정문인가?

6. 문법 자질들이 어떤 관계적 가치를 지니는가?
(1) 어떤 서법(서술문, 문법상의 의문문, 명령문)이 이용되는가?
(2) 관계 양태의 중요한 특징들이 들어 있는가?
(3) 대명사 we와 you가 이용되는가, 그렇다면 어떻게 이용되는가?

7. 문법 자질들이 어떤 표현적 가치를 지니는가?

8. 단순 문장들이 서로 어떻게 연결되어 있는가?
(1) 어떤 논리적 접속사들이 쓰이는가?
(2) 복합 문장들은 등위 접속이나 종속 접속에 의해 특성화되는가?
(3) 텍스트 외부와 내부를 가리키기 위하여 어떤 수단들이 쓰이는가?

<u>물음 C (텍스트 구조에 관한 것)</u>

9. 어떤 상호작용 관례들이 쓰이는가?
(1) 발언 기회 얻어내기 제도란 무엇인가?
(2) 참여자 한 사람이 다른 사람의 발언 기회를 통제하는 방식이 있는가?

10. 텍스트가 어떠한 거시 구조를 지니는가?

담화 수행

텍스트 차원이 텍스트의 언어학적 구성과 특징을 분석하는 것이라면, 담화 수행은 텍스트가 생성되고 사회적으로 배포되는 방식 및 그것이 수용되는 과정 등과 같은 텍스트의 생산 및 소비 과정의 다양한 측면들이 텍스트와 상호 작용하면서 생산해 내는 의미를 해석하는 과정이다. 이 과정에서는 "어떤 타입의 담론들(예를 들어 상업적인 것인가, 민주화 지향적인가, 군사문화적인 것인가 등)이 텍스트 생산에 차용되어 결합된 것인지, 텍스트 생산의 주체는 어떤 성격의 조직인지, 해석은 누구에 의해 어떤 상황에서 이루어지는지, 어떤 문화적 해석 틀이 상호 텍스트적으로 작용했는지 같은 요소들"에 관심을 기울여야 한다.[37] 즉 이 차원은 텍스트의 생산/소비 주체 및 텍스트 유형 등을 고려하여 텍스트와 담화 수행 사이의 상호 텍스트성을 읽어내는 해석 과정을 의미한다.

사회문화적 수행

사회문화적 수행 차원은 담화가 생산되는 거시 사회의 조직적, 제도적 환경을 의미하며, 그것이 어떻게 담화 수행 차원과 연결되어 텍스트와 구성적, 구축적 효과를 구현하는지 탐구한다.[38] 이 차원은 텍스트나 담화 수행 차원보다 더 거시적인 입장에서 담화가 생산되는 세계가 속한 사회 구조나 제도가 담화에 어떻게 영향을 미치면서 사회를 구성해 나가는지 읽어 내는 과정이다. 이 과정에서는 담화가 사회 구조에 의해서 어떻게 결정되고, 또 역으로 그렇게 결정된 담화가 사회적으로 누적되면서 어떤 생산/재생산 효과를 낳고 있는지에 주된 관심을 둔다.[39] 즉 담화가 사회

---

[37] 박명진, ≪두꺼운 언어와 얇은 언어≫, 문학과 지성사, 2012, p. 64.
[38] 박명진, *op. cit.*, p. 65.

적으로 어떻게 구성되며 그렇게 구성된 담화가 다시 사회를 구성해내는 과정을 설명해내는 것이 이 단계의 목표이다.

종합

이상으로 페어클로가 제시한 담화 분석에 작용하는 3가지 차원(텍스트-담화 수행-사회문화적 수행)의 특징과 관심에 대해서 기술하였다. 실제 담화에서 이 차원들은 독립적, 순차적으로 작동하는 것은 아니라 동시적으로 작용하지만 분석의 편의를 위하여 페어클로가 3단계로 구별하여 제시한 것이다.

페어클로의 3단계 과정이 정교하게 다듬어진 연구 방법론이라고 할 수는 없다. 특히 담화 수행과 사회문화적 수행 차원에서는 여전히 선언적 성격이 강하고 구체적인 수행 방식에 대해서는 실질적인 내용을 찾기 어렵다. 이는 CDA를 수행하는 다른 연구자들의 경우에도 마찬가지인데, CDA가 아직 연구 방법론이라기보다 관점의 성격이 강한 이유이기도 하다. 그러므로 담화 속에 담긴 권력 관계와 이데올로기적 작용을 드러낸다는 CDA의 문제의식을 공유하기만 한다면 다양한 방식으로 접근 가능하다는 점에서 CDA의 방법론은 열려 있다고 하겠다.

---

[39] 페어클로(한국어판, 2011), *op. cit.*, p. 303.

III. 비판적 담화 분석

1. 지칭/인칭 연구

『**미테랑씨**, 오늘 저녁 이 토론 자리에서 나는 총리 자격으로, 그리고 당신은 대통령 자격으로 나온 것이 아니라는 점을 지적하고 싶군요. 우리는 동등한 후보로서 프랑스 국민들의 심판을 받으러 이곳에 온 것입니다. 그러니까 제가 당신을 **미테랑씨**라고 부르는 것을 허락하시겠지요.』이 말은 1988년 프랑스 대통령 선거 당시 1차 투표 결과 가장 높은 득표를 한 두 후보 사이에서 결선 투표를 나흘 앞두고 열린, 손에 땀을 쥐게 하는 TV 공개 토론 중 총리이자 우파 공화연합 총수이던 시락 Chirac이 당시 대통령이자 좌파 사회당 후보인 미테랑 Mitterrand에게 던진 발언이다. 우파 연합이 1986년 국회의원 선거에서 사회당에 압승하여 국회에서 과반수가 넘는 의석을 차지함으로써 서로 원하지 않던 동거 정부 생활을 2년씩이나 한 뒤여서 이 두 최종 후보자들의 감정은 이미 상할 대로 상해 있던 터였다. 토론 시작부터 시종일관 시락을 총리로만 지칭하는 미테랑에 대해 더 이상 참지 못하고 던진 시락의 도발성 짙은 발언에 대해 미테랑은 당황함 없이, 그러나 답변에 조금 시간을 끌어 시청자들의 관심을 온통 그에게로 집중시킨 뒤 약간 냉소적인 어조로 다음과 같이 짧게 대답한다. 『당신 말에 전적으로 동의합니다, **총리**.』

위 글은 지칭의 중요성을 단적으로 잘 보여준다. 프랑스의 정치 상황에 대해서 잘 알지 못하는 사람이어도 이 한 구절을 통해 상황에 걸맞는 지칭이 낳는 파괴력을 실감할 수 있다. 이처럼 지칭 행위는 담화에 있어서 핵심 요소 중의 하나이다. 상대를 지칭하기 위해 선택되는 지칭어들은 단순히 대상을 가리키는 지시 의미만을 지니는 것이 아니다. 많은 경우 문맥이라 불리우는 언어 외적 상황에 영향을 받아 단어의 문자적 의미를 넘어서는 복합적 의미를 함의하고 있다. 지칭 중에서도 특히 인칭대명사는 발화자가 수신자와 어떤 관계를 설정하고자 하는지 효과적으로 드러내주는 언어 지표이다. 그러므로 이 장에서는 어떤 지시어를 사용하여 상대방을 지칭하느냐로 인해 파생되는 담화 효과에 대해 자세히 분석해 보기로 한다.

<1.1. 지칭>에서는 부르는 행위 속에 숨어 있는 다양한 지칭 방식들에 주목하여 그 방식을 선택하는 메커니즘과 그 속에 작용하는 힘의 관계를 구체적 담화 분석을 통하여 적시하고자 한다. 분석 대상은 1997년과 2002년 우리나라의 대통령 선거 후보 담화로 하였다. 후보들이 담화에서 사용한 지칭 분석을 통해 각 후보의 선거 전략과 당시의 정치적 힘의 관계를 파악할 수 있을 것이다.

<1.2. 인칭대명사: 정치 담화 분석>에서는 정치 담화에서의 인칭대명사 활용을 살펴본다. 그 속에는 '나(저)', '여러분', '그들' 등 다양한 인칭대명사가 등장하지만 가장 핵심적인 인칭대명사는 '우리'이다. 우리라는 인칭대명사가 갖는 지시대상의 유연성이 정치 담화에서 어떻게 작용하며, 또 그를 통하여 어떻게 유권자들과 집합적 정체성을 확립해 나가는가를 자세히 살펴본다.

<1.3. 인칭대명사: 광고>에서는 광고 속의 인칭대명사 사용을 분석한다. 광고 속 인칭대명사는 광고 대상인 수용자가 광고의 주체가 되어 광고 속의 모델과 동일시함으로써 상품의 이미지를 소비하게 만드는 핵심 전략이다. 광고의 동일시 전략에서 가장 즐겨 사용하는 인칭대명사인 '당신'을 비롯하여 '우리', '나', '그(그녀)' 등이 어떻게 소비자와 동일시를 추구하고 있는지 살펴본다.

1.1. 지칭

어떻게 부를 것인가?

방금 앞에서 예로 든 "당신 말에 전적으로 동의합니다, 총리."라는 문구에서 '총리'라는 지칭이 갖는 의미에 대해서 좀 더 부연 설명을 하기로 한다. 1988년 선거 당시 현직 대통령이던 미테랑은 프랑스 제 5공화국 헌법이 규정하고는 있으나 아무도 성공하지 못한 7년 임기의 대통령직에 71세의 고령으로 재도전한다. 일찍부터 미테랑이 1차 투표에서[40] 수위로 통과할 것을 낙관하고 있었던 사회당은 1차 투표보다는 결선 투표에 집중하는 선거 전략을 펼친다.

미테랑 측은 결선 투표가 당시 총리이던 시락과 대통령이던 미테랑 사이의 양자 대립 구도가 될 것이라는 점을 간파하고 선거 기간 내내 미테랑의 정치적 경륜이나 능력이 시락보다 우월하다는 것을 유권자들에게 부각시키려 하였다. 이때 미테랑 측에서 채택한 전략이 자못 흥미롭다. 당시 대부분의 정치 평론가들은 코아비타시옹(cohabitation)[41] 기간

---

[40] 프랑스 대통령 선거는 두 번에 걸쳐 치러진다. 1차 투표에서 과반을 획득하는 후보가 나오지 않는 경우, 1차 투표에서 1,2위 득표를 한 두 후보를 대상으로 결선 투표를 실시한다. 결선 투표에서 50%를 넘는 득표를 한 후보가 대통령에 당선된다.

[41] 코아비타시옹은 프랑스어에서 '동거'라는 뜻을 지니고 있는데, 정치적으로는 '동거 정부'를 의미한다. 프랑스와 같은 이원집정부제 국가에서 등장하는 정부 형태로, 대통령이 속한 정당이 국회의원 선거에서 패하여 의회 다수당이 되지 못할

내내 두 진영이 그래왔듯이 양 후보 측이 상대편에 대해 집중적인 비판을 가할 것이라고 예상하였다. 그런데 미테랑에 대해 가열찬 공격을 퍼부어대는 시락과는 정반대로, 미테랑은 시락에 대해서 일절 언급을 하지 않는 철저한 무관심 전략으로 일관한다. 간혹 시락을 언급하게 되는 경우에도 그를 직접적으로 비난하기는커녕, 총리로서 직무를 수행하는 것과 연관된 짧은 언급이 주종을 이루었다. 겉으로 보기에 의아할 정도로 신사적인 미테랑의 이러한 태도는 사실은 자신이 국가의 최고 통수권자인 대통령이며 시락은 대통령인 자신 휘하에 있는 총리에 지나지 않는다는 점을 유권자들에게 인식시킴으로써 자신의 비교 우위적 위치를 공고히 하려는 계획된 전략이었다. 뒤늦게 이를 깨닫고 시락 측은 미테랑을 대통령이 아닌 단순한 사회당 후보로 깎아내리려는 온갖 시도를 펼치나 이미 대세는 기울고 만 터였다.

결국 1차 투표 결과 미테랑 측이 예상한 대로 미테랑이 1위, 시락이 2위로 득표, 결선 투표를 며칠 앞두고 이 둘은 프랑스 국민의 관심을 집중시키는 TV 토론에서 서로 격돌하게 된다. 토론 시작부터 계속적으로 시락을 총리라고만 언급하며 그에 대한 상대적 우위를 지키려 하는 미테랑에 대해 반격할 기회를 노리던 시락은 토론 중반쯤에 정식으로 미테랑에게 이를 항의하기에 이른다. 수세에 몰린 미테랑은 "당신 말에 전적으로 동의합니다"라고 일단 시락에 승복하는 듯하였다. 드디어 미테랑에게 한 방 먹였다라고 시락이 안도의 기색을 보이는 찰나, 노련한 정치가 미

경우 대통령이 의회 다수당 소속 인사를 총리로 기용하여 구성하는 연립 정부를 일컫는다. 프랑스에서는 다음과 같은 3번의 동거 정부가 구성된 바 있다. (좌파 대통령/우파 수상: 1986-1988, 1993-1995, 우파 대통령/좌파 수상1997-2002) 1986년 이후 잦은 동거 정부가 들어서자 2000년 부분적 개헌을 통해 대통령 임기를 국회의원 임기와 같은 5년으로 축소하여 그 가능성을 최소화하였다.

테랑은 잠시의 침묵 끝에 다시 '총리'라고 못을 박으며 대답을 마무리함으로써 상황을 급반전시키며 자신과 시락 사이에 놓인 정치적 대표성의 차이, 즉 대통령으로서의 비교 우위를 국민들에게 선명하게 환기시킨다.

이렇게 채 일 분도 되지 않는 짧은 대화 속에 1988년 프랑스 대통령 선거 당시 두 후보 진영에서 취한 선거 전략이 압축적으로 드러나 있다는 사실은 상당히 흥미롭다. 게다가 그것을 읽게 해주는 지표가 바로 **후보자 상호 간의 지칭**이라는 작은 단면을 통해서라는 점 역시 주목할 만하다. 마치 현미경 속의 작은 세포를 확대하여 그 속에서 우주의 원리를 확인할 수 있는 것처럼, 지칭이라는 지표는 선거 상에서 작은 점처럼 사소해 보이지만 실제로 확대하여 그 의미를 읽어내면 그 속에 각 후보 진영이 취한 핵심 선거 전략이 집약적으로 반영되어 있다.

(1) 인명 지칭 vs 속성 지칭

상대에 대한 지칭은 정치 담화 전략의 핵심이다. 자신의 경쟁 상대를 어떻게 지칭하느냐 하는 것은 생각보다 단순한 행위가 아니다. 이때 선택되는 지칭어들은 단순히 대상을 지시하는 지시 의미만을 지니는 것이 아니라 해당 담화 상황이 포괄하고 있는 언어외적 상황에 영향을 받아 순수한 단어적 의미를 넘어서는 복합적 의미를 함의하게 되기 때문이다.[42]

지칭은 크게 인명 지칭과 속성 지칭의 두 가지로 나눌 수 있다. 전자는 후보를 인명으로 지칭하는 방식(예: 노무현)을 가리키고, 후자는 그가 속해 있는 정당이나 그와 유사한 집합적 속성을 통해 지칭하는 방식(예:

---

[42] E. Benveniste, *Problèmes de linguistique générale*, Paris, Gallimard, 1966.
P. Bourdieu, *Ce que parler veut dire. L'économie des échanges linguistiques*, Paris, Fayard, 1987.

민주당 후보)을 일컫는다. 담화에서 이 중 어떤 방식을 사용하느냐는 많은 경우 우연이 아니라 전략적 선택의 결과이다. 특히 선거판의 정치 담화처럼 사회적 선택에 커다란 영향을 미치는 담화에서 그 선택은 후보의 핵심적 선거 전략이 반영된 중요한 지표이다.

1997년 대통령 선거[43]

1997년 대통령 선거 당시 신문에 게재되었던 정치 광고를 예로 들어 살펴보기로 하자. 1997년은 한국 대통령 선거에서 후보자들 간의 상호 TV 토론 및 TV 정치 광고가 처음으로 허용된 해로서 TV를 통한 미디어 선거 시대로 본격적으로 진입하는 계기가 되었다. 그러나 정치 광고의 측면에서 보자면 1997년은 TV 광고보다는 아직은 신문 광고가 훨씬 영향력이 있는 상태였다. 이회창 후보와 김대중 후보는 각각 11종의 정치 광고를 다양한 중앙 일간지에 게재하였다. 이들의 정치 광고 속에서 각 진영이 상대 후보를 어떤 방식으로 지칭하고 있는지 주의 깊게 살펴보기로 한다.

먼저 김대중 후보 광고에서 두드러지는 특징은 상대 후보를 지칭하는 데 있어서 인명 지칭("이회창 후보")보다는 속성 지칭("여당 후보")을 선호한다는 점이다. 이는 김대중 진영이 이회창 후보를 공격하는 방식에 있어서 개인적 차원의 공격보다는 IMF 위기를 불러온 집권 여당인 한나라당과 여당 후보에 대해 연대 책임을 묻는 집합적 차원의 공격 전략을 우선시하고 있음을 보여준다.

---

[43] 최윤선, 「프랑스와 한국의 대통령 선거 담화 비교 분석: 상대 후보에 대한 지칭 전략을 중심으로」, 『불어불문학연구』 제 43집, 한국불어불문학회, 2000, pp. 454-459의 내용 일부를 인용하였음.

"나라 경제를 망친 **여당 후보**를 다시 뽑아주는 국민은 세계 어디에도 없습니다."

"**여당 후보**는 아무런 대책 없이 IMF가 요구한 서약서에 서명했습니다."

"이번 선거는 나라 경제를 망친 **여당 후보**를 심판하자는 것입니다."

인명 지칭을 하는 경우에는 "이회창 후보"라고 후보라는 수식어를 시종일관 사용하고 있다. 또한 자신에 대한 표현도 "김대중"보다는 "김대중 후보"라는 표현을 더 빈번히 사용하였다. 이는 자신의 경쟁 상대를 그 당시까지만 해도 우리나라 헌정 역사상 선거에서 한 번도 패한 적이 없는 여당 후보라는 절대적 위치에서 끌어내려 자신과 동등한 후보임에 다름없다는 것을 유권자들에게 각인시키려는 전략으로 이해될 수 있다.

반면 이회창 후보는 패배를 모르던 여당 후보라는 엄청난 프리미엄을 누리고 있었으며, 이러한 자신의 절대적 우월성을 유권자들에게 부각시키는데 역점을 두었다. 그 결과 상대 후보에게는 후보라는 꼬리표를 부착시켜 시종일관 "김대중 후보"라고 지칭한 반면, 자신의 경우는 후보라는 수식을 전혀 사용하지 않은 채 "이회창"으로만 언급하였다.

"**김대중 후보**의 서툰 경제 지식이 나라를 망치고 있습니다."

"**김대중 후보**의 IMF 재협상 주장이 나라를 망치고 있습니다."

"모두가 경제를 살리겠다고 약속합니다. 그러나 약속을 지킬 대통령은 **이회창**뿐입니다."

"중소기업 자금난, 예금 지급 보장, **이회창**과 새정부가 책임지겠습니다."

<표 4> 16대 대통령 선거에서의 이회창 후보 신문 광고

1997. 12. 10. 조선일보 1면 광고	1997. 12. 13. 조선일보 1면 광고
자신에 대해서는 후보라는 표현을 사용하지 않고 이름으로만 지칭	상대 경쟁자에 대해서는 후보라는 표현을 강조하여 지칭

게다가 선거의 캐치프레이즈로 "믿을 수 있는 대통령 이회창"과 같은 표현을 반복 사용함으로써, 이회창=대통령이라는 공식이 자연스럽게 성립되도록 유도하여 유권자들이 두 후보에 대해 연상할 수 있는 정치적 대표성에 차이를 두고자 한 것(대통령 이회창 vs 김대중 후보)이 이회창 진영의 선거 전략이었다.

도입부에서 살펴본 1988년 프랑스 대통령 선거에서 미테랑 대통령과 시락 총리가 정치적 대표성을 두고 상대를 지칭하는 방식을 통해 서로 우위를 점하려고 팽팽하게 접전을 벌이던 것과 유사한 대결을 한국의 1997년 대통령 선거에서 이회창 후보와 김대중 후보 사이에서도 선명히 확인할 수 있다.

2002년 대통령 선거[44]

이렇게 정치적 대표성을 두고 비교 우위를 차지하려는 전략은 한국의 2002년 대통령 선거에서도 어김없이 반복된다. 이번에는 이회창-노무현-

---

[44] 최윤선, 「제16대 대통령 선거 후보들의 언술전략 분석」, 『언론과학연구』제 3권 3호, 한국지역언론학연구회, 2003a, pp. 176-184의 도표 및 내용 일부를 인용하였음.

권영길 후보 사이에 벌어진 세 차례의 공식 TV 토론에서 이회창 후보와 노무현 후보가 서로 상대를 어떻게 지칭하였는지 살펴보기로 한다.

<표 5> 16대 대선 TV 합동 토론에 드러난 상대 정당 지칭 양상:
당명 지칭 vs 속성 지칭

사용 용어	당명 지칭[45]		속성 지칭					
	한나라당	민주당	야당	여당	정권	김대중 정권	이 정권	현 정권
이회창	-	19	12	7	32	2	13	2
노무현	26	-	3	-	1	-	-	-

분석 결과 이회창 후보의 공격은 당명 지칭보다는 속성 지칭에 집중되어 있음을 확인할 수 있다. 이는 이회창 후보가 2002년 선거의 TV 토론을 인물 간의 대결이 아닌 정당 간의 대결, 즉 야당 대 여당의 대결로 압축시키려는 전략을 선택하였음을 뚜렷이 보여준다. '민주당'(19회)이라는 직접적인 지칭보다는 '여당'(7), '정권'(32), '이 정권'(13) 등의 표현을 앞세워 민주당의 지난 5년 간 실정에 대한 책임을 부각시키면서 한나라당이 기치로 내걸고 있는 정권 교체의 필요성에 대해서 역설하고 있다.

"그러나 여러분, **이 정권**은 그 사이에 권력, 부패, 비리로 온 국민을 실망시키고 좌절시켰습니다. 이제 이러한 정치로 이러한 모양으로 다음 시대로 나갈 수가 없습니다. 이제 정권 교체를 해서 새로운 시대를 만들어내야 합니다." (이회창, 2002. 12. 3. 16대 대통령 후보 초청 합동토론회 제 1차 토론)

---

[45] 각 후보들의 상대 정당 지칭 방식을 부각시키기 위해 후보 자신들이 속한 정당을 거론한 지칭 횟수는 <표 5>에 기재하지 않았다.

"그 동안에 아까 정경유착 나왔습니다만 재벌과의 정경 유착, 야당이 했습니까? **여당**인 **지금정권**이 했습니까? 그 동안에 5년 동안에 정경 유착해서 관치 경제 만들어 내고 재벌을 오히려 키우고 재벌과의 정경 유착을 이루어낸 것은 오히려 **정권**과 **여당**입니다." (이회창, 2002. 12. 10. 16대 대통령 후보 초청 합동토론회 제 2차 토론)

"IMF가 오고 그 뒤에 IMF를 극복하는 과정에서 지금 **이정권**이 쭉 해온 국정 운영을 보면은 결국 법과 원칙을 지키지 않은데서 모든 문제가 파생했습니다. 사실 지금 오늘날의 국정 혼란과 혼선, 불안이 어디서 왔습니까? 전혀 법과 원칙을 지키지 않고 부패, 무능, 그리고 무원칙하게 맘대로 해서 한 겁니다. 이런 **부패 무능정권**에 거기 나온 후계자, 거기 입후보한 후보자가 지금 다시 대통령 후보가 되겠다고 나섰습니다. 개인적으로 그분은 존경하지만은 그러나 **부패정권**의 그 틀 속에서 나온 분이 **부패정권**의 틀을 어떻게 깨겠습니까?" (이회창, 2002. 12. 16. 16대 대통령 후보 초청 합동토론회 제 3차 토론)

반면 노무현 후보는 이회창 후보가 강조하는 야당 대 여당의 대립 구도 자체를 완전히 무시하고자 하였다. 자신과 현 정권을 이어주는 어떠한 종류의 언급도 회피하고 있다[46]. 공격의 대상일 수 있는 '야당'이라는 표현도 단 3번만 사용하고, 그 대신 '한나라당'이라는 가치중립적인 정당 지칭을 훨씬 선호하였다. 그는 자신이 속한 정당에 대한 언급에서도 '우리 당'(7회)과 같이 당과의 정체성을 나타내는 표현보다는 '민주당'(20회)이라는 가치중립적인 표현을 선호하면서 소속 당과 일정한 거리를 유

---

[46] 세 차례 토론에서 단 한 번 등장한 '정권'은 1차 토론 기조 연설에서 사용된 것인데 이는 현 정권을 지칭하는 것이 아니라 일반적인 의미에서의 중립적인 사용이었다.("우리 정치 이젠 달라져야 합니다. **정권**만 바뀐다고 정치가 달라지는 않습니다. 정치 자체가 통째로 바뀌어야 합니다.")

지하며 승계하기 어려운 부채는 최소화한다는 선거 전략을 취하였다.

> "권 후보께서 **민주당**이 신장개업 부패당이라고 하는데 신장개업해서 5
> 년 정도 했는데 일이 이렇게 되어 국민들께 참 송구스럽게 되었습니다.
> 그래서 이제 부패 사업은 폐업하기로 하고, 사장도 바꾸고 해서 새로 이
> 제 깨끗한 정당으로 다시 잘 하려고 합니다. 앞으로 부패가 없도록 하겠
> 습니다. 제가 책임을 지고 하겠습니다." (노무현, 2002. 12. 3. 16대 대통
> 령 후보 초청 합동토론회 제 1차 토론)

결국 노무현 후보는 선거를 여당 vs 야당이라는 집합적 차원의 대결보
다는 노무현 vs 이회창이라는 개인적 대결로 압축시키려 하였다. 여기에
서 흥미로운 점은 2002년에 노무현 후보가 취하고 있는 선거 전략이
1997년 이회창 후보가 취한 전략과 유사하다는 점이다. 이 둘은 선거 당
시 여당 후보라는 공통된 위치에 있었다. 일반적으로 선거에서 후보들은
자신이 속한 정당의 자산과 부채를 어느 정도 승계할 것인가에 대한 선
택이 필요한데, 특히 지난 정권에 대한 국민들의 불만이 큰 여당 후보일
수록 자신이 속한 정당과 거리를 두는 선거 전략을 택하게 된다. 결국
2002년 집권 여당 후보로서 민주당의 부채를 승계하지 않기 위해 개인화
전략을 앞세운 노무현 후보와 제왕적이라는 부정적 인식을 극복하기 위
해 개인적 이미지보다는 한나라당이라는 집합적 이미지를 앞세워 탈개
인화 전략을 시도한 이회창 후보의 언술 전략은 후보들의 개인적 특성에
기초했다기보다는 자신이 처한 정치 환경 속에서의 힘의 역학 관계에
일차적으로 기인한 것으로 이해하여야 할 것이다[47].

---

[47] 프랑스 대통령 선거 분석에서도 이와 유사한 결과가 확인되었다. 1995년에 시락
은 1988년과는 달리 자신이 속한 소속 정당과의 거리 두기를 통하여 대통령에
당선된다.

(2) 주요 후보 vs 군소 후보

앞에서 다룬 내용이 지칭에 있어서의 방식, 즉 질의 문제였다면 이번에는 지칭의 양의 문제에 대해서 생각해보도록 하겠다. 어떤 방식으로 지칭하느냐가 중요한 만큼 얼마나 지칭하느냐 역시 중요한 지표가 되기 때문이다. 질의 선택에서와 마찬가지로 양의 선택에 있어서도 정치 환경에서의 힘의 역학 관계가 뚜렷이 작용하게 된다.

언급하면 지는 거다?[48]

1988년 프랑스 대통령 선거를 분석한 쿨롬 귈리 Coulomb-Gully에 따르면 선거 전략상 지명도가 높은 후보의 경우는 자신이 선점하고 있는 우월적 지위에 타 후보들이 도전하는 것을 꺼리는 경향이 존재한다.[49] 그 결과 우월적 지위에 있는 후보들은 자신보다 지명도가 낮은 후보들에 비해 경쟁자에 대한 언급을 적게 하는 것으로 드러났다. 비록 언급 내용이 상대 후보에 대한 비판적 내용이라 할지라도 상대를 언급하는 순간부터 자신이 그와 동등한 일개 후보에 지나지 않는다는 것을 간접적으로 시인하는 결과를 낳게 되어 그가 누리고 있는 비교 우위적 위치를 위협받는 결과를 초래할 수 있기 때문이다. 이와 반대로 지명도가 낮은 후보일수록 경쟁 후보자 ─특히 자신보다 비교 우위를 점하는 상대자─에 대한 언급이 많은 편이다. 이는 경쟁 상대에 대한 공격이나 비난을 통해서 자신이 그와 견줄만한 능력을 갖춘 유능한 후보라는 것을 유권자들에게 일깨워 줌으로써 그와 동등한 위치에 서고자 하는 의도가 존재하기 때문

---

[48] 최윤선, *op. cit.*, 2000, pp. 441-442의 도표 및 내용 일부를 인용하였음.

[49] M. Coulomb-Gully, *Radioscopie d'une campagne: la représentation politique au journal télévisé*, Paris, Editions Kimé, 1994.

이다. 결과적으로 지명도가 높은 후보일수록 상대에 대한 지칭은 거의 하지 않으면서 지칭 대상으로서는 많이 언급되고, 반면 지명도가 낮은 후보일수록 지칭을 받는 경우는 적은 대신 자신보다 지명도가 높은 후보를 집중적으로 지칭하는 경향을 보이게 된다. 이를 도표를 통해 정리해 보면 아래와 같다.

<표 6> 후보 지명도에 따른 지칭 양상

	지칭 주체	지칭 대상
지명도가 높은 후보	상대에 대한 지칭을 가급적 하지 않음	타 후보에 비하여 지칭을 상대적으로 많이 받음
지명도가 낮은 후보	자신보다 지명도가 높은 후보를 집중적으로 지칭함	타 후보의 지칭을 거의 받지 못함

2강 후보 vs 1약 후보[50]

우리는 이러한 경향이 특정 국가나 특정 선거에 한시적으로 드러나는 것이 아니라 국가나 선거의 차이에 상관없이 대부분의 선거 상황에 적용되는 일반적인 특성임을 주목하고자 한다. 앞서 언급하였던 한국의 2002년 대통령 선거의 경우를 다시 한 번 살펴보자.

<표 7> 16대 대선 TV 합동 토론에 드러난
상대 후보 및 상대 정당 지칭 양상[51]

	한나라당	민주당	민주 노동당	이회창	노무현	권영길	계
이회창	-	19	5	-	59	33	116

---

[50] 최윤선, *op. cit.*, 2003a, pp. 181-183의 도표 및 내용 일부를 인용하였음.
[51] 상대 후보 및 상대 정당 지칭 방식을 부각시키기 위해 후보들이 자신이 속한 정당 및 자신의 인명을 거론한 지칭 횟수는 <표 7>에 기재하지 않았다.

| 노무현 | 26 | - | 7 | 53 | - | 17 | 103 |
| 권영길 | 82 | 58 | - | 51 | 62 | - | 253 |

위의 도표는 3차에 걸친 TV 토론에서 각 후보들이 상대 후보 및 상대 정당을 지칭한 결과이다. 예상 할 수 있듯이 당선 가능한 2강 후보 vs 1약 후보 사이에서 그 차이가 두드러진다.

당선 가능성이 높은 두 후보는 서로 직접적인 경쟁 상대라고 여기는 상대 후보에 대해서 집중적인 언급과 비판을 하고 있다. 이회창은 자신의 직접적인 경쟁 상대인 노무현을 59회, 민주당을 19회 언급하였고, 노무현은 이회창을 53회, 한나라당을 26회 언급하여 두 후보의 상대 후보에 대한 지칭은 팽팽한 균형을 이루고 있다.

반면 이들 2강 후보는 1약 후보인 권영길에 대해서는 상대적으로 적은 언급을 하고 있다. 이는 비록 상대 후보에 대한 비판적 내용이라 할지라도 상대를 언급하는 순간부터 자신이 그와 동등한 지위에 있다는 것을 간접적으로 시인하는 결과를 낳게 되어 자신이 누리고 있는 비교 우위적 위치를 위협받을 수 있기 때문으로 여겨진다.

그런데 수치를 잘 살펴보면 이회창 후보(33회)가 노무현 후보(17회)보다 두 배 가깝게 권영길 후보를 더 많이 언급하고 있음을 주목할 수 있다. 언급 내용도 공격이나 비판으로 일관하는 것이 아니라 예상 외로 긍정적인 언급이 상당수 눈에 뜨인다.

"동서 화합 지역주의를 곧 치유하기 위해서 지금 권영길 후보께서 말씀하시는 것은 일리가 있습니다." (이회창, 2002. 12. 3. 16대 대통령 후보 초청 합동토론회 제 1차 토론)

"지금 권영길 후보께서 적절히 지적하셨지만 이 정권이 경제를 풀어가면서 정경 유착, 관치 경제 이런 것을 끝내지 못하고 있습니다." (이회창, 2002. 12. 10. 16대 대통령 후보 초청 합동토론회 제 2차 토론)

"우리 권영길 후보께서 적절히 말씀하셨습니다. 나라다운 나라를 반드시 만들겠습니다." (이회창, 2002. 12. 16. 16대 대통령 후보 초청 합동토론회 제 3차 토론)

이회창 후보는 실제 경쟁 상대인 노무현 후보를 견제하기 위해 열세인 권영길 후보를 긍정적으로 부각시킴으로써 노무현 후보의 지지 세력 이탈을 꾀하는 전략을 부분적으로 사용한 것으로 보인다. 노무현 후보 역시 권영길 후보에 대해 공격적으로 대응하는 것을 자제하면서 가급적 친밀한 관계를 유지하려 애썼다. 그는 선거 막바지에 있을지도 모를 권영길 후보 지지 세력의 자신으로의 이동을 염두에 둔 신중한 입장을 취하였는데, 이러한 노력이 정몽준 후보의 노무현 후보에 대한 지지 철회 선언 이후 노무현 후보에게 유리하게 작용하는 밑거름이 되었을 것으로 추측된다.

되도록 1약 후보와 친화적 입장을 취하려 한 2강 후보와는 달리, 권영길 후보는 자신보다 상대적 우위를 점하고 있는 두 후보 및 정당을 총 253회 언급하면서 맹렬히 공격하였다. 지칭 방식에서는 인명 지칭보다는 당명 지칭을 선호하였다. 이는 민주노동당이 2002년 선거를 후보 간의 인물 대결 구도가 아닌 정책 중심의 정당 대결 구도로 이끌고자 한 언술 전략의 반영이라 하겠다. 이러한 과정에서 권영길 후보는 유권자들의 귀를 사로잡는 문구들을 통하여 자신의 언술 능력을 한껏 발휘하며 유권자들의 관심을 모은 바 있다.

"한나라당은 부패 원조당입니다. 그리고 민주당은 부패 신장개업당입니

다." (권영길, 2002. 12. 3. 16대 대통령 후보 초청 합동토론회 제 1차 토론)

"노무현 후보께서 말씀하신 대로 한나라당은 IMF당입니다. 우리 노무현 후보 오늘 정리해고 말씀하시는데 민주당은 정리해고당입니다." (권영길, 2002. 12. 10. 16대 대통령 후보 초청 합동토론회 제 2차 토론)

"한나라당은 40년된 폐차이고 민주당은 중고차입니다. 오직 새 차는 민주노동당밖에 없습니다." (권영길, 2002. 12. 10. 16대 대통령 후보 초청 합동토론회 제 2차 토론)

결론적으로 경쟁 후보를 지칭하는 양의 대결에서 2002년 선거는 2강 vs 1약의 구도로 압축되었다. 당선 가능성이 높은 2강 후보는 1약 후보에 대한 언급이나 공격을 아낌으로써 1약 후보를 왜소화시키고 자신들의 비교우위적 지위를 유지하려 하였다. 반면 1약 후보의 경우 자신 및 자신의 당이 2강 후보와 견줄만한 능력 있는 후보이자 정당이라는 점을 강조하기 위하여 이들에 대한 집중적인 공격을 취하였다.

결론을 대신하여

이상으로 지칭의 양과 질에 따른 후보들의 다양한 언술 전략을 분석해 보았다. 지칭 행위는 단순히 대상을 지시하는 지시 의미만을 갖는 것이 아니라 상대방의 언급 –혹은 미언급–을 통해 후보자 자신의 정치적 정체성을 구축하는 핵심적 전략 중의 하나이다. 그 결과 경쟁자를 지칭하는 방식 속에 각 후보들의 선거 전략이 압축적으로 반영되게 된다. 우리는 이 장에서 평소 의식하지 못했던 지칭의 중요성에 대해서 확인할 수 있었다. 그러나 이 글에서 지칭의 문제가 모두 다뤄진 것은 아니다. 정작 중요한 것은 이제부터이다. 실제로 지칭은 위에서 다룬 인명 지칭이나 속성 지칭 방식보다는 인칭대명사를 통한 대용 지칭이 훨씬 널리 사용되고 있는 실정이다. '나', '너', '우리', '당신', '그(녀)', '그들', 이들 지칭 하나하나마다 흥미로운 특징들을 담고 있다. 그러므로 다음 장에서는 여러 인칭대명사들의 다양한 담화 효과에 대해서 살펴보기로 한다.

1.2. 인칭대명사: 정치 담화 분석

> 어느 민족도 일찍이 그러한 일을 한 이가 없으니
> 그것은 공상(空想)이라고 하지 마라.
> 일찍이 아무도 한 자가 없기에 우리가 하자는 것이다.
> ─ 백범 김구, <나의 소원> 중에서

　정치인들은 선거에서 당선된 이후에야 국민들의 위임을 받아 그 대표성을 확보하게 된다. 그런데 현대 정치 커뮤니케이션 과정에서는 이 순서가 역행되어 있다. 후보가 자신이 아직 위임받지 못한 대표성과 정당성의 영역을 얼마나 성공적으로 넓혀 나가느냐에 따라 선거의 당락이 좌우되기 때문이다.[52] 그 결과 선거를 앞 둔 정치인에게 있어서 중요한 것은 자신의 대표성과 정당성을 성공적으로 확보하는 것이다. 이 과정에서 후보의 언술 전략이 중요한 자리를 점하게 된다. 후보의 정책 내용('무엇')만큼이나 중요한 것이 그것을 말하는 방식('어떻게')이 되는 것이다. 앞 장에서는 평소 중요성을 잘 의식하지 못했던 지칭에 대해서 분석하였다. 이 장에서는 정치 담화에 사용되는 다양한 인칭대명사들의 기능과 특징들에 대해서 구체적인 담화 분석을 통해 고찰해 보기로 한다.

(1) 정치 담화 속의 '우리'

　정치 담화에서는 '우리'는 매우 중요한 단어이다. 일반적으로 우리라는 대명사를 사용하여 발언하는 경우, 화자와 발화 상황에서 그 화자와 같이 우리로 연합되는 집단은 동일한 시각을 공유하는 것으로 인식된다.

---

[52] P. Bourdieu, "La délégation et le fétichisme politique", *Actes de la recherche en sciences sociales*, n 52/53, Seuil, 1984.

인칭대명사 우리는 자신의 정치적 대표성을 확장시키면서 유권자와 후보 사이의 연대감을 형성하는데 효과적이어서 정치 담화에서 자주 등장한다. 언어학자 벤베니스트 Benveniste는 우리라는 대명사는 단순히 동일한 대상들을 증식시킨 것이 아니라,'나'와'내가 아닌 다른 대상'사이의 접합이라고 지적한 바 있다.[53] 그러므로 정치 담화에서 정치인들이 자신 외에 어떤 대상을 우리라는 표현 속에 포함시켜 공동체적 유대감을 확장하고자 하는지에 대해 분석하는 것은 상당히 흥미로운 작업이다.

지시대상이란 무엇인가?

분석에 앞서 다소 딱딱하기는 하지만 기본적인 언어학 개념을 살펴보자. 구조주의 언어학의 창시자인 소쉬르 Saussure에 따르면 기호(단어)는 시니피앙(signifiant)과 시니피에(signifié)라는 두 요소가 결합되어 구성된다.[54] 여기서 시니피앙은 발음, 시니피에는 의미를 지시한다. '반지'를 예로 들어 설명해보기로 한다. 한국어에서 반지라는 단어는 [banji]라는 시니피앙(발음)을 갖는다. 영어의 경우는 [rɪŋ], 프랑스어의 경우는 [bag]로 발음된다. 즉 시니피앙은 각 언어에 따라 서로 다르다. 반면 반지의 시니피에(의미) -'장식으로 손가락에 끼는 고리'-는 대부분의 사회에서 동일하다. 시니피에는 구체적 반지를 가리키는 것이 아니라 현실적 실체를 가지지 않는 추상적 차원의 의미이다. 반면 반지라는 기호가 실제 세계에서 구체적으로 지시하는 대상을 레페랑(referent)이라고 한다. 이론적 차원의 시니피에와는 달리 레페랑은 현실에 존재하는 구체적 사물을 가리키는 개념이다. 예를 들어 "이영애는 한류 스타답지 않게 검소한 참깨 다이아몬드 반지를 결혼 예물로 선택하였다"라는 문장에서 사용된

---

[53] E. Benveniste, *Problèmes de linguistique générale*, Gallimard, 1966, p. 233.
[54] F. de Saussure, *op. cit.*, pp. 97-100.

반지는 이 세상에 존재하는 수많은 불특정한 반지가 아닌, 이영애가 결혼 예물로 받은 바로 그 반지를 정확하게 지시하게 된다. 이처럼 해당 단어가 실제 세계에서 구체적으로 지시하는 대상을 언어학적 용어로 레페랑, 즉 지시대상이라고 부른다.

<표 8> 단어의 구성 요소

시니피앙(기표)
/banji/

시니피에(기의)
장식으로 손가락에 끼는 고리

레페랑(지시대상)
구체적 문맥에서 등장하는 지시대상
(예: 이영애가 결혼 예물로 받은
참깨 다이아반지)

'우리'의 지시대상

인칭대명사 우리는 발화 상황에 따라 그 지시대상이 변하므로 지시대상이 열려있는 특징을 지닌다. 아래의 예들에서 사용된 우리의 지시대상이 각각 누구를 가리키는지 생각해보자.

(1) **우리**는 법치주의와 권력 분립 그리고 지방 자치의 원칙을 더욱 공고히 하고, 문화강국을 지향하며, 언론의 자유를 적극 보장하고, 재외 국민의 권익 신장을 위해 노력한다. 소통과 공론의 활성화를 통해 국민의 뜻을 정책에 적극 반영하는 한편, 뼈를 깎는 노력으로 낡은 정치를 청산하고 정책 정당, 국민 정당, 전국 정당으로 거듭 태어난다. (2012. 2. 13. 새누리당 강령 중에서)

(2) 자신보다 국민을 먼저 생각했던 **우리들**의 대통령. 바보 노무현 당신은 영원히 **우리** 마음 속 대통령입니다. 보고 싶습니다.

(2010. 6. 2. 지방 선거 민주당 광고 문구 중에서)

(3) This is **our** moment. This is **our** time – to put **our** people back to work and open doors of opportunity for **our** kids; to restore prosperity and promote the cause of peace; to reclaim the American Dream and reaffirm that fundamental truth – that out of many, **we** are one; that while **we** breathe, **we** hope, and where **we** are met with cynicism, and doubt, and those who tell us that **we** can't, **we** will respond with that timeless creed that sums up the spirit of a people: Yes **We** can.

(2008. 11. 5. 오바마 Obama 미국 대통령 당선 수락 연설 중에서)

<표 9> 인칭대명사 '우리'의 지시대상

	지시대상	접합
(1)	새누리당	나 + 새누리당
(2)	노무현 대통령과 같은 가치를 공유하는 사람들의 집합체	나 + 민주당
(3)	미국 국민들	나 + 미국 국민들

위의 각 예에서 사용된 '우리'는 <표 9>가 보여주듯이 그 지시대상이 서로 다르며 그 접합 내용도 다양하다. 그러므로 내가 어떤 대상과 접합하여 우리라는 공동체적 정체성을 확립하고자 하는지 분석하는 것은 정치 담화에서 매우 중요한 작업이다. 이제 구체적 분석으로 들어가기로 하자.

2002 대선 TV 토론[55]

정치 담화 속 우리의 지시대상에는 과연 어떤 것들이 있을까? 이를 위해 2002년 한국 대통령 선거에서 행해진 세 차례의 공식 TV 토론에서 후보자들이 사용한 인칭대명사 우리의 지시대상 분포를 조사하였다.

<표 10>에서 단연 눈에 뜨이는 지시대상은 우리-국가/국민이다. 총 372회의 우리 중에서 220회가 국가/국민으로 그 지시대상이 수렴되어 전체의 60% 가량을 차지하였다. 세 후보 간의 빈도수도 크게 차이를 보이지 않고 균형을 이루었다.(이회창:노무현:권영길=83:60:77) 대통령 선거인 만큼 후보들이 우리라는 집합적 표현을 통하여 자신의 대표성을 전체 국민으로 확장시키고자 하는 언술 전략을 선호하였음을 알 수 있다. 총 79회로 두 번째로 많이 사용된 우리-정당의 경우는 전체의 21%를 차지하고 있는데 이들은 후보별로 차이를 보인다. 이회창 후보는 56회의 우리-정당을 사용하여 다른 후보와 현격한 차이를 보이고 있는데 그에 대해서는 아래에서 자세히 분석하기로 한다. 그 외 다른 지시대상들의 경우는 사용 빈도수가 빈약하여 특별히 주목하지 않기로 한다.

<표 10> 인칭대명사 '우리'의 지시대상 분포 (2002년 대통령선거 공식 TV 토론)

지시대상	이회창	노무현	권영길	계
우리 - 정당	56	12	11	79
우리 - 정치인	11	-	-	11
우리 - 국가/국민	83	60	77	220
우리 - 보편인	10	10	-	20
우리 - 세 후보	4	-	8	12
우리 - 존칭표현	10	10	2	22
우리 - 기타	2	6	-	8
계	176	98	98	372

---

[55] 최윤선, *op. cit.*, 2003a, pp. 187-190의 도표 및 내용 일부를 인용하였음.

우리-국가/국민의 이름으로: 대표성 확장 전략

후보들은 자신이 속한 정당을 대표하므로 일반적으로 그 정당을 지지하는 유권자들의 표를 얻게 된다. 그러나 그것만으로는 충분치 않다. 대통령 선거와 같이 전 국민을 대상으로 하는 대규모 선거에서 당선되려면 기존 지지 집단 이외에 +α 유권자의 범위를 최대한 확대해야 한다. 이때 사용하는 핵심 전략 중의 하나가 유권자와 후보의 동일시 전략이며, 이를 위해 정치인들이 즐겨 쓰는 표현이 바로 우리-국가/국민이다. 자신의 정치적 대표성과 정당성을 국가적 차원으로 넓혀줄 뿐만 아니라 유권자와의 연대감과 친밀감을 형성하는데 있어서 우리는 매우 효과적인 단어이기 때문이다. 먼저 후보들이 우리-국가/국민을 어떻게 사용하였는지 살펴보자.

> "**우리**나라의 외교 목표는 어디까지나 국익입니다. 또 국민의 안전입니다. 국가의 이익과 국민의 안전을 위해서는 어느 나라고 간에 **우리**는 주권을 지키고 당당히 해야 할 소리를 하고 또 따올 것은 따와야 됩니다. SOFA는 개정을 하고 그리고 미국 부시 대통령은 **우리** 국민에게 분명하게 직접적으로 사과를 해야 됩니다." (이회창, 2002. 12. 3. 16대 대통령 후보 초청 합동토론회 제 1차 토론)

> "다시는 부정부패가 없고, 특권과 반칙도 통하지 않고, 성실하게 땀 흘려 일한 사람들이 정당하게 대우받는 사회, 그리고 **우리** 아이들이 내일은 **우리**보다 조금 더 잘 살 수 있는 사회, 더 좋은 사회를 살 수 있다는 확신을 가질 수 있는 그런 미래를 만들어 나가고 싶습니다." (노무현, 2002. 12. 3. 16대 대통령 후보 초청 합동토론회 제 1차 토론)

> "제가 볼 때는 **우리** 교육은 극심한 빈부격차로 인한 불평등한 교육에 있습니다. **우리**는 학벌 세습이 되어 있습니다. 그렇게 해서 어떻게 됩니

까? 장관 아들 장관 되고 의사 아들 의사 되고 재벌 아들 재벌 되고 있습니다. (…) 고교까지 무상 교육을 임기 내에 실시하겠습니다. 뿐만 아니라 단계적으로 대학까지 무상 교육을 이루어 내겠습니다. 이런 제도 왜 **우리**가 실시 할 수 없는 것입니까?" (권영길, 2002. 12. 3. 16대 대통령 후보 초청 합동토론회 제 1차 토론)

TV 토론의 경우 불특정 다수의 시청자들을 대상으로 하기 때문에 후보들은 자신을 지지하는 정치 집회에 비해서 훨씬 열린 담화를 구사하여야 한다. 그를 위해 대부분의 후보들은 자신들의 정치적 대표성과 정당성을 국가적인 차원으로 확산시켜 전 국민의 지지를 도출해 내기 위해 우리의 지시대상을 국가/국민으로 최대한 확장시키는 언술 전략을 취하고 있다. 이러한 경향은 2002년 선거에서만 관찰되는 것이 아니라 1997년 대통령 선거 TV 토론에서도 확인된다.[56]

우리-정당의 이름으로: 탈개인화 전략

현대 정치는 정당 정치이며 정당은 특정 이념, 정치 행태 등을 상징한다. 후보는 자신이 속한 정당의 상징을 자신의 상징으로 삼게 되지만 정당의 상징이 반드시 긍정적으로 작용하는 것은 아니다. 그러므로 후보가 자신이 대표하는 정당과 어떠한 관계를 설정하느냐가 선거 전략의 핵심 요소가 된다. 관계 설정의 기준은 자신이 속한 정당의 자산과 부채를 얼마나 승계하느냐에 대한 판단과 연관된다. 정당의 상징을 자신의 것으로 이어받고자 할 경우 정당과 자신을 **동일시**하는 전략을 취하게 되고, 반대로 정당의 상징과 다른 이미지를 구축하고자 한다면 정당과 일정한 **거리**

---

[56] 최윤선, 「프랑스와 한국의 정치담화 비교분석: 'nous'에 드러난 언술전략 분석을 중심으로」, 『한국프랑스학논집』제 44집, 한국프랑스학회, 2003b, pp. 65-84.

두기 전략을 택하게 된다. 정당과의 관계 설정은 후보가 자신이 속한 정당을 지칭하는 방식을 통하여 드러난다. <표 10>에서 확인하였듯이 2002년 대선에서 이회창 후보와 노무현 후보는 자신이 속한 정당과의 관계 설정에 있어서 뚜렷한 차이를 보였다. 이회창 후보는 우리-정당을 56회 사용하면서 적극적으로 자신이 속한 정당과 자신을 동일시하는 전략을 취한 반면, 노무현 후보는 단지 12회만 사용함으로써 자신이 속한 당과 거리두기 전략을 취하였다.[57]

"**우리**는 정당 민주화를 이루어 냈습니다. 첫째로 **우리** 당은 이제 계파가 없습니다. (…) 그리고 지난 번에 **우리** 당헌 개정을 통해서 집단 지도체제를 도입하면서 모든 것을 상향식 공천으로 바꾸었고, 그리고 당 운영에 있어서도 철저하게 민주 정당의 기치를 걸었습니다. 이제 정당 민주화는 정치개혁을 위해서 가장 필요한 첫걸음입니다. **우리**는 이것을 분명하게 해내고자 합니다. **우리**는 이미 다른 정당과 달리 이미 돈이나 또는 정당 운영에 있어서도 이미 민주 정당의 확실한 발걸음을 떼었습니다." (이회창, 2002. 12. 3. 16대 대통령 후보 초청 합동토론회 제 1차 토론)

"특검제에 대한 저나 **우리** 당의 입장은 항상 일관되어 있습니다. 뭐냐면 검찰은 법이 정한 그 권한과 위상을 찾도록 해줘야 합니다. 검찰의 중립을 지키면서 제대로 하도록 해 줘야 합니다. 그런데 그것을 하지 못하기 때문에 그 동안에 그 기능을 보완하기 위해서 특검제를 하자 이렇게 주장하는 것입니다." (이회창, 2002. 12. 3. 16대 대통령 후보 초청 합동토론회 제 1차 토론)

---

[57] 노무현 후보의 자신이 속한 정당과의 거리두기 전략은 1.1 지칭에서도 확인한 바 있다. 그는 '우리 당'(7회)보다는 '민주당'(20회)이라는 가치중립적 표현을 선호하면서 자신의 소속 정당과 거리를 두고자 하였다.

"국민 기초연금, 기초연금제는 저희도 기초연금제를 주장합니다. 소득 비례형과 두 가지로 하고 있다 간단히 말씀드리고 **우리**가 안 하는 게 아니라 오히려 **우리**는 더 구체적인 안을 가지고 있다." (이회창, 2002. 12. 16. 16대 대통령 후보 초청 합동토론회 제 3차 토론)

이회창 후보가 다른 후보들에 비해 두드러지게 우리-정당이라는 지시 대상을 활용한 것은 2002년 당시 그가 택한 **탈개인화전략**과 그 맥을 같이 한다. 1997년 선거에서 내세웠던 '대쪽'이라는 개인 이미지로부터 벗어 나서 2002년에는 자신이 속하고 대표하는 보수 세력의 대변자라는 이미 지를 심으려 하였다. 그 연결선 상에서 그는 자신의 이미지는 최소화하면 서 한나라당과 자신을 우리라는 어휘로 동일시하는 언술 전략을 취하였 다. 위의 예문에서 드러나듯이 정책 설명 과정에서 '나' 또는 '저'를 앞세 움 없이 일관되게 '우리(한나라당)'라는 집합적 정체성 하에서 발언하고 있다. 혹여 자신의 의견을 피력할 경우에도 바로 그 뒤에 당의 정체성을 덧붙이는 신중함을 여러 차례 보였다.("특검제에 대한 **저나 우리당**의 입장 은 항상 일관되어 있습니다", "이 부분에 대해서는 **저나 우리당**은 (…) 결 코 뒤져 있지 않다는 점을 말씀드리겠습니다") 이는 그 당시 제왕적이라 고 평가되는 등 다소 다루기 어려웠던 이회창 후보 개인에 대한 부정적 이미지를 탈피하고 한나라당이라는 집합적 이미지를 통한 탈개인화 전 략을 취하는 것이 선거 상황에 더 적합하다는 판단에 기인한 것으로 보 인다.

이러한 탈개인화 전략이 이회창 후보에게서만 확인된 것은 아니다. 이 와 유사한 탈개인화 전략을 1997년 대통령 선거에서는 그와 정치적 노선 이 확연히 달랐던 김대중 후보에게서도 찾아볼 수 있다. 1997년 선거 당 시 김대중 후보는 자신에게 고착되어 있던 부정적 이미지를 최소화하기 위해 자신의 개인적 이미지보다는 자신이 속한 정당인 새정치국민회의

라는 집합적 이미지를 강조하는 선거 전략을 취하였다.[58]

> "**저희**가 이번에 자민련하고 손잡으면서 내각책임제 하겠다고 했습니다. 그러면 모순같이 보이지만 아닙니다. **우리**의 유일한 목표, 일관된 목표는 신한국당 정권 종식입니다. 그래가지고 여야 정권교체입니다. 이것이 최고의 선이고 최고의 목표입니다. 그런데 야권 단일 후보를 하려 하니까 자민련이 "좋다. 그러나 내각책임제 해야 되겠다." 이렇게 나옵니다. 자민련이 내각책임제 안하면 야권 단일 후보 협상에 응할 수 없다 하는 것입니다. 그러면 **우리**는 내각책임제에 응하지 않으면 단일 후보를 포기해야 됩니다. 그러면 여야 간 정권 교체도 어렵게 된다, 그러면 큰 목적 달성하기 위해서 **우리**는 내각책임제도 민주주의고 대통령 중심제도 민주주의이기 때문에 신한국당 정권 종식을 위해서 자민련의 내각책임제 주장을 받아들이자 이렇게 된 것입니다." (김대중, 1997. 6. 17. KBS 대선 주자 정치 개혁 국민 대토론회)

1997년 김대중 후보에게 있어서 자민련과의 공조, 특히 내각제에 동의하면서까지 후보 단일화를 위한 연합을 한 행위는 국민들에게 그가 마치 '대통령병'에 걸린 사람 같은 부정적 인상을 강화시킬 수 있는 난처한 상황이었을 것이다. 이때 당의 이름을 빌려서 우리-새정치국민회의로 답변함으로써 자민련과의 연합이 자신의 정치적 야망을 위한 개인적 선택이 아닌 수평적 정권 교체를 위한 어쩔 수 없는 집단적 선택이었음을 강조하고 있다.("**우리**의 유일한 목표, 일관된 목표는 신한국당 정권 종식입니다. 그래가지고 여야 정권교체입니다";"**우리**는 내각책임제에 응하지

---

[58] 최윤선, 「'우리'라는 이름으로: 집합적 동일성 그리고 정치적 대표성과 정당성을 찾아서」, 『문학과 사회』 39호, 문학과 지성사, 1997, pp. 1050-1051의 내용 일부를 인용하였음.

않으면 단일 후보를 포기해야 됩니다" 등) 이렇게 인칭대명사 우리의 지시대상을 자신이 속한 정당인 새정치국민회의로 효과적으로 수렴시킴으로써 김대중 후보는 자신의 개인적 이미지가 아닌 신한국당 정권을 종식시켜 정권 교체를 이뤄내야 하는 새정치국민회의 후보로서의 탈개인화 전략을 성공적으로 수행하였으며 그것이 당선에 일정 부분 기여한 것으로 판단된다.

지시대상의 이동: 확산/축소[59]

지시대상 분석 과정에서 주목해야 할 또 다른 중요한 사항은 한 문맥 안에서 지시대상 간의 이동이 발생하는 경우이다. 이 경우 발생하는 담화 효과는 과연 어떤 것인지 생각해 보자.

1) 부분에서 전체로

"제가 도지사 후보가 될 때요. 그냥 된 것이 아니라 경선을 통해서 됐습니다. 제가 그 당시에 당에 요구했습니다. 대규모 경선을 해달라고 요구했습니다. 그래서 우리(1) 경기도에서만 대의원이 8천8백 명이었습니다. 그때 그 경선 과정에서 제가 참 초반에 열세를 극복해 나가는 과정을 제가 겪으면서요. 우리(2) 대의원들이 그렇게 누구의 지시를 받고 자기 의사와는 다르게 투표하지 않는다는 것을 제가 알게 됐습니다. 이번 우리(3) 대통령 후보를 뽑는 경선에서도 저는 우리(4) 대의원들이 시대의 요청을 거스르지 않을 것이다, 또 우리(5) 민심을 거스르지 않을 것이라고 아주 확신하고 있습니다." (이인제, 1997. 6. 11. KBS 대선 주자 정치 개혁 국민 대토론회)

위의 예문에서 사용된 우리가 (1)에서 (5)로 변화하면서 그 지시대상이

---

[59] 최윤선, *op. cit.*, 1997, pp. 1042-1045의 내용 일부를 인용하였음.

경기도 (대의원) → 신한국당 → 국민으로 점차 확산되어 나가는 것을 확인할 수 있다. 유권자들은 자연스럽게 화자가 의도하는 집합적 정체성의 확장을 수용하게 된다. 우리의 지시대상이 우리-신한국당에서 우리-국민으로 확산되는 과정에서 전자의 시각이 후자의 시각으로 자연스럽게 융합되어 포함의 관계로 발전하면서 이인제는 민심의 합법적인 대표자로서 성공적으로 발언하게 되는 것이다.[60]

2) 전체에서 부분으로

"더구나 우리나라(1)같이 이렇게 여야 정권 교체가 안 되니까 공무원도 사업가도 일반 국민도 전부 여당 앞에만 줄서는 이런 경향이 생겨가지고 국정이 말하자면 파행적으로 가고 있는 것을 누구나 잘 알고 있지 않습니까? 그래서 우리나라(2)에서 구국 의지는 정권을 여당에서 야당으로 한 번 바꾸는 것 그것이 중요하다고 아까도 제가 말씀드렸습니다. 그래서 이것은 말하자면 정권 교체가 이 시간에 있어서 바로 민주주의고 민주주의는 우리(3) 국시입니다. 그래서 그런 의미에서 **우리**(4)는 정권 교체를 위해서는 내각책임제도 민주주의고 대통령제도 민주주의이니까 **우리**(5)는 대통령제를 선호해 왔지만 내각책임제를 수용하더라도 정권 교체 해야겠다 이렇게 생각합니다." (김대중, 1997. 6. 17. KBS 대선 주자 정치 개혁 국민 대토론회)

이번에는 우리의 지시대상이 축소되는 방향으로 진행되고 있다. 우리 (1), (2), (3)은 우리-나라로 그 지시대상이 폭넓게 수렴되고 있으나, 우리 (4), (5)에 이르러서는 우리-정당으로 그 범위가 한정되고 있다. 김대중은

---

[60] P. Bourdieu, "La représentation politique. Eléments pour une théorie du champ politique", *Actes de la recherche en sciences sociales*, n 36/37, Seuil, 1981.

우리(3)에 이르기까지는 우리-국가라는 전체적 이름을 빌려 당의 신념-
"정권을 여당에서 야당으로 한 번 바꾸는 것"-을 대변하게 하다가, (4)와
(5)에 이르러서는 우리-나라의 국시를 실현시키는 행동 주체로서 우리-
새정치국민회의를 등장시킨다. 그 결과 우리-나라와 우리-새정치국민회
의 사이에 집합적 동일성이 형성되어 우리-새정치국민회의가 자연스럽
게 전 국민의 합법적인 대리인의 위치를 전수받아 "내각책임제를 수용하
더라도 정권 교체 해야겠다"고 발언할 수 있게 되는 것이다. 그런데 이러
한 대표성을 획득하는 과정이 어떠한 정당한 설명도 없이 단순히 우리의
지시대상을 효과적으로 이동시켜 얻어지게 된 결과라는 점을 주목할 필
요가 있다.[61]

이상으로 우리의 지시대상이 우리-국가/국민 및 우리-정당으로 수렴되
는 경우에 발생하는 담화 효과에 대해 분석해 보았다. 우리-국가/국민의
경우는 후보들이 자신의 정치적 대표성과 정당성을 국가적 차원으로 확
산시키고 유권자들과의 연대감을 형성하는 데 효과적이기 때문에 대부
분의 후보들이 가장 선호하는 지시대상이다. 우리-정당의 경우는 자신이
소속된 정당과 어떠한 관계를 설정하고자 하는지의 판단에 따라 후보별
로 차이를 보이게 된다. 후보 개인의 이미지보다 자신이 소속된 정당의
집합적 정체성을 긍정적으로 승계하고자 할 경우 우리-정당의 사용을 통
한 탈개인화 언술 전략을 취하는 것을 확인할 수 있었다. 반면 자신이
소속된 정당과 일정한 거리를 두고자 하는 후보일 경우 우리-정당의 사
용 빈도수가 높지 않았다. 또한 우리의 지시대상이 한 문맥 내에서 고정

---

[61] 이때 지시대상의 축소나 확산의 방향에 따라 담화 효과가 다르게 나타나는 것이
아니라 각 상황 맥락에 따라 후보들이 자연스럽게 지시대상을 이동시킴으로써
자신들의 정치적 정당성 및 대표성을 전 국민적 차원으로 확산시키고 있음을 확
인할 수 있다.

적이지 않고 변화해 가는 경우가 있는데, 그 경우 지시대상의 변화를 통해 후보가 자신의 정당성과 대표성을 확대시켜 나가는 과정을 분석하는 것 역시 담화 분석에서 흥미로운 작업이다.

(2) 정치 담화 속의 '나'

정치 담화에서는 '나'보다는 '우리'를 앞세우는 담화 전략이 훨씬 선호되고 있다. 자신의 정치적 대표성과 정당성을 넓혀줄 뿐만 아니라 유권자와 후보자 사이의 연대감을 형성하는데 있어서 나보다 우리가 훨씬 효과적이기 때문이다. 그러므로 정치 담화 상에서 등장하는 나는 그 자체로 끝나기보다는 우리로 연결되는 경우가 대부분이다.

존경하는 경기도민 여러분, 국민 여러분.
많은 날 역사의 엄중함과 진보 정치의 미래를 생각했습니다. 25년 노동운동의 삶과 진보 정치의 길을 걸어오면서 이처럼 무거웠던 적이 없습니다. 책임을 회피하지 않고, **제**가 짊어져야 할 짐을 의연하게 받아 안기로 결심했습니다.
저는 오늘 경기도지사 후보직을 사퇴합니다.
전 오늘 교육과 복지가 강한 경기도를 만들어 복지 대한민국의 초석을 놓겠다는 **저**의 꿈을 눈물을 머금고 잠시 접어두고자 합니다.
(⋯)
선거 기간 내내 **저**는 **저**와 진보신당이 꾸는 꿈이 바로 **우리 다수 국민들**이 함께 꾸고 있는 꿈이라는 것을 확인했습니다. 진보의 꿈이 이루어져야 **우리 국민들**이 행복해질 수 있고, **우리 국민들**이 원하는 정치가 바로 진보 정치임을 확신할 수 있었습니다. 그동안 **저**에게 따뜻한 애정과 격려를 보내주신 국민 여러분께 이 자리를 빌어 깊은 감사의 말씀을 올립니다. 국민 여러분들의 뜻을 가슴 깊이 새기고 진보 정치 실현을 위해 혼신의 힘을 다할 것을 약속드립니다.

(심상정, 2010. 5. 30. 진보신당 경기도지사 후보직 사퇴 기자 회견문 중에서)

　정치 담화에서 나는 어떻게 보면 우리로 가기 위한 징검다리이다. 나를 앞세워 자신의 정견이나 정책을 소신 있게 발언하는 것이 필요하지만 그것으로 그쳐서는 안 된다. 나의 생각이 바로 국민들의 생각과 동일하며, 그것이 우리라는 공동의 장에서 만나야 하는 것이다. 결국 정치 담화는 나에서 우리로의 통합이 얼마나 성공적으로 이루어지느냐에 그 성패가 달리게 된다. 위 인용문에서 심상정은 경기도지사 후보를 사퇴하면서 자신이 꾸는 꿈이 바로 "우리 다수 국민들이 함께 꾸고 있는 꿈"이라고 언급하며 담화의 영역을 나에서 우리로 확산시킨다. 이러한 확산 과정에서 국민들의 공감대가 크면 클수록 그 담화는 더욱 힘을 발휘하게 된다. 20세기를 대표할만한 유명한 연설인 마틴 루터 킹 Martin Luther King의 "I have a dream"의 문장을 잠시 살펴보자. 그의 "나에게는 꿈이 있습니다"라는 연설이 그토록 감동을 준 것은 그의 꿈이 단지 그 개인의 꿈으로 그치는 것이 아니라 우리 모두의 희망("This is our hope")이라는 공감대를 연설 종반부에 확산시키는 데 성공하였기 때문일 것이다.

나에게는 꿈이 있습니다[62]

나에게는 꿈이 있습니다. 언젠가는 이 나라가 일어나 신념의 진정한 의미를 실현시키리라는 꿈을. 우리는 모든 인간이 평등하게 창조되었다는 자명한 진리를 믿습니다.
나에게는 꿈이 있습니다. 언젠가는 조지아 주의 붉은 언덕에서 노예의 후손들과 노예 주인의 후손들이 형제애라는 식탁에 함께 앉게 되는 그런 꿈.
나에게는 꿈이 있습니다. 언젠가는 불의와 억압의 열기로 숨 막히는 미시시피 주조차도 자유와 정의의 오아시스로 변하는 그런 꿈.
나에게는 꿈이 있습니다. 나의 어린 네 자녀들이 언젠가는 피부색이 아닌 인격으로 평가받는 나라에서 살게 되리라는 그런 꿈 말입니다.
지금 나에게는 꿈이 있습니다.
(…)
이것은 **우리** 희망입니다. 이것이 제가 남부로 지니고 돌아가게 될 신념입니다. 이런 신념으로 **우리는** 절망의 산에서 희망의 원석을 캐낼 수 있을 것입니다. 이 신념으로 **우리는 우리** 나라의 시끄러운 불협화음을 형제애라는 아름다운 교향곡으로 바꿀 수 있을 것입니다. 이 신념으로 **우리는** 함께 일하고, 함께 기도하고, 함께 투쟁하고 함께 감옥에 가고 함께 자유를 위해 싸우게 될 것입니다. 언젠가는 **우리가** 자유하리라는 것을 알기에…
(…)
자유의 소리가 울리게 합시다. 그리고 **우리가** 모든 마을과 부락, 모든 도시와 모든 주에서 자유의 노래가 울리도록 한다면, **우리는** 흑인과 백인, 유태교도와 기독교도, 신교도와 구교도를 가리지 않고 주님의 모든 자녀들이 손에 손을 잡고 오래된 흑인 영가를 함께 부르게 될 그 날을 앞당길 수 있을 겁니다. "마침내 자유를 얻었네. 전능하신 주님의 은혜로, **우리는** 마침내 자유를 얻었네."

---

[62] I have a dream (by Martin Luther King)

I have a dream that one day this nation will rise up and live out the true meaning of its creed; we hold these truths to be self-evident that all men are created equal. *I have a dream* that one day on the red hills of Georgia the sons of former slaves and the sons of former slave owners will be able to sit down together at the table of brotherhood.

I have a dream that one day even the state of Mississippi, a state sweltering with the heat of injustice, sweltering with the heat of oppression, will be transformed into an oasis of freedom and justice.

I have a dream that my four little children will one day live in a nation where they will not be judged by the color of their skin but by the content of their character.

I have a dream today!

(..)

This is is our hope. This is the faith that I will go back to the South with. With this faith we will be able to hew out of the mountain of despair a stone of hope. With this faith *we* will be able to transform the jangling discords of *our* nation

(3) 정치 담화 속의 '당신'/'여러분'

당신과 여러분은 모두 2인칭 대명사이다. 영어에서는 you라는 동일 단어로 표현하지만 우리말에서의 느낌은 조금 다르다. 국어사전에 따르면 여러분은 "듣는 이가 여러 사람일 때 그 사람들을 높여 이르는 이인칭 대명사"이다. 즉 여러분은 경어체가 발달한 우리말에서 당신을 높여 부르는 말이라고 할 수 있다. 또한 당신은 주로 단수로 활용되는데 반해 여러분은 복수의 대상을 가리킨다. 당신이 개인적인 접근에 더 적합한 표현이라면 여러분은 집합적인 표현인 것이다.

당신이라는 표현이 널리 쓰이는 광고와 달리 정치 담화에서는 당신이라는 표현을 찾아보기 어렵다. 대신 여러분을 널리 사용한다. 광고는 소비자와의 1:1 대화 상황을 추구한다. 소비자로 하여금 광고의 메시지가 자신(만)을 향한 것으로 인식(착각)하게 하여야 하므로 자연히 여러분보다는 당신이라는 표현을 선호하게 된다. 반면 정치 담화는 광고와 달리 집합적 차원의 호소가 중요하다. 당신이라는 개별적 지칭보다는 여러분이라는 공동체적 지칭이 훨씬 더 동질감을 불러일으킬 수 있기 때문이다. 더하여 정치인은 공복이라는 인식이 강하다. 그러므로 정치인은 유권자에게 항상 자신을 낮추는 겸손한 이미지를 심어야 한다. 그러므로 정치

---

into a beautiful symphony of brotherhood. With this faith *we* will be able to work together, to pray together, to struggle together, to go to jail together, to stand up for freedom together, knowing that *we* will be free one day.

(..)

Let freedom ring! And when this happens, when *we* allow freedom to ring, when *we* let it ring from every village and every hamlet, from every state and every city, *we* will be able to speed up that day when all of God's children, black men and white men, Jews and Gentiles, Protestants and Catholics, will be able to join hands and sing in the words of the old Negro spiritual, "Free at last, free at last. Thank God Almighty, *we* are free at last."

담화에서는 당신보다는 여러분을 선호하는 것이다.

"초심으로 돌아와
다시 **여러분** 앞에 섰습니다"
(이재오, 2010. 7. 1. 은평을 국회의원 보궐 선거 출마 현수막)

위 문구는 오랫동안 정치 뒷선에 물러나 있던 이재오 위원이 2010년 은평을 재보궐 선거에 나서면서 내건 캐치프레이즈이다. 만일 여기에 여러분이 아니라 당신("초심으로 돌아와 다시 **당신** 앞에 섰습니다")이라는 표현이 사용되었다면 그것은 적절하지 않은 선택일 것이다. 유권자의 표를 구하는 입장에서 후보는 최대한 자신을 낮추어야 하므로 보다 공손한 느낌을 주는 여러분이라는 표현이 적절하다. 또한 정치 담화에서는 개별적 차원의 호칭인 당신보다는 집합적 공동체 의식을 주는 여러분이라는 표현이 훨씬 잘 어울린다.

"존경하는 **국민 여러분**. 오늘 **저**는 대한민국의 제16대 대통령에 취임하기 위해 이 자리에 섰습니다. **국민 여러분**의 위대한 선택으로 **저**는 대한민국의 새 정부를 운영할 영광스러운 책임을 맡게 되었습니다. **국민 여러분**께 뜨거운 감사를 올리면서 이 벅찬 소명을 **국민 여러분**과 함께 완수해 나갈 것임을 약속드립니다. (…)
존경하는 **국민 여러분**. 오랜 세월 동안 <u>우리</u>는 변방의 역사를 살아왔습니다. 때로는 자신의 운명을 스스로 결정하지 못하는 의존의 역사를 강요받기도 했습니다. (…) <u>우리</u>에게는 수많은 도전을 극복한 저력이 있습니다. 위기마저도 기회로 만드는 지혜가 있습니다. 그런 지혜와 저력으로 오늘 <u>우리</u>에게 닥친 도전을 극복합시다. 오늘 <u>우리</u>가 선조들을 기리는 것처럼 먼 훗날 후손들이 오늘의 <u>우리</u>를 자랑스러운 조상으로 기억하게 합시다. <u>우리</u>는 마음만 합치면 기적을 이루어 내는 국민입니다. 오리 모두 마음을 모읍시다. 평화와 번영과 도약의 새 역사를 만드는 이 위대한 도정에 모두 함께 동참합시다. 항상 존경하는 **국민 여러분**과 함께 하겠습니다. 그리고 **제** 모든 것을 국가와 민족, **여러분** 앞에 바칠 것을 굳게 맹세합니다. 감사합니다."

(노무현, 2003. 2. 25. 제 16대 대통령 취임사 중에서)

노무현 대통령은 취임사를 화자인 자신('저')과 청자인 국민('국민 여러분')으로 구별하여 시작한다.("존경하는 **국민 여러분**. 오늘 **저**는 대한민국의 제16대 대통령에 취임하기 위해…", "**국민 여러분**의 위대한 선택으로 **저**는 대한민국의 새 정부를 운영할" 등) 그렇지만 취임사 중반에 이르러서는 우리라는 공동체적 표현 속에 자신과 국민을 하나로 묶어 집합적 정체성을 형성해 나간다.("**우리**에게는 수많은 도전을 극복한 저력이 있습니다", "그런 지혜와 저력으로 오늘 **우리**에게 닥친 도전을 극복합시다", "**우리**는 마음만 합치면 기적을 이루어 내는 국민입니다", "**우리** 모두 마음을 모읍시다" 등) 공동 정체성 형성에 효과적으로 사용되는 인칭대명사 우리의 역할에 대해서는 이미 자세히 살펴보았으므로 여기에서는 더 이상 언급 하지 않기로 한다. 결론적으로 나(저)와 (국민)여러분은 그 자체로서 독립적 역할을 수행한다기보다는 담화 속에서 우리로 하나가 되기 위한 전초적 등장 인물 혹은 조연급 역할을 수행하고 있다.

(4) 정치 담화 속의 '그들'

정치 담화에서 일반적으로 '그들'은 나나 우리와 동질적 관계에 있지 않는 대상이다. 즉 나/우리와는 근원적으로 다른 존재이다. 그들은 기껏해야 중립적인 존재로 등장하게 되고, 많은 경우에는 우리와 대립 혹은 갈등하는 사이이다. 그들과의 차이나 갈등이 두드러질수록 우리의 연대감은 더 높아지게 된다. 그러므로 정치 담화에 있어서 그들은 우리를 보다 단단히 결집시키기 위한 일종의 필요악 역할을 담당하고 있다. 프랑스와 영국 국가를 예로 들어보기로 한다.

프랑스: <라 마르세이에즈(La Marseillaise)>

가자 조국의 자녀들아, 승리의 날이 왔도다
<u>우리</u> 앞에 **폭군**의 피 묻은 깃발이 일어섰다
들판에서 성난 병사들이 울부짖는 소리가 들리는가?
당신 자식과 마누라의 목을 따러 **그들**이 지척까지 왔도다

무기를 들어라 시민들아
무리를 지어라
진격하자! 진격하자!
(**그들**의) 더러운 피가 <u>우리</u> 밭고랑을 적시도록!

영국: <신이시여, 여왕 폐하를 지켜주소서(God save the Queen)>

신이여, <u>우리</u>의 자비로운 여왕을 지켜주시고
고귀하신 <u>우리</u> 여왕이 만수무강토록 하시고
신이여, 여왕을 수호하소서
승리와 행복과 영광을 누리게 하시어
오래도록 <u>우리</u>를 통치하게 하소서
신이여, 여왕을 수호하소서

오, <u>우리</u>의 주님, 신이여 깨어나시어
그분의 **적들**을 물리치시고
쓰러지게 하소서
그들의 나라를 멸하시고

그들의 간교한 계략을 좌절케 하소서

당신만을 믿사오니 <u>우리</u> 모두를 지켜주소서

프랑스 국가 <라 마르세이에즈>는 프랑스 혁명기인 1792년에 만들어졌다. 혁명 당시 시민군들에 의해서 군가로 불리다가 이후 프랑스 국가가 되었다. 가사는 섬뜩할 정도로 전투적이다. 이 노래가 당시 혁명군들에 의해 가장 즐겨 불리어진 까닭은 노랫말 속에 적군("폭군"-"그들")이 명확하게 등장하고, 우리와 그들 간의 적대 관계가 선명하게 대립함으로써 혁명군의 분노를 끓어오르게 하였기 때문이다. 그들이 잔인하면 할수록 ("피 묻은", "울부짖는", "목을 따러", "더러운 피" 등) 우리는 더욱 단결할 수밖에 없다. 즉 우리의 결속은 그들의 잔인함에 비례하게 된다.

영국 국가도 이와 유사하게 그들과 우리 사이의 대립 구도를 보인다. "여왕 폐하"와 (그분을 모시는) "우리" vs "그분의 적들"인 "그들" 사이에 대립이 존재한다. 여기서도 "우리"를 더욱 굳건히 뭉치게 하는 것은 바로 간교한 계략을 쓰는 "그들"이 존재하기 때문이다.

이번에는 프랑스 대통령 선거에서 극우 정당인 국민전선 Front National 후보였던 르펜 Le Pen의 연설 내용을 살펴보자.

"**다른 사람들**을 위해서 ―특히 **다른 사람들**을 위해서만― 일하게 되면 동기유발이 잘 안되기 마련입니다. 자선이라는 것은 자신에서부터 시작되어야지요. 이를 위해서 <u>우리</u>가 <u>우리나라</u>에 진정한 활력을 다시 불어넣어야 할 것입니다. <u>우리</u>는 아이를 충분히 낳지 않고 있는데, 여러분들도 알다시피 자연은 이러한 공백을 몹시 싫어하지요. 만일 <u>우리</u>가 프랑스 아이들을 낳지 않으면, 그 경우 <u>우리나라</u>로 오는 **자들**이 <u>우리 땅</u>에서 아이들을 낳을 것입니다. **그들**은 <u>우리 땅</u>에서 아이를 낳고 있습니다. 저는 <u>우리</u>가 (불법체류자를 추방하는) 외국행 전세 비행기에 돈을 대기보다는 <u>프랑스 아이들</u>을 위한 침대에 돈을 쓰기를 희망합니다."

(1988. 5. 프랑스 대통령 선거 TV 공식 연설 중에서)

르펜은 우리와 대립적인 관계로 규정하고자 하는 대상을 언급함에 있어 처음에는 그 대상이 제3세계에서 온 이민자들이라고 직접적으로 지칭하지 않은 채 막연하게 "그들" 또는 "다른 사람들"과 같은 표현을 사용함으로써 듣는 사람들로 하여금 감정적 차원에서 그 대상에 대해 거리감을 갖도록 자연스럽게 유도하고 있다. 그 뒤 이러한 거리감을 바탕으로 하여 보다 구체적으로 '프랑스 국민' vs '외국인'의 대립으로 갈등을 그려낸다.("만일 우리가 프랑스 아이들을 낳지 않으면, 그 경우 우리나라로 오는 **자들**이 우리 땅에서 아이들을 낳을 것입니다. **그들**은 우리 땅에서 아이를 낳고 있습니다") 이때 르펜은 (불법체류자를 추방하는) 외국행 전세 비행기 비용 vs 프랑스 아이들을 위한 침대 구입 비용과 같이 구체적인 대상들을 동원하고 그 중에서 무엇을 선택할지 묻는 방식으로 프랑스 국민들로 하여금 감정적 차원에서 민족주의적 선택을 하도록 유도하고 있다. 즉 그가 사용하는 우리는 다른 사람들과 대척점에 위치하면서 끊임없이 대립하는 갈등의 관계를 가진다.

결론을 대신하여

이상으로 정치 담화에서의 인칭대명사 활용을 살펴보았다. 우리-나(저)-당신/여러분-그들 등 다양한 인칭대명사가 활용되지만 정치 담화에서 가장 핵심적인 인칭대명사는 '우리'임을 알 수 있다. 우리는 정치 담화에서 가장 빈도 높게 활용될 뿐만 아니라 정치 담화의 의미 구성에 있어서도 중심에 위치하기 때문이다. 그것은 정치 담화가 갖은 특성에서 비롯된다고 하겠다. 정치 담화는 정치인이 유권자를 설득하여 자신에게 동의하게 만드는 것을 목적으로 한다. 유권자의 정치인에 대한 공감과 연대감이 중요한 것이다. 이를 위해서 정치인은 '우리'를 강조하여 집단적 정체성, 즉 유권자가 자신과 같은 집단에 속해 있음을 받아들이도록 만드는 것이다.

정치인이 '우리'라는 인칭대명사를 활용할 때 우리의 지시대상은 국가/국민-정당-정치인 등 다양하다. 그런데 정치인은 우리라는 인칭대명사를 통해 동의를 구하고자 하는 유권자의 범위를 가능한 한 최대로 확장해야 한다. 우리의 지시대상이 국가/국민인 경우가 가장 빈번한 것은 이러한 정치 담화의 목적의 결과라고 하겠다.[63]

'나(저)'와 '여러분' 또한 정치 담화에서 쉽게 볼 수 있는 인칭대명사지만 이들은 대개 집합적 정체성을 공유하는 우리로 가기 위한 일종의 징검다리 혹은 조연의 역할을 수행한다고 볼 수 있다. 즉 나(저)와 여러분은 궁극적으로 우리에서 만나 하나가 되는 것이다.

나(저)-여러분이 우리로 통합되는 구성 요소라면 '그들'은 우리와 대립적 관계에 있으면서 우리의 집단적 정체성을 강화하는 구성 요소이다. 그들과 우리의 관계가 적대적이고 갈등이 크면 클수록 우리의 동질감 및 연대감은 더욱 강화된다. 그들은 일종의 필요악의 역할을 담당하는 것이다.

<표 11> 정치 담화에서의 인칭대명사의 관계망

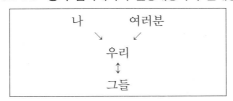

---

[63] 여기서 분석한 것은 대통령이나 대통령 후보의 정치 담화이기 때문이고, 만약 국회의원이나 지방자치제 정치인의 담화에서는 우리의 가장 빈번한 지시대상이 달라질 것이다.

<표 11>은 정치 담화에 사용되는 인칭대명사들의 관계망을 정리하여 제시한 것이다. 그 중심에 집합적 정체성을 담아내는데 가장 효과적인 '우리'가 자리 잡고 있으며, '나'와 '여러분'은 최종적으로는 우리로 향하려 한다. 반면 '그들'은 우리와 대립 관계를 취한다. 우리가 무심코 접하는 정치 담화 속의 인칭대명사들은 이렇게 연관된 관계망 속에서 작동하고 있다. 담화 분석은 바로 이러한 의미를 드러냄으로써 정치 담화에서의 언술의 힘을 잘 보여준다.

1.3. 인칭대명사: 광고[64]

> 이 세상 가장 향기로운 커피는
> 당신과 마시는 커피입니다
> (맥심)

현대 사회는 소비 사회이다. "나는 소비한다. 고로 나는 존재한다."라는 표현이 패러디의 차원을 넘어서 많은 사람들의 공감을 얻을 정도로 우리는 소비 사회에서 숨 쉬고 있다. 보드리야르 Baudrillard는 현대 사회에서 소비와 사물의 관계에 대해 설명하면서 소비 과정에 작용하는 사람들의 선택이 사물 그 자체의 본질에 의해서라기보다는 사물이 가지고 있는 이미지나 기호에 의해 좌우된다는 점을 지적하였다.[65] 경제 현상으로서의 소비가 더 이상 상품의 품질, 성능 및 기능 등으로 형성된 사용 가치에 의해 지배받지 않는다는 것이다. 이는 현대 사회에서의 소비의 본질을 상징적으로 드러내주는 표현으로 경제 합리성을 추구하는 근대 사회와 후기 산업 사회의 경계를 긋는 선언으로 여겨진다.

현대 사회의 이해에서 광고가 주목받는 것은 바로 이 지점에서이다. 대중이 사용 가치 이상의 소비에 대해 자극받고, 욕망하고 그리하여 구매하도록 만드는 것이 바로 광고이다. 광고는 사물의 속성을 기호로 파악하는 보드리야르 특유의 기호학적 사유를 잘 반영하고 있는 대표적 분야로서 "소비를 통해 자기를 실현하는 과정"[66]을 담당하고 있다. 그러므로

---

[64] 최윤선, 「프랑스 광고에 드러난 인칭대명사의 담화효과 분석: 인쇄매체에 게재된 화장품 광고를 중심으로」, 『한국프랑스학논집』 제 46집, 한국프랑스학회, 2004, pp. 83-100의 내용 일부를 인용하였음.

[65] J. Baudrillard, *Le système des objets*, Paris, Gallimard, 1970. (배영달 옮김, ≪사물의 체계≫, 백의, 1999.)

[66] 보드리야르(한국어판), *op. cit.*, p. 280.

현대 사회가 소비 사회라고 규정한다면 그것은 곧 현대 사회가 광고 사회라는 의미와도 같다고 할 수 있다.

그렇다면 대중들을 소비의 길로 성공적으로 인도하기 위해 광고는 어떤 방법을 사용하는 것일까? 광고 성패의 핵심은 무엇보다도 대중들의 시선을 집중시키는 것이다. 이를 위해 흔히 사용하는 방식이 수용자를 광고가 제시하는 상황 맥락 속으로 들어오도록 적극적으로 초대하는 방식이다. 수용자를 단순한 구경꾼이 아니라 광고의 구성원으로 만듦으로써 광고에 집중하여 몰입하게 만드는 것이다. 수용자의 적극적 참여를 유도하는 가장 대표적인 방식은 수용자에게 말을 거는 것이다. 광고가 '당신'이라고 부르면서 수용자에게 대화를 건네면 수용자는 그 호명이 자신을 향한 것으로 여기게 된다. 그 결과 수용자는 광고의 객체인 구경꾼에서 광고의 주체로 바뀌고, 나아가 자신을 광고 속의 모델과 동일시(identification)하기에 이른다. 광고에서 흔히 행해지는 스타 마케팅은 바로 이러한 동일시 과정을 성공적으로 수행하기 위한 대표적 방법의 일환이다. 이러한 과정을 통해 수용자는 실제로는 광고의 대상임에도 불구하고 자신이 스스로 자유롭게 광고에 참여하여 주체가 되었다고 여겨 광고가 내포하고 있는 소비 이데올로기에 무의식적으로 복종하게 된다.

이 지점에서 우리가 주목하는 것은 광고의 객체인 수용자를 주체로 인식하게 만드는 호명[67]의 전략적 도구인 인칭대명사다. 광고는 호명을

---

[67] 알튀세는 라캉으로부터 호명(interpellation)이라는 용어를 빌어 와서 이데올로기가 호명하면 개인들이 주체로 변형되는 과정을 설명한다. 호명을 통하여 개인이 객체인데도 불구하고 마치 주체인 것마냥 구성해내는 이데올로기적 과정을 완성한다는 것이다.

L. Althusser, "Ideology and Ideological State Apparatuses" in *Lenin and Philosophy and Other Essays*, New Left Books, 1971. (원용진, ≪대중 문화의 패러다임≫, 한나래, 1996. pp. 195-204를 참조하였음)

통해서 동일시 과정을 거쳐 광고의 구경꾼을 광고 속으로 이끌어 들이는데 그 과정의 열쇠가 바로 인칭대명사인 것이다. 그러므로 본 장에서는 광고 속에 등장하는 여러 인칭대명사들의 분석을 통하여 그들이 수행하는 다양한 담화 효과에 대한 분석을 행하기로 한다.

(1) (수용자와의) 직접 대화: '당신'

광고 속으로 수용자를 초대하는 데에 있어서 가장 널리 사용되는 방식은 수용자들에게 직접적으로 말을 거는 것으로 상대를 직접 지칭하는 이인칭 대명사가 주로 사용된다. 정치 담화에서는 수용자를 집합적인 차원으로 언급하는 '여러분'이 주로 사용된다면, 광고에서는 소비자에게 보다 개인적인 접근을 가능케 하는 '당신'이라는 표현이 선호된다. 1:1 대화를 하는 듯한 호칭 방식은 소비자로 하여금 광고가 자신만을 향하고 있다는 느낌을 제공함으로써 손쉽게 동일시 과정을 성공시키는 장점을 지닌다. 또한 광고에서는 발화자인 광고주는 일반적으로 배제되고 수신자인 소비자가 전면에 드러나는 양상을 보인다. 광고주로서의 나는 광고 커뮤니케이션 상에서 광고가 유인하고자 하는 당신에게 우선 순위를 부여하고 대부분 자신을 드러내지 않기 때문이다.[68] 아래 예들을 살펴보자.

(1) **당신**의 은퇴는 준비되어야 합니다. (미래에셋생명)
(2) **당신**의 금융고민 신한과 만나세요. (신한은행)
(3) **당신**의 봄 산책을 가볍게 만드는 초경량 Zero-tech 방풍자켓과 트레일워킹화 Your best way to nature (KOLON SPORT)
(4) **당신**이기에 전하고 싶은 수분의 진실 –
  설화수 수율크림 (Sulwhasoo)

---

[68] G. Péninou, *Intelligence de la publicité*, Paris, Robert Laffont, 1972. (김명숙·장인봉 옮김, 《광고 기호 읽기》, 이화여자대학교 출판부, 1998, p. 111.)

(5) **당신**의 치아는 보험이 있습니까? (라이나 생명)

(6) 세계로 비상을 준비하는 **당신**, 오라! 한양으로… (한양대학교)

(7) olleh kt 첫 1년! **당신**의 olleh는 무엇이었습니까? (olleh kt)

(8) 시댁에 가면 어머니편 / 모임에선 친구편 / 야단칠 땐 애들 편
    늘 남의 편만 들어서 남편이라고 부르나 봅니다.
    마음만은 언제나 내 편인 사람. **당신**이 행복입니다. (OK! SK!)

'당신'이란 표현은 광고에서 어떤 담화 효과를 생산해 내고 있을까? 당신은 화자의 발화를 수신하는 직접적인 대상을 가리킨다. 발화 순간에 그 발화를 듣는(혹은 들을 것으로 여겨지는) 대상이 바로 당신인 것이다. 앞 장에서 살펴본 인칭대명사 우리의 경우 그 지시대상이 발화 상황에 따라 가변적이었던 반면, 당신의 경우는 오해나 논란의 여지가 없을 정도로 지시대상이 분명하게 드러나는 특성을 지닌다. 그렇지만 이렇게 명확한 성격을 지닌 것으로 여겨지는 당신의 경우도 자세히 살펴보면 등장하

는 발화 상황에 따라 지시대상의 층위가 달라진다. 그 결과 일반적으로 보기에 자연스럽고 평이하게 여겨지는 광고 구성일지라도 그 속에서 당신의 지시대상의 층위 변화를 통한 흥미로운 광고 전략을 읽을 수 있다.

발화적 층위 vs 경제적 층위

아담과 본옴므 Adam & Bonhomme[69]는 광고 카피를 구성할 때, 정보 전달과 설득이라는 발화적 층위와 판매와 구매라는 경제적 층위를 구별해야 할 필요에 대해서 지적하였다. 광고주가 광고의 목표를 제품에 대한 정보를 제공하는 정보적 차원에 그칠 것인지 아니면 태도나 행동의 변화를 이끌어 구매로 연결시키는 동기적 차원으로까지 진전시킬 것인지에 대해서 판단하여야 한다는 것이다. 동기적 목표를 지닌 경우 광고는 경제적 층위에서 구성된다. 이때 등장하는 인칭대명사 당신의 지시대상은 생산자/판매자/광고주에 대비되는 소비자/구매자/제품 사용자로 정의될 수 있다. 반면 정보적 목표를 지닌 광고는 발화적 층위에 만족한다. 이 경우 당신은 광고주에 대비되는 광고 수용자(독자/시청자)를 지시하게 된다. 물론 모든 광고에서 이 두 층위가 명확히 구별되는 것은 아니다. 때로는 경계가 모호할 경우도 있고 또 때로는 한 광고 내에서 층위의 이동이 발생하기도 한다. 결국 광고에 등장하는 당신의 지시대상이 이 둘 중에서 어느 층위를 더 강조하느냐에 따라 각기 다른 담화 효과를 낳게 된다. 이어서 제시하는 예들을 살펴보면 두 층위의 차이를 보다 명확히 확인할 수 있다.

---

[69] J. M. Adam & M. Bonhomme, *L'Argumentation publicitaire*, Paris, Nathan, 1997. (장인봉 옮김, ≪광고논증≫, 고려대학교 출판부, 2001, pp. 65-76.)

<표 12> 발화적 층위 vs 경제적 층위

발화적 층위	(9) 세계 10대 엔진 선정, **독자 개발 엔진 V8 타우** 스스로 위험을 감지하고 보호하는 **차량통합 제어 시스템**(VSM) 세계 최초 중앙차선 컬러 인식 **차선이탈 경보 시스템**(LDWS) 충돌 위험을 사전 경고하고 작동하는 **프리 세이프 시트벨트** 최고급 리얼 우드와 천연가죽을 적용한 **고품격 인테리어** Prestige 앞에 True를 붙일 수 있는 단 하나의 자동차 TRUE PRESTIGE EQUUS (에쿠스) (10) 가족의 건강은 물 한잔에서 시작~ 당신은 어떤 물을 드시고 계십니까? 알칼리 이온수는 칼슘, 칼륨 등 우리 몸에 필요한 미네랄을 풍부하게 함유하고 있으며, 물입자가 작아 체내 흡수가 빠른 건강을 위한 물입니다! (바이온텍)
경제적 층위	(11) 요즘 어떻게 지내냐는 친구의 말에 그랜저로 대답했습니다 당신의 오늘을 말해줍니다 (그랜저) (12) 지금부터의 당신은 지금까지의 당신과 다르다 (뉴 알티마) (13) 당신이 잠든 사이 살아나는 꿈의 S라인 S라인을 위한 침대 과학 에이스 침대 (에이스 침대)

　　광고 (9)와 (10)은 전문적인 정보 제공을 통하여 독자들에게 이성적 설득을 시도하고 있다. (9)는 "독자 개발 엔진 V8", "차량통합 제어 시스템(VSM)", "차선이탈 경보 시스템(LDWS)", "프리 세이프 시트벨트" 등과 같은 설명을 통해 새로 시판된 신형 에쿠스가 가지고 있는 최첨단 기능에 대한 정보를 제공하고 있다. (10) 역시 바이온텍 정수기 효능에 대해서 설명하고 있다.("알칼리 이온수", "칼슘, 칼륨 등 우리 몸에 필요한 미네랄을 풍부하게 함유", "물입자가 작아 체내 흡수가 빠른" 등) 이들 광고는 제품 판매와 관련된 어떠한 직접적인 언급 없이 정보 제공에 만족하는 발화적 층위에 위치하고 있다. 반면 (11)~(13)은 소비자가 제품

구매 후 만족해 할 상황을 상정함으로써 광고를 경제적 층위에 위치시킨다. (11)은 그랜저 구매를 통하여 친구들로부터 인정받게 될 소비자의 모습을 성공적으로 구현하고 있고("어떻게 지내냐는 친구의 말에 그랜저로 대답했습니다"), (12)는 "지금까지의 당신"(알티마 구입 이전) VS "지금부터의 당신"(알티마 구입 이후)을 명백히 대비시켜 그 차이를 부각시키고 있다. (13)은 에이스 침대 사용 시 "살아나는 꿈의 S라인"에 대한 강조를 하고 있다. 즉 광고 속의 당신을 단순한 독자/시청자에 그치게 하는 것이 아니라 제품을 구매한(혹은 구매할) 소비자로 등장시킴으로써 그들과의 동일시를 통해 자연스럽게 구매로 인도하는 광고 전략을 읽을 수 있다.

층위 이동: 발화적 층위 → 경제적 층위

그렇다면 광고주는 어떤 층위를 선호할까? 일반적으로 광고 메시지가 발화적 층위에만 머무르기를 희망하는 광고주는 없을 것이다. 광고의 최종 목적은 소비자로 하여금 제품을 구매하게 만드는 것이기 때문이다. 그런데도 많은 광고들은 발화적 층위의 메시지를 주로 구현하고 있다. 이는 소비자들을 무리하게 경제적 층위로 이끌려고 할 경우 생길 수 있을 부작용에 대해 경계하는 것으로 이해할 수 있겠다. 결국 광고주는 제품의 특성이나 마케팅 전략에 따라 경제적 층위와 발화적 층위 사이에서 취사선택을 하거나 혹은 광고 속에서 이 층위들을 적절히 혼합하는 방식을 택하게 된다. 아래 예는 발화적 층위에서 시작하여 경제적 층위로 옮겨가는 광고 사례이다.

(14) 더 이상 시간이 지나가게 두지 말고
엘리자베스 아덴의 Bye Lines Serum Anti-rides를 만나보세요

주름 및 잔주름에 대항하려면 결코 빠른 것이 아니랍니다. 당신(1)은 슬슬 나타나기 시작하는 당신(2)의 작은 주름들을 발견하고 계시죠. 이제는 움직일 때입니다. 엘리자베스 아덴의 Bye Lines Serum Anti-rides이 독보적인 기술로 시간의 흔적을 지워드립니다.

이 혁신적인 세럼은 초기 노화 신호에 적극 대처합니다. 이 세럼은 피부의 콜라겐 조직과 보호 방벽을 강화시켜 줌으로써 주름 및 잔주름을 현저히 경감시킵니다. 기미도 희미하게 해주고 피부결도 통일시켜 줍니다. 이제 당신(3)의 피부는 더욱 탄력있고 매끄럽습니다. 매일매일 Bye Lines Serum Anti-rides는 당신(4)이 당신(5)의 젊음을 유지할 수 있도록 돕고 있습니다.[70](Elizabeth Arden)

위 광고 초반에 등장하는 당신(1), (2)의 지시대상은 일반적인 독자를 가리키는 반면("**당신**은 슬슬 나타나기 시작하는 **당신**의 작은 주름들을 발견하고 계시죠"), 광고 후반에 등장하는 **당신**들("당신의 피부는 더욱 탄력있고 매끄럽습니다", "**당신**이 **당신**의 젊음을 유지할 수 있도록 돕고 있습니다")은 이미 화장품을 구매하여 사용하고 있는 소비자로 변해있다. 광고의 층위가 발화적 층위에서 어느새 경제적 층위로 자연스럽게 전환된 것이다. 그 결과 광고를 읽어 내려가던 독자는 자신도 모르는 사이에 화장품 사용자로서의 당신에 동화되게 된다. 이렇게 지시대상이 한 광고 내에서 자연스럽게 변화된다는 사실을 일반 독자가 광고를 읽는 짧은 시간 내에 감지해내는 것은 여간 어려운 일이 아니다. 결국 언뜻 보기에는 단순해 보이는 인칭대명사 당신을 통해서 그가 담아낼 수 있는 지시대상의 층위에 변화를 줌으로써 독자들을 자연스럽게 구매의 층위로 유도해 내는 치밀한 광고 전략을 확인할 수 있다.

---

[70] 프랑스 잡지 ≪Marie Claire≫ 제 591호, p. 363의 광고 전문을 번역한 것임.

당신이 더 가까이 다가올 때: '너'

당신이라는 표현은 실제 우리 일상생활에서 많이 쓰이는 표현은 아니다. 그런데도 광고에 많이 등장하는 이유는 영어의 you에 해당되는 번역어로서 영미권 광고의 영향을 받은 결과일 수 있다. 존대 체계가 없는 영어의 경우에는 상대에 대해서 일률적으로 you(단수/복수 포함)라고 지칭할 수밖에 없지만, 한국어의 경우에는 '너', '당신', '여러분' 등과 같이 다양한 표현이 가능하다. 이 중에서 광고에 새롭게 등장한 표현이 바로 '너'이다. 과거에는 존대 문화의 전통에 따라 광고에서도 당신이라는 존대 방식을 통해 소비자를 정중히 구매로 유도했다면, 서구식 표현에 익숙해진 오늘날에는 너라는 표현을 통해 소비자와의 거리를 좁히면서 마치 친구에게 대화하는 듯한 방식을 채택하고 있다. 아래 예문이 보여주듯이 광고 문체 역시 인칭대명사 너에 맞춰 "즐겨라", "찍어봐"와 같이 경쾌한 느낌을 주는 명령형으로 구성되어 친근감을 더 높이고 있다. 이러한 광고는 일반적으로 젊은 층을 대상으로 하는 제품 광고에 많이 사용된다.

(15) 스타일로 앞서간다!
수동식 광학 30배줌을 고화질로!
세계 최초, 3D 카메라를 즐겨라!

네가 원하는 디카?
파인픽스에서 찍어봐!

(디지털 카메라 FINEPIX / 후지필름)

이상으로 인칭대명사 당신의 여러 가지 사용과 관련된 담화 효과들을 분석해 보았다. 당신은 독자나 소비자와의 동일시에 가장 손쉬운 인칭대명사이기에 광고에서 널리 사용되어 왔다. 그런데 최근에는 당신 이외의 인칭대명사들을 통하여 광고 수용자를 연루시키는 방식이 점차 늘어나고 있는 추세이므로 이제부터 그에 대해 좀 더 자세히 살펴보기로 한다.

(2) '나'의 개성선언: 소비자로서의 나의 등장

일반적으로 광고에서 수용자들을 초대하는 데에 가장 널리 사용되는 방식은 인칭대명사 당신을 사용하여 수용자들에게 직접적으로 말을 거는 것이었다. 그런데 언제부터인가 이 방식에 조금씩 변화의 바람이 불고 있다. 그 중 최근에 가장 두드러지는 것은 '나'의 선언이다. 광고에서 소비자와의 동일시 과정이 더 이상 당신이라는 호명을 통한 객체의 주체화 과정 속에서 이루어지는 것이 아니라 직접적으로 나라는 자기 선언적 표현을 통하여 소비자들을 주체화시키고 있다. 이러한 기술 방식은 자신의 개성을 뚜렷이 드러내고 상대와의 차별화를 원하는 소비자들을 대상으로 하는 광고에서 증가 추세를 보이고 있다.

'나'를 앞세운 스타 마케팅

스타 마케팅은 우리나라 광고에서 흔히 볼 수 있다. 소비자에게 친숙한 스타가 광고 모델로 등장하는 경우 모델에 대한 무의식적 동일시가 훨씬 손쉽게 이루어지기 때문이다. 김연아나 김태희같이 누구나 알고 있고 선망하는 대상일수록 소비자의 자기 동일시가 성공할 가능성은 커진다. 스타 마케팅은 우리나라에서 특히 활발하여 몇 십 년 동안 지속되어 온 대표적인 광고 기법이다. 해외에서도 스포츠 스타나 영화배우를 등장시킨 스타 마케팅이 있기는 하나 그 비중은 현저히 다르다. 우리나라는 값비싼 소비재인 자동차에서부터 일상 생활용품인 샴푸에 이르기까지 거의 모든 제품에 전방위적으로 연예인을 등장시켜 광고하고 있다. 이는 아마도 동질성을 중시하는 우리나라 문화의 특성이 아닐까 생각된다.

한때 가장 인기 있는 CF 스타였던 김연아가 수많은 광고에 출연할 당시 인터넷에 떠돌던「연아의 하루」라는 내용물은 특정 스타에 집중하는 우리나라 스타 마케팅의 특성을 잘 보여준다.

♡ 연아의 하루 ♡

연아는 아침에 일어나「LG Dios냉장고」에서
「롯데 아이시스 생수」를 꺼내 마셔요.
이어「뿌레쥬르 연아빵」과
「매일 저지방 & 칼슘 우유」로 아침을 해결합니다.
연아는 스케이트를 가방에 챙긴 뒤
「샤프란 섬유유연제」로 세탁한
「나이키 트레이닝복」을 입고 집을 나서요.
연아는 아침 훈련을 하러「현대자동차」를 타고 집을 나선 뒤
「고려대」아이스링크에 도착해 훈련합니다.
오후에는「라크베르 화장품」으로 화장을 하고
「국민은행」현금 자동출납기에 가서 현금을 찾은 뒤
「스포츠 토토복권」을 한 장 삽니다.
집에 돌아와서는「씽씽 에어컨」을 켠 뒤 휴식을 취해요…

전통적으로 스타를 모델로 한 광고는 아래와 같이 소비자를 향하여 제품 사용을 권장하는 대화형 구조가 일반적이었다.

(16) 잊을 수 없는 원두커피의 맛과 향, 전 맥심 아라비카 100을 마셔요.
고현정 (맥심)

(17) 화학적 합성품 카제인 나트륨이 든 프림 얘기 들으셨죠?

김태희 (프렌치 카페)

그런데 최근 들어서는 기존 방식에 변화가 일어나고 있다. 모델로 등장하는 스타가 '나'라는 표현을 사용하면서 자기 선언적으로 발언하는 내러티브 구조가 차츰 늘어나는 것이다.

(18) **내** 생애 가장 빛나는 여름을 만났습니다 / 이승기 (삼성 지펠)
(19) **내** 카드는 세상 처음으로 ♬ **내**가 정한 곳에서 포인트를 쌓아줘 /
     내 카드는 세상 처음으로 ♬ 포인트에 이자까지 붙여줘 /
     내 카드는 세상 처음으로 ♬ 연회비 더 안내도 해외에서 **빵빵** 써 /
     김남길/ 김하늘/ 송강호 (신한카드)
(20) 비타민! **난** 천연원료만 먹는다 / 고현정 (야쿠르트 Vfood)
(21) **난** 1등! 우리 모두 1등! / 김연아 (삼성 하우젠)
(22) **난** 사고 싶고, 먹고 싶고, 즐기고 싶어! / 장근석
     난 보고 싶고, 듣고 싶고, 놀고 싶어! / 박신혜 (Garden 5)

위와 같이 자신의 개성을 뚜렷이 드러내고 상대와의 차별화를 원하는 소비자들을 대상으로 하는 광고는 젊은 층을 대상으로 하는 상품에서부터 시작하여 점차 다양한 영역으로 확산되고 있는 추세이다. 이러한 주체적 나의 등장은 자신이 더 이상 수동적 소비자로 머무르지 않고 적극적 주체로서 기능하기를 원하는 정당하고 바람직한 방향이라고 생각할 수 있다. 그런데 아이러니컬한 것은 그러한 자기 선언이 독자적이 아니라 스타의 힘을 빌려 완성된다는 것이다. 결국 우리가 최근 광고에서 자주 접하는 나는 수용자들의 자생적인 욕구라기보다는 능동적 존재로서 자신의 개성을 뚜렷이 드러내려는 현대 소비자의 욕망을 정확히 읽어내고 이를 발 빠르게 광고에 접목시킨 기업 마케팅 전략의 일환이라는 점을

놓치지 않을 필요가 있다.

'나' – 사용 범위의 확산

'나'를 활용한 자기 선언적 내러티브가 차츰 늘어나는 것은 스타 마케팅 광고의 경우에만 해당하는 것은 아니다. 광고 속에서 능동적이고 주체적인 나의 등장은 10여 년 전으로 거슬러 올라간다. 처음에는 젊은 층을 대상으로 하는 상품에 제한적으로 등장하였는데 그 대표적인 것이 이동통신 광고였다. 이동통신사들은 1999년 하반기부터 그 당시 휴대폰 가입이 미미했던 새로운 소비자군인 신세대 젊은 층을 주 타깃으로 하는 N세대 마케팅 전략 및 광고를 시도하였다. 그 이전까지 이동통신 광고에서는 통화 품질과 관련된 이성적 소구 방식(예: 기지국이 000개)이 주를 이루었다면, N세대를 겨냥한 광고에서는 그러한 정보 전달식 광고는 자취를 감추고 자신의 개성을 뚜렷이 드러내려는 젊은 층의 감성을 반영한 새로운 광고들을 탄생시켰다. 이렇게 한정된 젊은 층을 중심으로 시작된 나의 선언은 점진적으로 증가하여 현재에는 거의 전방위적으로 'I' 마케팅이 행해지고 있다.

이러한 추세는 단지 우리나라만의 일은 아니다. 21세기 들어서 정보통신 분야에서 가장 성공적 사례로 손꼽히는 애플사의 ipod/iphone/ipad에 모두 'i'가 등장한다. 물론 이 i에는 innovation, imagination, incredible, internet, information 등 여러 중의적 해석이 가능하지만 그 중심에 새로운 트렌드를 앞서서 받아들이는 능동적인 나(I)로서의 해석 역시 가능하다. 아래 도표는 2010년 6월 광고에서 인칭대명사 '나'가 등장한 사례들인데 거의 전 영역에서 I-마케팅이 진행되었음을 확인할 수 있다.

<표 13> I—마케팅 광고 사례

분야	광고 헤드라인 카피
금융	행복한 세상을 열어가는 I 창조의 I / 사랑의 I / 열정의 I / 희망의 I 그리고 행복한 금융의 I (IBK 기업은행)
보험	무배당 **나**만의 보험 M-Style 1006 (메리츠화재)
화장품	**나**의 화이트닝은 다르다 (SK-II)
식품	**내** 콩은 국내산 100% / 100% 국산콩의 유혹 –두잇 (서울우유) **난** 프리미엄 골드 오렌지 쥬스 (썬키스트)
자동차	15초면 하늘의 길과 **나**의 경계가 사라진다 (Audi) **나**만의 개성을 노래하라/ Sing a Soul / **나**만의 개성, **나**만의 차 (기아 쏘울) **내** 마음을 쉬게 하는 시간 Holiday in RAV4 (Toyota)
아파트	**내** 집까지 가는 길… 보금자리주택 –new+ (국토해양부 / LH)
공익광고	**나**와 가족을 위해 투표로 말하세요 (중앙선거관리위원회)
서적	**내** 삶의 쉼표, YES 24 (YES 24)
가전제품	**나**는 LED 빛의 TV 지금까지의 TV와 선을 긋다 (Samsung PAVV) **난** 1등! 우리 모두 1등! 4계절 에어컨 삼성하우젠 ZERO (삼성전자)
휴대폰	**난** 전세계를 손 안에서 공유한다 놀랍게도 LG Optimus Q (LG 전자)
신용카드	**나**는 한 번도 공주 대접 받아본 적 없다 (삼성카드) 롯데카드 서비스, **내** 손 안에 있소이다! (롯데카드)
항공사	어느새 **나**는 동화 속으로 들어왔다 (Korean Air)
정유	**나**는 당신에게, 당신은 **나**에게 / I'm your Energy (GS 칼텍스)
의류	**나**의 아웃도어는 젊다! 젊은 아웃도어 네이처시티 (코오롱) Be my best BANGBANG (뱅뱅) **내** 다리는 헐리우드 스타일이다! (fitflop) 흩어진 **내** 가슴을 모아 **나**만의 볼륨을 만들어라 (비너스) 올 여름 **나**를 썰렁하게 하는 쿨 아이템 (Try Cool Max)
기타	**내** 가슴 속에 야마하 인프레스가 들어왔다 (YAMAHA-골프채) 그 날이 와도 **내** 피부는 부드럽다 (바디피트)

(3) '우리': 상황에 따라 달라지는 의미

정치 담화 분석에서 살펴보았듯이 인칭대명사 우리는 상황 맥락에 따라 그 지시대상이 변하는 특성을 지닌다. 정치 담화에서는 주로 우리-국가/국민과 우리-정당으로 지시대상이 수렴되었다. 우리-국가/국민의 경우는 후보들이 자신의 정치적 대표성과 정당성을 국가적 차원으로 확산시키고 유권자들과의 연대감을 형성하기 위해 가장 선호하였다. 우리-정당의 경우는 후보들이 자신이 소속된 정당의 집합적 정체성을 긍정적으로 승계하고자 할 경우 사용하였다. 그렇다면 광고에 자주 등장하는 우리의 지시대상들에는 어떤 것들이 있을지 살펴보기로 하자.

(23) **우리**는 할 수 있습니다. (현대중공업)
(24) **우리**를 강하게 만드는 것, **우리**를 아름답게 만드는 것은 끝없는 도전이다. Keep Challenging (기아자동차)
(25) **우리**에게 유전은 참 멀리 있었다. 그래서 생각했다.

전기플러그를 꽂는 그 어디라도 유전이 되게 하자고. (SK 에너지)

(26) **우리**는 Shouting Korea (현대자동차)

(27) 지금 이 순간 **우린** 당신과 함께 합니다. (붉은악마)

(28) **우리** 경제를 일으킨 힘 / **우리** 산업을 키워온 힘

여러분의 행복파트너 / **우리**나라 우리은행 (우리은행)

(29) **우리** 술은 **우리** 쌀로! (국순당)

(30) **우리**는 믿는다 / 자신의 영역을 깨본 사람만이 또 새로운 것을 시작
할 수 있다고 (현대카드)

(31) **우린** 차로 말하겠다. We only think cars. (쌍용자동차)

위의 예들은 2010년부터 매스미디어에 등장했던 광고 중에서 우리가
사용된 몇몇 문구이다. 이들의 지시대상은 우리-집합적 총체, 우리-광고
주로 크게 구별된다. 우리-집합적 총체는 정치 담화에서 우리-국가/국민
이 그러했던 것처럼 지시대상이 한정되지 않고 불특정 다수를 지시하는
경우이며, 우리-광고주는 지시대상이 광고주를 가리키는 경우이다. 하지
만 많은 경우 우리는 광고주나 집합적 총체의 어느 하나로 명확하게 특
정되지 않고 두 가지 해석을 동시에 가능케 하는 우리-중의적 사용이다.

<표 14> '우리'의 지시대상에 따른 광고 분류

우리-광고주	우리-중의적 사용	우리-집합적 총체
쌍용자동차	기아자동차 SK 에너지 현대자동차 국순당 현대카드	현대중공업 붉은 악마 우리은행

'우리'-집합적 총체

우리-집합적 총체는 지시대상이 구체적으로 한정되지 않고 열려 있는

경우이다. 이렇게 우리라는 집합적 총체를 내세워 광고주와 소비자를 한데 묶어 공동의 정체성을 기반으로 하는 공감대 형성은 개인보다는 집단을 우선시하는 한국 사회의 공동체적 정서를 반영한 결과라 하겠다. "당신은 할 수 있습니다"보다는 "우리는 할 수 있습니다"라는 표현에서 정서적 공감대가 더 잘 형성되는 것이 사실이다. 정치 담화에서의 우리가 정치적 대표성과 정당성을 넓혀줄 뿐만 아니라 유권자와 후보자 사이의 연대감을 형성하는데 효과적인 것과 마찬가지로, 광고 담화에서도 우리는 광고주와 소비자를 하나로 묶어 연대감과 친밀감을 형성시키는 효과적인 도구로 작용한다.

(23) **우리**는 할 수 있습니다. (현대중공업)

'우리'-광고주

우리나라 광고에서 우리-광고주의 등장은 상대적으로 새로운 경향이다. 일반적으로 광고 텍스트 고유의 특징 중의 하나는 발화자의 부재였다. 광고에서 발화자(광고주)는 자신을 직접적으로 드러내지 않으면서 수신자(소비자)에게 우선 순위를 부여하는 것이 전통적인 광고 방식이었다. 그런데 최근에 이러한 경향에 변화의 바람이 불고 있다. 적극적이고 주체적으로 제품 및 회사에 대해서 책임을 지는 자세가 소비자들에게 신뢰를 줄 수 있다는 판단 하에 우리-광고주의 등장이 늘고 있는 추세이다. 우리의 통사적 역할 역시 주어의 자리에 위치하여 적극적 행위 주체("우린 차로 말하겠다")로서 자신의 목소리를 내고 있다.

(31) **우린** 차로 말하겠다. We only think cars. (쌍용자동차)

'우리'-중의적 사용

현실에서는 인칭대명사 우리를 사용한 광고의 경우 우리-광고주나 우리-집합적 총체보다 우리-중의적 사용이 가장 두드러짐을 알 수 있다. 이는 광고의 목표가 수용자와의 동일시를 추구한다는 점에서 어찌보면 당연한 결과라 하겠다. 광고 문구 자체가 우리-광고주로도 읽힐 수 있고 또 우리-집합적 총체로 읽힐 수도 있는 중의적 사용을 통하여 광고주는 광고 속의 긍정적 내용을 자사를 향한 긍정적 이미지로 변환시키고자 한다. "우리를 강하게 만드는 것, 우리를 아름답게 만드는 것은 끝없는 도전이다", "우리는 믿는다. 자신의 영역을 깨 본 사람만이 또 새로운 것을 시작할 수 있다고" 등의 표현을 통하여 광고는 우리-집합적 총체로서 형성된 수용자와의 동일시를 자사의 도전 정신과 연결시켜 수용자들로 하여금 그 회사에 대한 긍정적 이미지를 형성하도록 하는 것이다. 실제로 인칭대명사 우리가 등장하는 광고는 대부분 구체적 상품 광고라기보다는 해당 기업에 대한 이미지 광고라는 점이 이를 뒷받침하고 있다.

(25) **우리**에게 유전은 참 멀리 있었다. 그래서 생각했다.

전기플러그를 꽂는 그 어디라도 유전이 되게 하자고 (SK에너지)

위의 예에서 우리의 의미를 생각해 보자. 우리의 지시대상을 SK에너지라는 회사로 생각할 수도 있고, 또 더 넓게는 우리 국민 전체로의 확대 해석도 가능하다. 이때 중요한 것은 우리의 지시대상을 어느 범주로 구별하느냐보다 이러한 중의적 해석을 가능하게 해주는 텍스트의 유연성을 파악하는 일이다. 우리-국가/국민으로 해석할 경우는 국토에서 석유 한 방울도 나지 않는 우리의 열악한 환경에 대한 전 국민적 공감대 형성에 중심을 두는 메시지로 읽을 수 있고, 우리-광고주로 해석할 경우에는 그러한 열악한 환경을 불굴의 도전 의지로 극복해 낸 기업의 도전 정신을 강조하는 메시지로 읽을 수도 있을 것이다. 이렇게 열린 텍스트는 수용자에 따라 다른 선택적 해석을 가능하게 함으로써 그 해석의 외연을 확대시키는 강점을 가진다.

한국의 '우리' vs 미국의 '우리'

이번에는 미국 광고에 등장한 우리를 살펴보면서 한국과 비교해 보자.

(32) **We** didn't just make an SUV. We made a SAFETY UTILITY VEHICLE. (Chrysler)

(33) WHERE YOU DEMAND **WE** SUPPLY. (Shell)

(34) AT SHELL, **WE**'VE DEVELOPED A FUEL WHOSE ONLY BY-PRODUCT IS WATER. HOW REFRESHING. (SHELL)

(35) **WE** ARE PROUD (Budweiser)

(36) **We** don't just synchronize deliveries. **We** synchronize companies. (ups)

(37) YOU DIDN'T OPEN A BUSINESS TO WORK FOR **US**. (DHL)

(38) **We**'re all for reducing emissions. (ExxonMobil)

(39) **We**'re not just breaking new ground with our vehicles. (Toyota)

(40) YOU SEE A LITTLE LEAGUER. **WE** SEE AN IVY LEAGUER.
(Franklin Templeton Investments)

위에 제시된 미국 광고들과 앞서 제시되었던 한국 광고들을 비교할 때 드러나는 가장 큰 차이는 '우리'의 지시대상의 차이이다. 한국 광고에 등장하는 우리의 지시대상은 대부분 우리-집합적 총체 또는 우리-중의적 사용으로 수렴되면서 집합적 연대감을 확인시키거나 광고주와 수용자를 동일시하는 역할을 담당하고 있다. 반면 미국 광고 속 we의 지시대상은 대개 우리-광고주로 수렴되면서 명확하게 we(광고주) → you(소비자)로 발화가 이루어지는 커뮤니케이션 채널을 구축하고 있다. 한국에서는 개인보다는 집단을 우선시하는 공동체 중심적 광고 전략을 선호하는 반면, 미국의 경우는 우리-광고주를 통하여 회사의 책임 경영을 강조하면서 소비자와의 신뢰를 쌓고자 하는 언술 전략에 초점을 맞춤으로써 두 사회의 서로 다른 가치 체계를 드러낸다.

(4) 우리가 닮고 싶은 '그'/'그들'

정치 담화에서 그들은 우리와 대립하는 존재로서 그 대립이나 갈등이 두드러질수록 우리의 연대감을 강건히 하는 필요악의 역할을 담당하고 있었다. 그런데 광고에 등장하는 "그(녀)"나 "그들"은 나나 우리와는 다른 존재이기는 하나 정치 담화에서와는 달리 대립 및 갈등 관계에 있지 않다. 그들은 대부분 정반대로 동경 혹은 존경의 대상이다. 아래의 예들을 살펴보자.

(41) **그**는.
   먼저가지. 않는다.
   그는.
   혼자. 말하려 하지. 않는다.
   모두와. 함께 대화한다.
   그는.
   혼자. 빛나려 하지. 않는다.
   그래서.
   그는. 빛나는 리더다.
   We Never Go Alone (IMPERIAL, 모델 박지성)

(42) **그녀**는 오늘 푸르지오에서 세상 가장 즐거운 씬을 찍습니다
   (대우건설, 모델 김태희)

(43) 아름다운 **그녀**, 마코 (macaw sports, 모델 김남주)

(44) **그분**의 마음 아무도 모른다
   백화점에서 이마트까지
   쇼핑의 자유, 신세계 상품권 (신세계/이마트)

(45) 존경하는 **그분**에게… (MONT BLANC)

(46) 감당할 수 있겠는가?
   the Purple을, **그들**의 라이프 스타일을. (현대카드)

(47) Hot한 **그들**이 짜릿한 캐리비안 베이로 온다!
   (캐리비안 베이, 모델 2PM/소녀시대)

 광고 속에서 '그(녀)'는 대개 동경의 대상으로 등장한다. (41)~(43)의
예에서 볼 수 있듯이 광고 속 그(녀)는 이미 시장에서 검증된 스타 마케
팅을 이용하는 경우가 두드러진다.(박지성/김태희/김남주) 스타 마케팅
이 아닌 경우에도 여전히 그(녀)는 존경의 대상이다.("**그분**의 마음 아무도
모른다", "존경하는 **그분**에게") 그분이라는 열린 표현을 사용함으로써 소
비자가 선물을 주고자 하는 사람을 자연스럽게 연상시키도록 유도하고
있다. 정치 담화에서는 우리 vs 그/그들 사이의 집합적 대립 및 갈등을
강조하였다면, 광고에서 그/그들은 따르고 싶은 대상이다. (46)의 현대카
드 퍼플 광고는 '상위 5% 이내의 상류층' 집단을 '그들'이라는 차별적
언어로 부각시키고 있다. "감당할 수 있겠는가?"라는 광고의 어조 역시
마치 감당 못할 것이라면 애초부터 사용을 포기하라는 식으로 도발적인
형태를 취하고 있다. (47)의 캐리비안 베이 광고 카피에 등장하는 그들

역시 청소년들의 동경 대상인 남녀 아이돌 그룹 '2PM'과 '소녀시대'이
다. 결국 광고에는 그/그들이 단수이건 복수이건 간에 모두 동경의 대상
을 지칭하는 경우에 사용됨으로써 정치 담화와 뚜렷한 차이를 보이고
있다.

결론을 대신하여

모든 광고가 수용자의 동일시를 추구하지는 않는다. 전통적으로 광고
는 제품에 대한 정보 전달에 초점을 맞춘 발화적 층위의 광고였다. 그러
나 사용 가치로서의 소비가 아니라 이미지로서의 소비가 일반화한 현대
사회의 광고에서는 모델과의 동일시가 중요하게 되었다. 광고가 수용자
로 하여금 광고의 구경꾼이 아닌 주체로 참여하여 모델과의 동일시 과정
을 거침으로써 상품 구매로 이어지게 만드는 것이다. 인칭대명사를 활용
한 호명은 수용자의 광고 주체화 또는 동일시 과정의 핵심 전략이다.

광고의 동일시 전략에서 가장 즐겨 사용되는 인칭대명사는 '당신'이
다. 광고 속의 발화자가 수용자에게 당신이라고 부르며 말을 걸면서 수용
자를 자연스럽게 광고 속으로 초대하는 것이다. 그 속에서 발화자는 수용
자인 당신에게 나와 같은 이미지를 소비할 것을 권하며 동일시를 유도한
다. 당신이라는 호명을 통한 광고는 수용자가 광고의 구경꾼에서 주체로
탈바꿈하기에 가장 자연스러운 상황을 연출하기 때문에 광고에 가장 빈
번히 등장한다.

'나'를 말하면서 자신을 보여주는 광고는 형식적으로는 광고 속으로
수용자를 초대하지 않는다. 그보다는 광고 속 모델인 '나'의 자기 선언적
내러티브 방식을 활용한다. 그러므로 당신을 활용한 광고와 비교하면 수
용자가 광고의 구경꾼에서 주체로 전환하기에는 더 어려울 수 있다. 하지
만 일단 자신이 주체로서 광고를 수용하는 순간 훨씬 적극적으로 동일시

가 이루어질 수 있다. 이때 '나' 광고에서 수용자가 주체적으로 동일시하도록 돕는 장치는 대중들이 동경하는 스타이다. 스타의 자기 선언적 내러티브는 수용자가 초대받아 수동적으로 광고 속 모델과 동일시되는 것이 아니라 스스로 광고 속으로 뛰어들어 동일시하게 만드는 것이다. 그러므로 '나'를 활용한 광고는 스타에 대한 동경심이 강하고 적극적인 젊은 층을 대상으로 한 광고에서 쉽게 볼 수 있다.

광고 속 인칭대명사 '우리'는 정치 담화에서와 마찬가지로 지시대상이 상황에 따라 바뀌지만 그 내용은 정치 담화와 다르다. 광고에서 우리의 지시대상은 크게 집합적 총체와 광고주, 그리고 그 두 가지 해석이 가능한 중의적 사용의 세 가지로 나눌 수 있다. 이중에서 우리-중의적 사용이 가장 두드러진다.

광고에서도 때로 지시대명사 '그/그들'을 사용한다. 이때 그/그들은 수용자가 닮고 싶은 인물로서 역시 동일시의 대상으로 설정된다.

이렇듯 광고 속 인칭대명사는 광고의 대상인 수용자가 광고의 주체가 되어 광고 속의 모델과 동일시함으로써 상품의 이미지를 소비하게 만드는 핵심 도구이다. 이전에는 거의 당신을 통해서 동일시가 이루어졌다면, 오늘날에는 나, 우리, 그들 등이 다양하게 사용되면서 동일시를 위한 인칭대명사의 대상이 확장되고 있음을 확인할 수 있다.

그러나 수용자를 향해 '당신'을 속삭이며 초대를 하든, 수용자를 무시한 채 '나'를 외치며 자기선언을 하든, 수용자와 광고주를 한데 아울러 '우리'를 부르짖으며 집단적 정체성을 강조하든, 아니면 수용자와 같은 방향을 바라보며 '그'를 지칭하여 동경심을 자극하든 광고 속 인칭대명사의 궁극적 대상은 광고 수용자, 즉 바로 당신이며, 궁극적 목적은 동일시를 통해 당신이 상품 이미지를 소비하게 만드는 것이다.

<표 15> 정치 담화와 광고에서의 인칭대명사의 관계망

정치 담화에서의 인칭대명사 관계망	광고에서의 인칭대명사 관계망
나　　　여러분 ↘　↗ 우리 ↕ 그들	나　　　우리 ↖　↗ 당신 ↓ 그들

이제 광고 속의 인칭대명사를 정치 담화의 경우와 비교해서 살펴보자. <표 15>는 앞 장에서 살펴본 정치 담화 속에서의 인칭대명사 관계망과 이 장에서 살펴본 광고 속 인칭대명사의 관계망을 모형화한 것이다.

정치 담화에서 인칭대명사 관계망의 중심은 '우리'이다. '나(저)'와 '여러분' 또한 정치 담화에서 쉽게 볼 수 있는 인칭대명사이지만 이들은 대개 집합적 정체성을 공유하는 우리로 가기 위한 일종의 징검다리 역할을 수행한다. 결국 나(저)와 여러분은 궁극적으로 우리에서 만나 하나가 되는 것이다. 반면 '그들'은 우리와 대립적 관계에 있으면서 우리의 집단적 정체성을 강화하는 구성 요소이다. 그들과 우리의 관계가 적대적일수록 우리의 동질감 및 연대감은 더욱 강화된다. 그들은 일종의 필요악의 역할을 담당하게 된다.

반면 광고 속에서는 '당신'이 인칭대명사 관계망의 중심에 놓인다. 광고의 목표는 수용자를 광고에 끌어들여 동일시를 유도하는 것이다. 이를 위해 광고에서는 전통적으로 수용자를 직접 '당신'으로 호명하여 동일시로 이끌었다. 그런데 최근에는 수용자를 직접 호명하지 않고 다른 인칭대명사를 활용하는 방식이 확산되고 있다. '나'라는 자기선언적 내러티브 방식을 사용하기도 하고, '우리'라는 집합적 정체성을 통한 동일시를 꾀하기도 한다. 또 닮고 싶은 대상으로서의 '그/그들'을 제시하기도 한다. '당신'이라는 호명이 수용자를 바로 동일시로 이끌었다면, 나, 우리, 그/

그들이라는 호명은 수용자가 동일시할 대상을 눈앞에 제시하는 것이다. 이때도 수용자는 호명만 당하지 않았을 뿐 항상 광고 속에 '당신'으로 존재한다. 즉 광고 속에 등장하는 인칭대명사 나, 우리, 그/그들은 당신의 확장인 것이다.

결론적으로 정치 담화의 인칭대명사는 다른 인칭대명사를 '우리'로 **통합**하여 집합적 정체성을 강화하는 관계망을 형성하는데 반해, 광고에서는 '당신'을 다른 인칭대명사로 **확장**하여 동일시를 확산하는 관계망을 형성한다고 하겠다. 정치 담화와 광고의 인칭대명사 활용에서 가장 대비되는 것은 그/그들이다. 정치 담화에서 그/그들은 우리, 나, 여러분과 대립하는 존재이지만 광고 속 그/그들은 나, 우리와 마찬가지로 당신의 또 다른 확장일 뿐이다.

2. 어휘/문체 연구

1) 연구실 창 밖 대학 풍경은 전원처럼 평온하다. 맞은편에 멋진 성채 같은 대형 강의동이 들어서 있는데, 벽면을 알록달록하게 채색해 예술품처럼 꾸며 시선을 사로잡는다. 창문 앞 초록 정원은 주위에 거느린 갈색 건물들마저 자연으로 동화시키는 느낌이다. 멀리 바라보면 푸른 하늘 아래 놓인 관악산 봉우리들이 캠퍼스를 병풍처럼 장식한다. 오늘도 젊은 영혼들은 전원 같은 캠퍼스에서 자유로운 공기를 호흡하며 성장해 대학을 나와 희망찬 사회를 향한 힘찬 발걸음을 내딛는다.

2) 연구실 창 밖 대학의 모습은 살풍경이다. 맞은편에 감옥 같은 대형 강의동이 버티고 있는데, 울긋불긋한 색칠로 창문조차 눈에 띄지 않아 답답하다. 창문 앞 초록 정원은 잿빛 건물에 주위를 포위당해 이들에 동화되어 퇴색한 느낌이다. 멀리 바라보면 푸른 하늘을 찌르고 들어선 관악산 봉우리들이 캠퍼스를 움켜쥐고 있다. 오늘도 88만원 세대들은 감옥 같은 캠퍼스에서 성적과 취업 고민으로 지새다가 대학에서 떠밀려 미래 없는 사회로 끌려나온다.

같은 시간, 같은 장소에서 같은 방향을 바라보면서 구성한 세상이다. 여러분의 눈에 비친 대학 풍경은 어떠한가. 어떤 것이 보다 객관적으로 현실을 서술하고 있는가. 현실은 구성 요소들과 이해관계가 복잡하게 얽혀 있으며 다양한 측면을 지니고 있다. 어떤 이해관계를 가지고 어떤 측면으로 접근하여 어떤 요소들에 초점을 맞추느냐에 따라 현실, 정확하게 말해 재구성된 현실은 다른 모습으로 나타난다.

이 지점에서 언어철학자들은 인간의 현실 인식에서 언어의 중요성을 강조한다. 언어는 현실 묘사의 방법적 도구에 그치는 것이 아니라 현실 재구성에 있어서 핵심적인 역할을 담당한다는 것이다. 인간은 기본적으로 언어를 통해서 현실을 재구성하므로 인간이 인식하는 현실은 언어로 재구성된 현실이며, 어떤 언어로 재구성하느냐에 따라 인간의 현실 인식이 달라지기 때문이다.

그렇다면 현실 재구성에서 언어가 어떤 방식으로 핵심적인 역할을 담당하는가. 앞에 제시한 '한 캠퍼스 두 풍경'을 살펴보자. 두 글은 같은 장면을 성채-감옥, 들어서 있다-버티고 있다, 갈색-잿빛, 주위에 거느리다-주위를 포위당하다, 자연으로 동화시키다-동화되어 퇴색했다, 내딛는다-끌려나온다 등 서로 상반된 언어로 묘사하고 있다. 어떤 언어를 선택하고 어떤 언어를 배제하느냐에 따라 같은 풍경이 전혀 다른 모습으로 인식되는 것이다. 특정 현실을 구성할 수 있는 언어는 무수히 많은데, 재구성된 현실은 그 가운데 어떤 언어를 선택하고 또 어떤 언어를 배제하느냐에 따라 결정된다. 즉 언어의 선택과 배제를 통해 저마다 현실을 재구성하는 것이다.

2013년 현재 우리의 현실 인식은 어떠한가.

싸이가 선풍적인 인기를 끌며 세계적인 가수가 되어 한국인들을 기쁘게 했다. 국내에서는 4대강 관련 비리에 원자력 발전 비리가 줄줄이 드러나고 윤창중 청와대 대변인은 해외에서 낯 뜨거운 성추문을 일으켜 한국인들을 화나게 했다. 국가정보원의 정치개입을 둘러싸고 여야가 맞서고 있고, 국회의원 이석기가 내란음모혐의로 재판을 받고 있다.

2013년 현재 우리를 둘러싼 현실이다. 그러나 우리가 이 현실을 직접 확인한 것은 아니다. 우리가 인식하는 현실, 특히 사회 현실은 대부분 미디어의 언어를 통해 전달받은 것이다. 세상이 확장되고 복잡해질수록 우리는 현실을 직접 인식하기보다는 타인의 언어로 재구성된 현실에 의존하게 된다. 현대 사회에서 미디어가 갈수록 중요해지는 것은 언어로 재구성된 현실을 전달하는 기관이 바로 미디어이기 때문이다. 결국 우리가 전달받아 인식하는 현실은 대부분 미디어가 선택과 배제를 통해 재구성한 현실이다.

이쯤에 이르면 이런 의문이 들게 된다. 그렇다면 선택과 배제는 어떻게 이루어지는가, 선택과 배제를 통해 재구성된 현실은 사람들에게 어떤 의미로 다가가는가. 그러므로 이 장에서는 어휘 및 문체의 선택과 배제의 과정과 그 효과에 대한 분석을 시도하고자 한다. 2.1.에서는 단어의 선택(및 배제)이 어떤 힘겨루기 과정을 통해 발생하는지에 대해서 분석하기로 한다. 2.2.에서는 문장에서 수동형/능동형의 선택(및 배제), 명사구문화 등으로 인해 발생하는 담화 효과들을 집중적으로 다루고자 한다. 이어 2.3.에서는 성차별에 초점을 맞춰 언어 사용 속에 내재되어 있는 성차별에 대해서 집중 분석한 해외 논문을 살펴보기로 한다.

2.1. 어휘가 말을 할 때: 어휘의 선택과 배제

어떻게 규정할 것인가?

어두운 밤 외딴 산 속을 달리던 차량이 고장으로 멈췄다. 초행길의 운전자는 차문을 걸어 잠그고 핸드폰으로 차량 수리 센터에 연락한 뒤 불안한 마음에 차량의 라디오를 크게 틀어놓았다. 이때 숲 속에서 몽키스페너를 든 건장한 사내가 다가와 무엇이라고 말하면서 차문을 두드렸다. 놀란 운전자는 소리를 지르며 창문에서 먼 쪽으로 몸을 숙였다. 이에 사내는 문손잡이를 잡아당겼고, 제대로 잠기지 않았던 문이 열릴 듯하자 운전자가 오히려 힘껏 문을 밀쳐 사내를 나뒹굴어지게 만들었다. 이어 차 밖으로 운전자가 뛰쳐나오자 사내가 떨어뜨린 몽키스페너를 잡으며 일어서려고 했고, 운전자는 몽키스페너를 먼저 가로채 사내의 머리를 내리치고는 달아났다.

이 상황을 경찰이 조사를 한다면 누가 범죄자가 될까? 관건은 이 상황을 어떻게 규정하느냐이다. 사내가 쇠뭉치를 들고 어려움에 처한 운전자에게 강도짓을 하려고 했다면 그 사내가 범죄자가 될 것이고, 운전자가 불안감에 자신을 도와주려는 사내를 쓰러뜨리고 몽키스페너로 내려쳤다면 운전자가 범죄자가 될 것이다. 둘은 경찰에서 서로 상황을 자신에게 유리하게 재구성하여 제시할 것이고, 이때 경찰이 누가 규정한 현실을 받아들이느냐에 따라 둘의 운명은 달라질 것이다. 이처럼 현실의 재구성이 중요한 것은 그것이 어떻게 구성되느냐에 따라 관련자들의 이해관계가 달려있기 때문이다.

그런데 현대 사회에서 우리가 인식하는 사회적 현실은 대부분 미디어가 재구성하여 전달한 현실이다. 우리는 미디어가 규정한 사회를 실제 사회로 설정하고 이에 기초하여 판단하고 행동한다. 현대 사회에서 미디어는 사람들로 하여금 자신들이 규정한 현실을 그대로 받아들이게 하는 강력한 힘을 지니고 있다. 미디어는 우리가 현실을 재구성하는데 있어서 일종의 준거틀(framework)을 제공하는데, 사실 미디어가 제공하는 틀은 현실을 재해석하는 수 많은 프레임 가운데 특정 프레임을 선택한 결과일 뿐이다. 미디어가 현실을 어떤 언어로 규정하느냐에 따라 경제 위기의 주범이 노동자가 되기도 하고 기업인이 되기도 하며, 특정 정치인이 소신 있는 인물이 되기도 하고 고집불통의 꽉 막힌 인물이 되기도 한다. 또한 이라크의 후세인이 세상의 악의 근원이 되기도 하고 부시 미국 대통령이 국제 사회의 깡패가 되기도 한다.

이렇게 언어의 선택과 배제를 통한 현실 재구성은 치열한 이해관계 다툼의 장이 된다. 화자는 자신이 속한 집단의 이해관계를 반영하여 현실을 재구성하게 되고, 많은 경우 이렇게 재구성된 현실은 이해관계가 다른 화자가 재구성한 또 다른 현실과 충돌하며 경쟁한다. 앞에서 본 산 속 운전자의 현실 재구성은 관련자가 소수이므로 이해관계가 단순하지만 미디어가 재구성한 현실은 사회 구성원 다수가 관련되므로 훨씬 복잡한 성격을 지니게 된다. 현실의 재구성을 둘러싼 갈등은 이해관계가 충돌하는 모든 영역에서 발생하며, 이해관계가 복잡해질수록 갈등 역시 훨씬 복잡하고 격렬해진다.

이제부터 이해관계가 첨예하게 맞선 상황에서 갈등하는 양쪽이 어떠한 선택과 배제를 통해 현실을 재구성하는지, 그리고 이렇게 규정된 현실은 어떠한 이해관계를 반영하고 있는지 서로 다른 영역별 사례를 통하여 분석하기로 한다. 여기 소개하는 사례들 중에서는 우리가 제 3자일 수 없는 내용들이 있기도 하지만 여기서는 최대한 중립적인 시각으로 접근하기로 한다.

(1) 역사를 규정하는 어휘: 한일 유물 반환

2010년 11월 일본을 방문한 이명박 대통령은 간 나오토 菅直人 일본 총리와 회담을 갖고 일제 강점기에 일본이 한국에서 가져간 유물들 가운데 일부를 반환하기로 합의하였다. 유물 반환은 식민지와 지배 국가 사이의 서로 다른 역사 인식에서 비롯되어 아직까지 지속되고 있는 두 나라 사이의 갈등 요소 중 하나이므로 양국 관계에서 큰 사건이라고 할 수 있다. 두 나라 언론은 모두 이날의 합의를 대대적으로 다루었지만 동일한 행위를 설명하는 어휘는 서로 달랐다. 두 나라의 신문 보도를 통해 무엇이 어떻게 다른지 살펴보기로 하자.

당연한 행위 vs 시혜 행위

<표 16> 2010년 11월 14일
조선왕실의궤 반환에 관한 한일 회담 협정문 보도 기사

한국 조선일보 (2010. 11. 15. 종합 1면)	이토 히로부미가 **강탈**한 책, 모두 **돌아온다** 한·일 회담 협정문 서명 이명박 대통령은 14일 아시아·태평양경제협력체(APEC) 정상회의가 열리고 있는 일본 요코하마에서 간 나오토(菅直人) 일본 총리와 정상회담을 가졌다. 이날 정상회담 직후 김성환 외교통상부 장관과 마에하라 세이지(前原誠司) 외무상은 '일본이 한반도에서 <u>유래</u>(**수탈**)한 도서 1205책을 <u>인도</u>(**반환**)한다'는 내용의 협정문에 서명했다. 협정문에는 협정 발효 후 6개월 내에 도서를 <u>인도</u>하며 문화 교류를 발전시키고자 협력한다는 내용도 담겼다. 이 대통령은 정상회담에서 "이번 도서 **반환**을 계기로 미래지향적인 우호협력관계 구축을 위한 일본 정부의 한일 관계 개선 의지를 확인할 수 있었다"며 "간 총리와 내각의 노력에 감사한다. 양국 역사에 묻혀 있던 **도서가 돌아오는 것**은 새로운 한일 관계에 도움이 될 것"이라고 했다. 간 총리는 "한반도에서 <u>유래</u>한 도서의 <u>인도</u>를 통해 양국 관계가 보다 발전하는 계기가 되기를 바란다"며 "국회 동의를 얻어 가까운 시일 내에 도서가 한국에 <u>전해지도록</u> 하겠다"고 말했다. 이날 협정

	식에는 한국 **반환**에 합의된 일부 도서 진품이 전시되기도 했다. 지난 8일 일본 정부가 조선왕실의궤 81종 167책, 증보문헌비고 2종 99책, 대전회통 1종 1책 등 한국이 **반환**을 요구해 온 도서들 외에 **반환** 대상이라고 밝혔던 '규장각에서 **반출**된 기타 도서' 66종 938책은 모두 초대 조선통감인 이토 히로부미가 **반출**해간 것으로 밝혀졌다. 이토는 두 차례에 걸쳐 77종 1028책의 한국 도서를 궁내청에 넘겼다. 이 중 11종 90책은 지난 1965년 '한·일 문화재협정'에 따라 **반환**됐고, 이번에 나머지가 모두 **돌아오게 됐다.**
일본 요미우리 신문 (2010. 11. 14. 인터넷판)	간 수상은 14일, 한국의 이명박대통령과 요코하마시의 아시아태평양경제협력회의（ＡＰＥＣ）수뇌회의회장에서 약 40분간 회담하고、일본정부가 보관하는 조선왕조관련「조선왕조의궤」등의 도서 1205책을 한국 측에 인도하는 것에 정식으로 합의하였다. (…) 조선왕조의궤는 조선왕실의 행사 및 작법 등을 기록한 서적으로, 일본의 식민지 시대에 일본으로 이관되었다. 수상은 인도에 관하여, "미래지향의 일한관계를 강화하는 중요한 기조를 구축할 수 있었다"고 말하였다. 대통령은 "올해는 한일관계의 획기적인 변화의 계기가 되고 있다. 협력을 더욱 강화하고 싶다"고 환영하였다.

한국의 조선일보는 "강탈", "수탈", "반출", "반환", "돌아오다" 등의 어휘를 통하여 일본이 일제 강점기에 **강탈/수탈**한 <조선왕실의궤>를 **반환**한다는 내용으로 현실을 재구성하고 있다. 반면 이에 대한 일본 측의 입장은 한국과 뚜렷한 대조를 이룬다. "유래", "인도", "보관", "이관", "전해지다" 등의 어휘를 사용하여 식민지 시대에 일본으로 **이관된/유래한** <조선왕실의궤>를 **보관**하고 있던 일본이 양국 간의 협력 강화 차원에서 그것을 한국으로 **인도**하는 것으로 현실을 재구성하고 있다. 이를 언어학적으로 좀 더 자세히 검토해보자.

<표 17> 한국/일본 기사 속의 현실 재구성 과정

	한국		일본	
당위의 차원 행동주가 드러남 이동행위의 원인이 드러남	강탈/수탈/반출	↔	유래/이관/보관	**시혜**의 차원 행동주가 명확히 드러나지 않음 이동행위의 원인이 불분명함
	반환		인도	
	돌아오다		이관되다/ 전해지다	

<표 17>에서 제시하고 있듯이 한국과 일본 양국 간의 현실 재구성은 서로 팽팽히 맞서고 있다. 한국 기사가 사용한 강탈/수탈/반출이라는 어휘는 무엇보다도 <조선왕실의궤>의 이동 행위 주체와 원인을 명확히 드러내준다. 일본이 조선으로부터 강압적이고 불법적인 방식으로 <의궤>를 강탈해 간 것이다. 그러므로 반환이라는 단어의 사용은 당연한 것이 된다. 그 결과 한국에게 있어서 <의궤>의 이동은 마땅히 되돌아와야 할 것이 되돌아오는 **당위**의 차원에 위치한다.

반면 일본이 선호한 유래/이관/보관과 같은 어휘는 이동의 원인을 명확히 드러내주지 않는 표현이다. '유래하다'는 동사는 '사물이나 일이 생겨나다'는 뜻의 자동사로서 행위 주체를 뚜렷이 드러나지 않게 하는 이점을 지닌다. 이관이나 보관이라는 단어 역시 마찬가지이다. <의궤>의 이동 과정이 강압적이고 불법적으로 이루어진 것이 아니라 마치 합의에 의해서 이루어진 것 같은 인상을 준다. 그러므로 반환이 아닌 인도라는 표현이 가능한 것이다. 사용된 동사("이관되다", "전해지다") 역시 의미 자체가 중립적일 뿐만 아니라 수동형으로 사용되어 행위 주체인 일본을 드러내지 않고 있다. 게다가 인도라는 중립적 표현을 통하여 <의궤>의 이동을 당위의 차원이 아닌 **시혜**의 차원에 위치시킨다. 즉 일본은 <의궤> 이동의 원인을 명확히 드러내지 않으면서 가치중립적인 느낌을 주는 어휘들을 중심으로 기사를 구성함으로써 자신들의 책임을 최소화하고자 하였다.

역사의 정당성은 누구에게?

유물 반환을 당연한 것으로 규정하는 어휘와 시혜적 행위로 규정하는 어휘가 서로 대립하는 것은 두 나라 사이의 역사 규정이 서로 다르기 때문이다. 한국은 일제의 조선 강점을 약탈과 착취의 잘못된 역사로 규정하고 있다. 반면 가해자인 일본은 조선 강점을 적극적으로 옹호하기는 어렵지만 역사 발전 과정의 불가피한 선택이었으며 결과적으로 조선의 발전에 도움을 준 역사로 규정하고자 한다. 이러한 규정의 차이는 국제 사회에서의 정당성, 양국 관계에서의 채권과 채무 등과 같은 현실의 이해 관계에 커다란 영향을 행사한다. 그러므로 양쪽은 역사를 서로 자신에게 유리한 방향으로 규정하기 위해 관련 사안에 대한 어휘 선택에서 서로 대립하는 것이다.

(2) 남북 대치를 규정하는 어휘: 천안함 관련 UN 안보리 의장 성명

어휘 선택을 둘러싼 갈등은 주로 미디어를 통해 이루어지지만 때로는 갈등 당사자들이 한 자리에서 직접 충돌하기도 한다. 이번에 살펴볼 천안함 관련 UN 안전보장이사회(United Nations Security Council, 이후 안보리로 약칭하기로 함) 의장 성명의 어휘 선택을 둘러싼 갈등은 이해 당사자들이 한 자리에 모여서 어휘 선택을 두고 직접 대립하는 경우이다. 앞서 살펴본 한일 유물 반환을 둘러싼 역사 규정 갈등은 합의를 요구하는 것이 아니기 때문에 어휘 선택의 갈등이 동일한 장(場)에서 직접 대치를 통해 발생하지는 않는다. 그보다는 양쪽이 서로의 장에서 일방적으로 선택해서 역사를 규정할 뿐이다. 그러나 의장 성명을 둘러싼 어휘 선택의 갈등은 양쪽의 합의가 필요하기 때문에 이해 당사자들이 한 곳에 모여 직접 대결하는 양상으로 전개된다. 여기서는 UN 안보리 의장 성명이 채택된 다음날인 2010년 7월 10일자 주요 일간지에 실린 기사들을 통해서

어휘 선택을 둘러싼 갈등 양상을 살펴보기로 한다

사건 경과

2010년 3월 26일 서해 백령도 근처 해상에서 대한민국 해군 함정 천안함이 침몰하였으며 이 과정에서 46명의 해군이 희생되었다. 우리 정부는 침몰 원인을 규명하기 위하여 민군 합동 조사단을 구성하여 조사를 벌인 결과 천안함 침몰이 북한의 어뢰 공격에 의한 것으로 결론을 내린다. 그리고 북한의 이러한 도발 행위에 대해 국제 사회의 합의된 비판 및 제재를 이끌어내기 위해 2010년 6월 초에 UN 안보리에 북한을 제소하기에 이른다. 그 결과 안보리에서 같은 해 7월 9일 총 11항의 내용을 담은 의장 성명이 채택된다.[71] 그런데 이 성명이 채택되는데 있어서 통상적으로 북한에 대한 안보리 제재에 소요되던 기간보다 훨씬 긴 35일이 소요되었다.[72] 이렇게 시간이 지체된 까닭은 북한을 옹호하는 중국과 한국을 지지하는 미국 사이의 치열한 외교 공방전이 UN을 무대로 전개되었기 때문이다. 이 두 국가는 성명 문구 하나하나에까지 서로 대립각을 세웠는데 그 핵심 쟁점들에 대해서 이제부터 자세히 살펴보기로 한다:

공격인가? 아니면 사건인가?

UN 안보리 의장 성명의 가장 중요한 핵심은 천안함 침몰을 공격(attack)으로 규정하느냐 아니면 사건(incident)으로 규정하느냐에 있었다.

---

[71] UN 안보리에서 공식적으로 채택된 의장성명 전문 및 한국어 번역문은 이 장 끝에 수록하였다.

[72] "한 달을 넘긴 이번 협상은 2006년 10월 북한의 1차 핵실험 때 유엔 안보리가 결의안을 채택하기까지 6일, 지난해 4월 로켓 발사 때 8일, 같은 해 6월 북한의 2차 핵실험에 대한 안보리 결의 도출까지 16일이 소요됐던 것과 비교하면 엄청난 산통을 겪은 셈이다."(연합뉴스, 2010. 7. 9.)

공격이라는 어휘를 사용할 경우 자연적으로 그 공격 배후에 숨어 있는 공격 주체(**누가** 공격했나?)에 대한 질문이 따르게 된다. 그리고 뒤를 이어 공격자에 대한 비난과 책임 추궁이 이어질 것이다. 반면 사건이란 어휘는 공격에 비해 그 행위 주체의 책임을 경감시킨다. 사건은 자연발생적일 수 있으며, 설령 사건의 원인 제공자가 있다 할지라도 의도하지 않은 것일 수 있으므로 행위에 대한 책임 또는 비난에서 상대적으로 자유로울 수 있는 이점을 지닌다.

천안함 관련 안보리 성명을 채택하는 과정에서 미국 측은 공격이라는 어휘를, 중국 측은 사건이라는 어휘를 사용하기를 주장하며 팽팽한 긴장을 유지하였다. 그 결과 총 11개의 의장 성명 항목 중에서 2항, 7항, 8항은 미국 측의 입장을 반영하여 "공격"으로 기술되고, 3항, 4항은 중국 측 입장을 고려하여 "사건"으로 기술되는 일관성 없는 양상을 보인다. 겉보기에는 의장 성명에서 공격 vs 사건이 3:2로 사용되어 미국 측 주장이 더 관철된 듯 보이나, 공격이라는 어휘가 사용된 구체적 맥락을 살펴보면 그런 것만은 아님을 확인할 수 있다.

공격자 없는 공격

> 2항. 안보리는 2010년 3월 26일 한국 해군함정 천안함의 침몰과 이에 따른 비극적인 46명의 인명 손실을 초래한 **공격**을 개탄한다.
> 7항. 이에 따라, 안보리는 천안함 침몰을 초래한 **공격**을 규탄한다.
> 8항. 안보리는 앞으로 한국에 대해, 또는 역내에서 이러한 **공격**이나 적대 행위를 방지하는 것이 중요함을 강조한다.

위의 세 개 항에서는 공격이라는 표현이 사용되고는 있으나 일반적으로 공격이라는 단어가 사용될 때 기대되는 공격 주체에 대한 언급은 전혀 동반되지 않고 있다. 공격의 결과인 인명 손실과 침몰은 명시적으로 언급된 반면 ("한국 해군함정 천안함의 침몰과 이에 따른 비극적인 46명의 인명 손실을 초래한 **공격**", "천안함 침몰을 초래한 **공격**"), 그보다 더 중요할 수도 있는 공격 주체에 대한 언급은 문항에서 철저히 배제되었다. 결국 공격은 있되 공격 주체는 없는 일종의 유령형 '사건'으로 전락해버린 감이 든다.

상반된 내용의 공존

> 5항. 안보리는 북한에 천안함 침몰의 책임이 있다는 결론을 내린 한국 주도 하에 5개국이 참여한 '민·군 합동조사단'의 조사 결과에 비춰 깊은 우려를 표명한다.
> 6항. 안보리는 이번 사건과 관련이 없다고 하는 북한의 반응, 그리고 여타 관련 국가들의 반응에 유의한다.

중국 측은 시종일관 북한이 천안함 침몰과 직접적인 관련이 있다는 내용을 수용하지 않겠다는 일관된 입장을 취하였다. 즉 북한의 공격을 명시적으로 표시하는 용어나 문구가 안보리 의장 성명에 포함돼서는 안 된다는 것이다. 그 결과 의장 성명 5항은 한국(및 미국)의 입장을 대표하는 내용("북한에 천안함 침몰의 책임이 있다는 결론")으로, 반면 6항은 북한(및 중국)의 입장을 대변하는 내용("이번 사건과 관련이 없다고 하는 북한의 반응")으로 작성되어 서로 상반되는 내용이 병기되고 있다. 이에 대해 한국 정부는 5항의 "깊은 우려를 표명한다(express the Security Council's deep concern)"가 6항의 "유의한다(take note of)"에 비하여 더 강한 의지의 표현이라는 것을 강조하였다. 그럼에도 불구하고 천안함에 대한 공격 주체가 철저히 함구된 것, 그리고 한국과 북한의 입장이 병기된 것을 통하여 안보리 의장 성명에서 천안함 침몰의 구체적 책임 소재가 명확하게 적시되지 못하고 있음을 확인할 수 있다.

규탄 대상은 무엇인가?

천안함 침몰의 책임 소재에 관해 중국의 입장을 받아들여 서로 모순되는 5항과 6항을 병기하기로 한 미국 측은 그 반대 급부로 천안함 공격에 대한 강한 비판적 어조가 의장 성명에 명기되기를 주장하였다. 그 결과 "규탄한다(condemn)"라는 강한 표현이 7항 의장 성명에 채택되기에 이른다.

> 7항. 이에 따라(therefore), 안보리는 천안함 침몰을 초래한 공격(attack)을 규탄한다(condemn).

제 7항은 어떤 의미에서 의장 성명에 있어서 결정적인 항이라 할 수 있다. 앞선 6항들의 내용을 종합하여(therefore) 내리는 일종의 결론이라 하겠다. 이 항목에서 규탄한다는 표현을 사용한 것은 대단히 강도 높은 비난 수위를 채택한 것이다. 그런데 여기서 규탄의 대상이 무엇인지 눈여겨 볼 필요가 있다. 7항의 규탄 대상은 2항에서와 마찬가지로 여전히 천안함 침몰을 야기한 공격 주체가 아니라 공격 그 자체로 회귀하면서("안보리는 천안함 침몰을 초래한 **공격**을 규탄한다") 침몰을 초래한 대상에 대한 구체적인 언급을 비켜가고 있다. 즉 핵심적이라 할 수 있는 공격 주체에 대한 명시적 언급 없이 공격 행위를 규탄함으로써 안보리 성명의 의미를 반감시키고 있다. 실제로 의장 성명이 발표된 이후 언론에서 이 성명에 대해 엇갈린 평가가 나온 것은 이 때문이라고도 할 수 있겠다.[73]

이 분석에서 우리의 관심은 어느 쪽이 공방에서 승리(혹은 패배)하였는가를 규명하는 데에 있는 것은 아니다. 판단은 각자의 입장에 따라 다를 것이며 그것은 본 분석의 목적이 아니다. 우리는 담화에서의 힘겨루기

---

[73] "핵심 내용 빠졌다" vs "전체 문맥 살려 외교적 성과" (연합뉴스, 2010. 7. 9.)

가 어휘의 선택과 배제를 통해서 어떻게 이루어지는지에 대해 주목하고
자 하였으며, 천안함 관련 UN 안보리 의장 성명은 이러한 힘겨루기를
잘 드러내 주는 적절한 사례로 판단되었다. 천안함 침몰이라는 사실(fact)
을 어떻게 규정하느냐를 둘러싼 갈등에는 국제 사회에서 대치하는 남북
한과 두 나라의 후견인 역할을 하는 미국 및 중국의 첨예한 이해관계가
걸려 있었다. 이 점에서 양측은 UN 성명서의 어휘를 두고 한 치의 양보
도 없이 대립하였으며, 그 결과 천암한 침몰은 규탄받아야 하는 공격의
결과이지만 공격자가 누구인지는 드러나지 않은 사건으로 규정되었다.

(3) 시간의 흐름에 따라 변화하는 어휘:
멕시코만 원유 유출에 대한 BP의 보도 자료[74]

동일한 행위에 대해 서로 다른 어휘를 선택하는 현상은 주로 이해가
대립하는 당사자들 사이에서 발생하지만 경우에 따라서는 동일한 이해
당사자가 동일한 행위를 놓고 시간의 흐름에 따라 어휘를 달리 선택하는
경우도 발생한다. 시간의 경과에 따라 이해관계가 달라질 경우 그에 맞춰
행위에 대한 규정, 즉 어휘 선택을 달리 하게 되는 것이다. 2010년 영국
정유회사 브리티시 퍼트롤리엄(British Petroleum, 이후 BP로 약칭하기로
함)이 미국 남부 멕시코만에서 원유를 유출하는 사고가 발생한 뒤 잇달아
배포한 보도 자료는 시간이 경과하면서 달라지는 BP의 이해관계에 따라
어떤 어휘를 선택하고 또 배제해 나가는지 보여주는 적절한 사례이다.

---

[74] 최윤선, 「선택과 배제의 담화전략 분석 – 멕시코만 원유유출에 대한 BP의 보도자
료를 중심으로」, 『불어불문학연구』, 제 86집, 한국불어불문학회, 2011, pp.
451-473의 내용 일부를 인용하였음.

사건 경과

2010년 4월 20일 BP의 미국 남부 멕시코만에 있는 루이지애나주 연안 석유 시추 시설인 Deepwater Horizon에서 원인이 알려지지 않은 화재가 발생, 시추 시설이 폭발되고 시추 파이프가 붕괴되어 해저에서 원유가 유출되기 시작한다. 이후 원유 유출 차단을 위한 BP의 시도는 번번이 실패로 돌아가고 그 와중에 무려 1억8400만 갤런의 원유가 멕시코만으로 방출되기에 이른다. 결국 사고 발생 3개월이 지난 2010년 7월 15일에야 BP는 해저 시추공에 차단캡을 장착하여 원유 유출을 저지하는데 성공한다.

3개월이라는 긴 기간 동안 막대한 양의 원유를 유출시켜 환경 오염의 주범이라는 따가운 눈총과 비난을 받아온 BP는 사건 기간 동안 수시로 보도 자료를 배포하면서 원유 유출과 관련한 여론의 악화를 막고자 하였다. 이 과정에서 BP는 사건의 경과에 따라 어휘 선택을 달리하면서 조금이라도 자사에 유리한 방식으로 현실을 재구성하고자 하였다. 이러한 노력은 BP 보도자료 영어 버전보다는 프랑스어 버전에서 더 두드러진다. 그러므로 이제부터 BP가 멕시코만 원유 유출 사건과 관련하여 배포한 프랑스어 보도자료를 중심으로 시간의 흐름에 따른 어휘 선택의 변화를 분석해 보기로 한다.

BP 보도자료

BP 보도자료는 해저 차단캡 설치와 관련된 전문 용어 및 기술적 설명이 주를 이루고 있어 얼핏 보아서는 크게 주목할 만한 내용이 없어 보인다. 그런데 자세히 살펴보면 몇몇 단어들이 시간이 경과하면서 변해가는 양상을 확인할 수 있는데 이들은 모두 원유 유출 사건을 어떻게 규정하느냐와 연관된 어휘들로서 그를 통해 BP가 이 사건을 어떻게 재구성하고자 하는지 읽을 수 있다.

BP의 보도자료는 크게 두 단락으로 나눠진다. 첫 단락은 해저 원유 유출 차단 관련 진행 사항에 대한 정보를 제공하며, 둘째 단락은 원유 유출로 인한 해상 오염 관련 정보를 제공하고 있다. 각 단락마다 부제(subtitle)가 붙는데 영어 버전에서는 부제가 변동없이 일정하게 유지된 반면,[75] 프랑스어 버전에서는 몇 차례에 걸쳐서 부제에 변동이 발생하는데 그 내용과 과정이 자못 흥미롭다.

원유 유출을 어떻게 규정하는가?

<표 18> BP 보도 자료의 부제(subtitle) 변화 양상(1)

일시	부제	번역
5/6	(1) Confinement et contrôle de la fuite sous-marine	해저 **유출** 봉쇄 및 **통제**
	⇓	⇓
5/7	(2) Maîtrise et confinement de la source sous-marine	해저 **유정 완전통제** 및 봉쇄
	⇓	⇓
5/18	(3) Confinement et contrôle de la source sous-marine	해저 유정 봉쇄 및 **통제**

* 유출 → 유정

해저 원유 유출과 관련된 부제는 <표 18>에서 볼 수 있듯이 시간의 경과에 따라 모두 3가지 형태로 바뀐다. (1)에서 (2)로의 변화 과정에서

---

[75] BP 보도자료 영어판에서의 부제는 <Subsea Source Control and Containment>와 <Surface Spill Response and Containment>로 사건 기간 내내 변동없이 유지되었다. http://www.bp.com/sectionbodycopy.do?categoryId=41&contentId=7067505

가장 눈에 뜨이는 것은 "유출"이라는 어휘가 사용 하루 만에 "유정(油井)"으로 바뀐 것이다. 왜 이런 배제와 선택이 일어난 것일까? 유출은 의미상 하자가 있는 상태이다. 하자에는 그것을 초래한 원인에 대한 규명이 중요한 핵심이 된다. 게다가 그로 인해 막대한 환경오염과 자연 훼손이 진행되는 상황에서 책임 소재 규명의 목소리는 더욱 높아지게 마련이다. 반면 유정은 기름이 묻힌 장소를 가리키는 중립적 어휘이다. 따라서 유정은 유출이라는 단어가 함의하는 사고 원인이나 책임 소재 등과 같은 문제 제기를 비켜가게 하는 장점이 있다. 그러므로 BP는 자사에 부정적인 인상을 강화시킬 수 있을 유출이라는 표현 대신 중립적 어휘인 유정을 선호하여 자신들에게 유리한 방식으로 현실을 재구성하고 있다.

* 통제 → 완전 통제 → 통제

5월 6일에 사용한 "통제"라는 어휘를 하루만에 "완전 통제"로 바꾸었다가 열흘 정도 경과한 후에 다시 "통제"로 복귀시킨 과정도 흥미롭다. 완전 통제는 통제보다 의미상 훨씬 강한 단어이다. 사건 발생 초기에는 원유 유출 사태를 나름 완벽하게 수습하겠다는 BP의 결의를 표명하기 위해 통제 대신 완전 통제라는 보다 강력한 단어를 선택한 것으로 여겨진다. 그러나 원유 유출 차단을 위한 초기 시도들이 계속 실패로 끝나고 뚜렷한 해결 방안을 찾지 못한 채 사태 해결이 장기화될 것이라는 우려가 확산되자 완전 통제라는 어휘는 슬그머니 통제로 복귀한다. 완전 통제보다는 통제가 BP의 책임을 상대적으로 경감시킨다는 점에서 이 표현이 다시 선호된 것으로 보인다.

오염 처리 작업을 어떻게 규정하는가?

<표 19> BP 보도 자료의 부제(subtitle) 변화 양상(2)

일시	부제	번역
5/6	(1) Plan de protection des côtes et de confinement de la marée noire en surface	해안 **보호** 및 해상 오염 방재 플랜
	⇓	⇓
5/10	(2) Intervention et confinement en surface	해상 **처리** 및 방재
	⇓	⇓
5/18	(3) Confinement et lutte contre la marée noire en surface	해상 오염 **방지 투쟁** 및 방재
	⇓	⇓
9/3	(4) Traitement des épanchements de surface	해상 유출 **처치**

* 보호 → 처리 → 오염 방지 투쟁 → 처치

해저 관련 부제에서와 마찬가지로 해상 관련 부제에서도 BP는 그 표현을 지속적으로 변화시킨다. 여기서 관건은 해상 방재 작업을 어떻게 규정하느냐이다. 사건 초기 단계인 (1)에서는 환경을 제대로 보호하겠다는 강한 의지를 표현하기 위하여 "해안 **보호**"라는 표현을 택한 것으로 보인다. 그러나 시간이 흘러도 제대로 된 해결책을 찾지 못한 채 계속되는 원유 유출로 인해 BP가 환경 파괴범으로 지목되는 상황에서 스스로를 환경 수호자로 칭하는 것은 자가당착적 표현일 것이다. 그러므로 이에 대한 반발을 우려하여 보다 중립적이고 기술적인 용어인 "처리"로 며칠 만에 부제가 바뀌게 된다.

그러나 (2)의 처리는 일주일만에 (3)의 "오염 방지 투쟁"으로 다시 대체된다. 처리라는 표현이 공식적/사무적이라면, 오염 방지 투쟁은 훨씬 감성적/정서적 색채를 풍긴다. 처리는 그 행위 주체가 BP에게 단독으로 수렴된다면, 오염 방지 투쟁은 BP는 물론 미국 행정부 및 멕시코만 연안에서 피해를 입은 사람들까지 함께 연루시켜 합심하여 해양 오염을 이겨내자는 것이다. 누가 검은 기름띠에 대항하여 환경을 지키려는 투쟁에 대해 공감하지 않을 수 있겠는가? BP는 오염 방지 투쟁이라는 표현을 통하여 자사에 가해지는 비판을 완화시키면서 더 많은 사람들과 공감대를 형성하고자 한 것으로 보인다.

　그런데 사건의 종료를 알리는 9월 3일 BP의 마지막 보도자료에서는 오랫동안 사용되어온 오염 방지 투쟁 대신 (4)의 해상 유출 처치라는 새로운 표현이 등장한다. 이제 원유 유출은 차단되었으니 오염 방지 투쟁이라는 표현은 더 이상 적합하지 않을 수 있다. 그렇지만 (2)에서 사용했던 처리라는 표현 역시 가능했을 수도 있는데 "처치"라는 새로운 어휘를 등장시킨다. 처치는 의사가 환자에게 약을 주어 병(상처)을 치유케 하는 환경을 연상시킨다. 이를 통해 BP가 환경 오염의 주범이 아닌 치유사의 역할을 자처하면서 자사에 유리한 방식으로 현실을 재구성하고자 하는 것을 주목할 필요가 있다. 이어서 보도 자료 본문에 등장하는 어휘들의 변화 양상을 살펴보기로 한다.

　* 기부 → 배상 → 청구
　BP는 사건 발생 이후 멕시코만 연안에 사는 피해 주민들에게 손해 배상을 행하게 되는데 이를 지칭하는 방식 역시 사건의 전개 상황에 따라 다르게 규정된다. 사건 초기 BP는 원유 유출로 직접적인 피해를 겪고 있는 미국의 4개 주에 긴급 자금을 지원한다고 알리면서 그것을 "기부"

라고 표현한다. 사건의 원인이 확실히 규명되지 않은 상태에서 섣불리 자신들의 과실이나 책임을 인정하지 않으려는 BP의 입장을 읽을 수 있다. 그렇지만 사태가 장기화하면서 여론이 악화되자 BP는 자신들의 책임을 명확히 반영하는 "배상"이라는 표현을 사용하지 않을 수 없게 된다. 배상은 무엇보다도 과실을 기본 전제로 하는 단어이므로 이 어휘가 등장할 때마다 BP의 과실을 계속 상기시키게 된다. 그러므로 BP는 이 표현을 "배상 요구"라는 관용구에만 정형화시켜 사용을 최대한 억제하였다. 게다가 9월 3일 BP의 최종 보도자료에는 줄곧 사용되던 배상이란 단어가 아예 자취를 감추고 "청구"라는 어휘가 새로이 등장한다. BP가 배상이라는 단어를 배제시키고 청구라는 새로운 단어를 선택한 이유는 이 두 어휘의 행위 주체가 누구인지 생각해 보면 쉽게 설명을 찾을 수 있다. 배상의 행동 주체는 BP인데 반해 청구의 행동 주체는 (BP가 아닌) 원유 유출로 피해를 입은 피해자들이다. 배상이란 단어에는 BP의 과실 및 그에 따른 책임이 상시적으로 전제되는 반면, 청구는 그 행동 주체를 피해자로 옮겨가게 함으로써 BP에 되돌아오는 책임을 희석시키는 효과를 낳는다.

* 회수하다 → 수거하다

BP의 보도자료는 시일이 흐를수록 정형화한다. 그 결과 문장 형태 및 구조가 거의 유사하면서 일별 수치만 변동되는 문장들이 등장한다. 아래 제시하는 예문도 그러한데 그 속에서 조용히 발생한 어휘의 변동이 눈길을 끈다.

<표 20> BP 보도자료의 내용 비교

일시	내용
2010. 5. 7.	해상의 기름을 **회수**하기 위한 작업은 파도가 진정되어 계속될 수 있었습니다. 오염 방지 투쟁 조는 오늘까지 바닷물에 섞인 30,000 배럴의 기름을 **회수**하였습니다.
2010. 5. 10.	해상의 기름을 **수거**하기 위한 작업이 강도 높게 진행되고 있습니다. 300,000 배럴이 넘는 기름이 현재까지 **수거**되었습니다.

사건 초기인 5월 7일자 보도 자료에는 기름을 "회수하다"라는 표현을 사용하다가 며칠 뒤부터는 기름을 "수거하다"라는 표현으로 바꾸었다. 수거하다는 단순히 '거두어 가다'라는 뜻을 지니는 반면, 회수하다는 '**도로** 거두어들이다'는 뜻을 지닌다. 즉 회수하다는 '방출시키지 말아야 했을 것을 방출시켜 그것을 다시 거두어들인다'는 의미를 담고 있어 BP의 과실 및 책임을 상기시키게 된다. 반면 수거하다에 해당하는 프랑스어 단어 récolter는 '수확하다', '(성과를) 얻다'와 같은 긍정적 의미로 주로 사용됨으로써 문장을 보다 긍정적 차원으로 변모시킨다. 이러한 과정을 통하여 BP가 자신들이 사고로 방출시킨 원유를 회수하는 원인 제공자로서가 아니라 더 이상의 환경 파괴를 막기 위해 적극적으로 원유를 수거하는 긍정적인 행동 주체로서 자신들을 재구성 해낸다는 점을 주목할 수 있다.

* 작업 → 노력

또 다른 흥미있는 예로서 "작업"에서 "노력"으로의 변화를 살펴보기로 하자. 해저 원유 유출을 차단하기 위한 작업이 어느 순간부터 노력으로 표현된다. 일반적으로 작업은 중립적인 단어이며, 특히 BP 보도 자료에서는 공식적/사무적인 단어로 사용되었다. 반면 노력은 감성을 울리는 단어이다. 중립적인 표현인 작업보다 보다 긍정적인 노력이라는 단어를 통하여 사람들의 정서적인 공감을 유도하고 있다. 이는 <표 19>에서 "처리"를 "오염 방지 투쟁"으로 대체하여 정서적 공감을 불러 일으키고자 한 것과 그 맥을 같이 하는 선택(및 배제) 과정이라 하겠다.

<표 21> BP 보도자료의 일자별 어휘 변모 양상

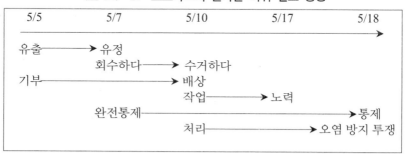

이상으로 불어판 BP 보도 자료 속에서 주목할 만한 어휘 사용에 대해서 살펴보았다. 개별 어휘의 변모 과정도 흥미로우나 이들을 일자별로 위와 같이 종합하여 정리하여 보면 BP의 선택과 배제 전략을 보다 명확히 확인할 수 있다. BP에 부정적인 어휘는 중립적(유출→유정, 회수하다→수거하다)으로, 중립적인 어휘는 정서적 공감을 유도하는 방향(작업→노력, 처리→오염 방지 투쟁)으로, 부담스러운 어휘는 그 책임을 경감시키는 방향(완전 통제→통제)으로 변화하였다.

BP 보도 자료의 어휘 선택은 기본적으로 원유 유출에 대한 BP의 책임을 최소화하고, 유출에 대한 BP의 대응책이 성실하고 성공적임을 규정하기 위한 의도로 이루어진 것이다. 석유 유출 및 그 대처 방안에 대한 여론이 사건 발생 이후 시간의 흐름에 따라 달라지자 BP는 동일한 사안이나 행위인데도 불구하고 시기별로 서로 다른 어휘를 선택함으로써 자사에 유리한 방식으로 사건을 재구성하고자 하였다.

결론을 대신하여

이상으로 어휘의 선택과 배제에 따라 현실이 어떻게 재구성되는지 구체적 사례들을 통해 살펴보고 선택과 배제를 결정하는 메커니즘에 주목하였다. 현대 사회에서 사회적인 사건에 대한 규정은 대부분 미디어를 통해 이루어지며, 따라서 어휘의 선택과 배제는 유물 반환에 대한 한일 양국 신문의 보도처럼 이해관계가 서로 다른 미디어 사이의 갈등으로 나타나곤 한다. 그러나 천안함 침몰에 관한 UN 안보리 의장 성명 채택처럼 이해 당사자가 한 장소에서 만나서 어휘 선택을 놓고 직접 충돌하기도 하는데, 이때 최종 결과에는 이해 당사자들의 힘이 반영되기 마련이다. 경우에 따라서는 BP의 보도 자료처럼 동일한 이해 당사자가 동일 사안이나 행위를 놓고 시간에 따라 어휘를 바꾸어 선택하기도 한다. 이처럼 현실의 재구성을 둘러싼 갈등은 이해관계가 반영되는 모든 영역에서 발생할 수 있다. 그리고 이때 어휘 선택을 통한 현실 규정력은 대개 이해 당사자들의 힘과 비례한다고 하겠다.

(첨부)

아래 성명은 유엔 안전보장이사회에서 공식적으로 채택된 의장성명 전문 및 공식 한국어 번역문이다. 위에서 다룬 여러 쟁점들에 대해서 유의하면서 나름대로 분석해 보기를 권한다.[76]

---

[76] 이 자료는 외교부 홈페이지 이슈별 자료실 → 유엔 → 유엔자료실에서 확인할 수 있다.
http://www.mofa.go.kr/trade/un/data/general/index.jsp?mofat=001&menu=m_30_60_20&sp=/webmodule/htsboard/template/read/korboardread.jsp%3FtypeID=6%26boardid=89%26tableName=TYPE_DATABOARD%26seqno=328825

천안함 사태에 대한 UN 안보리 의장 성명 (2010.7.9.)

1. 안보리는 2010년 6월 4일자 대한민국(한국) 주유엔대사 명의 안보리 의장앞 서한(S/2010/281) 및 2010년 6월 8일자 조선민주주의인민공화국(북한) 주유엔대사 명의 안보리 의장앞 서한(S/2010/294)에 유의한다.

The Security Council notes the letter dated 4 June 2010 from the Permanent Representative of the Republic of Korea to the United Nations addressed to the President of the Security Council (S/2010/281), and the letter dated 8 June 2010 from the Permanent Representative of the Democratic People's Republic of Korea to the United Nations addressed to the President of the Security Council (S/2010/294).

2. 안보리는 2010년 3월 26일 한국 해군함정 천안함의 침몰과 이에 따른 비극적인 46명의 인명 손실을 초래한 공격을 개탄한다.

The Security Council deplores the attack on 26 March 2010 which led to the sinking of the Republic of Korea naval ship, the Cheonan, resulting in the tragic loss of 46 lives.

3. 안보리는 이러한 사건이 역내 및 역외 지역의 평화와 안전을 위태롭게 하는 것이라고 규정한다.

The Security Council determines that such an incident endangers peace and security in the region and beyond.

4. 안보리는 인명의 손실과 부상을 개탄하며, 희생자와 유족 그리고 한국 국민과 정부에 대해 깊은 위로와 애도를 표명하고, 유엔 헌장 및 여타 모든 국제법 관련 규정에 따라 이 문제의 평화적 해결을 위하여, 이번 사건 책임자에 대해 적절하고 평화적인 조치를 취할 것을 촉구한다.

The Security Council deplores the loss of life and injuries and expresses its deep sympathy and condolences to the victims and their families and to the people and Government of the Republic of Korea, and calls for appropriate and peaceful measures to be taken against those responsible for the incident aimed at the peaceful settlement of the issue in accordance with the United Nations Charter and all other relevant provisions of international law.

5. 안보리는 북한에 천안함 침몰의 책임이 있다는 결론을 내린 한국 주도 하에 5개국이 참여한 '민·군 합동조사단'의 조사 결과에 비추어, 깊은 우려를 표명한다.

In view of the findings of the Joint Civilian-Military Investigation Group led by the Republic of Korea with the participation of five nations, which concluded that the Democratic People's Republic of Korea was responsible for sinking the Cheonan, the Security Council expresses its deep concern.

6. 안보리는 이번 사건과 관련이 없다고 하는 북한의 반응, 그리고 여타 관련 국가들의 반응에 유의한다.

The Security Council takes note of the responses from other relevant parties, including from the Democratic People's Republic of Korea, which has stated that it had nothing to do with the incident.

7. 이에 따라, 안보리는 천안함 침몰을 초래한 공격을 규탄한다.

Therefore, the Security Council condemns the attack which led to the sinking of the Cheonan.

8. 안보리는 앞으로 한국에 대해, 또는 역내에서 이러한 공격이나 적대 행위를 방지하는 것이 중요함을 강조한다.

The Security Council underscores the importance of preventing further such attacks or hostilities against the Republic of Korea or in the region.

9. 안보리는 한국이 자제를 발휘한 것을 환영하고, 한반도와 동북아 전체에서 평화와 안정을 유지하는 것이 중요함을 강조한다.

The Security Council welcomes the restraint shown by the Republic of Korea and stresses the importance of maintaining peace and stability on the Korean peninsula and in North-East Asia as a whole.

10. 안보리는 한국 정전협정의 완전한 준수를 촉구하고, 분쟁을 회피하고 상황 악화를 방지하기 위한 목적으로 적절한 경로를 통해 직접 대화와 협상을 가급적 조속히 재개하기 위해 평화적 수단으로 한반도의 현안들을 해결할 것을 권장한다.

The Security Council calls for full adherence to the Korean Armistice Agreement and encourages the settlement of outstanding issues on the Korean peninsula by peaceful means to resume direct dialogue and negotiation through appropriate channels as early as possible, with a view to avoiding conflicts and averting escalation.

11. 안보리는 모든 유엔 회원국들이 유엔 헌장의 목적과 원칙을 지지하는 것이 중요함을 재확인한다.

The Security Council reaffirms the importance that all Member States uphold the purposes and principles of the Charter of the United Nations.

2.2. 문체가 말을 할 때: 태(態)의 선택과 명사화

우리는 앞에서 어떤 어휘를 선택하느냐에 따라 재구성되는 현실이 서로 다르고, 그에 따라 현실의 의미 및 관련된 사람들의 이해관계가 달라지는 것을 살펴보았다. 더하여 이러한 선택의 과정과 선택을 결정하는 동인에 대해서도 살펴보았다. 그러나 언어를 통한 현실 재구성에는 어휘의 선택과 배제만이 작용하는 것은 아니다. 문체, 즉 어떤 문장 구조를 선택하느냐의 문제 역시 현실 재구성에 있어서 커다란 영향을 미친다. 문장을 구성할 수 있는 방식은 매우 다양하지만 이 장에서는 특히 태와 명사화에 초점을 맞춰 문체의 선택과 배제가 지니는 의미를 살펴보고자 한다.

능동태 vs 수동태

문법에 태(態)라는 것이 있다. 태는 동사에 관여하는 동작의 방향성에 관한 문법 형태이다. 근본적으로 동사에 관련되고, 그 문장의 의미를 변화시키지 않으면서 어떤 동사의 주어와 목적어 사이의 관계를 나타내는데, 능동태·피동태·사동태 따위가 있다.[77] 여기서 눈여겨봐야 할 것은 태의 정의에 등장하는 "문장의 의미를 변화시키지 않는다"는 구절이다. 그렇다면 과연 태는 단순히 동작의 방향성만을 지시하며 의미에는 영향을 주지 못하는 것일가? 실제로 중·고등학교 시절 영어 수업에서 많이 배웠던 능동태를 수동태로 (혹은 수동태를 능동태로) 바꾸는 문제들의 기저에는 수동태와 능동태는 그 심층 구조는 같으며 표현 방식만이 차이가 있다는 초기 촘스키적 관점이 내재해 있다.[78] 그러나 담화 분석은 능

---

[77] 국립국어연구원 ≪표준국어대사전≫(하), 두산동아, 1999, p. 6363.

동태와 수동태는 그 의미(심층 구조)는 같되 표현 방식(표층 구조)이 다를 뿐이라는 해석에 반기를 든다. 태의 선택 자체가 문장의 담화적 차원에서 발생하는 의미를 확연히 다르게 하기 때문이다. 태의 선택은 행동주체를 드러내거나(능동태) 감추는데(수동태) 있어서 결정적인 영향을 미친다. 우리는 이에 대해 이 장에서 자세히 분석해 보고자 한다.

명사화

명사화 역시 문장 구성에서 흔히 활용되는 방식이다. 명사화란 문장의 술어 부분을 술어의 명사형이나 또는 관련 명사로 끝내는 것을 의미한다. "그는 어제 집으로 돌아갔다"라는 문장을 "그는 어제 집으로 돌아감" 또는 "그는 어제 귀가"와 같이 표현하는 것를 가리킨다. 이렇게 명사화로 짧아진 문장은 원 문장과 거의 같은 의미를 전달한다고 인식되어 길이의 제약을 많이 받는 문장 구성에서 자주 쓰인다. 신문 기사의 제목이 대표적인 예이다. 그러나 실제로 명사화한 문장이 원 문장과 의미가 똑같다고는 할 수 없다. 명사화 문장은 더 간결한 느낌을 줄 수 있고, 때로는 더 단호한 의미를 전달하기도 한다. 특히 명사화 과정에서 발생하는 생략을 통하여 원 문장의 의미가 축소되거나 변형되기도 한다. 그러므로 명사화는 언어를 통한 현실 재구성 과정에서 무언가를 표현하지 않기를 원할 경우 유용하게 사용된다.

---

[78] 심층 구조와 표층 구조는 커뮤니케이션의 의미(심층 구조)와 그것이 표현되는 표면적 형식(표층 구조) 간의 변형적인 문법에 관한 촘스키의 이론에 의해 이루어진 구분이다. 예를 들면, 문장의 심층 구조는 "존은 메리에게 책을 주었다"가 될 수 있는데, 반면 이것은 "메리는 존으로부터 책을 받았다", 혹은 "책이 존에 의해서 메리에게 주어졌다"라는 표층 구조로서 표현될 수도 있다. 이러한 문법적 변화는 변형적 문법 - 의미는 변하지 않고 구문이 변하는 것 - 에 의해서 발생된다. (고영복 (편), 《사회학사전》, 사회문화연구소, 2000.)

태와 명사화 이외에도 구와 절을 활용하여 문체를 결정하는 방식은 다양하지만 이 장에서는 태와 명사화에 초점을 맞춰 문체의 선택과 배제가 지니는 의미를 살펴보고자 한다.

(1) 지배자의 문장 구조: 영국의 <타임즈>(The Times)와 <가디언>(The Guardian) 기사 분석

문체를 통한 현실의 재구성 과정을 알아보기 보기 위해 우리가 살펴볼 연구는 트루 Trew가 1975년 아프리카 로디지아(지금의 짐바브웨)에서 발생한 사건을 영국 신문들이 어떻게 보도하였는가를 분석한 논문 <Theory and Ideology at work>이다.[79] 트루는 1975년 로디지아의 솔즈베리(Salisbury)에서 일어났던 사건이 언론에 보도되는 과정에서 시간의 전개에 따라 관련 기사의 초점이 어떻게 변화하고 있는가를 고찰하였다. 논문이 발표된 지 상당 시간이 흘렀고, 또 논문이 다룬 사건이 아프리카라는 상당한 물리적 거리가 있는 곳에서 진행되었음에도 불구하고, 이 연구는 신문 기사에 사용된 문체의 선택 및 배제가 단순한 언어학적 선택이 아니라 그 속에 정치적 이해관계가 내재되어 있다는 점을 보여준 탁월한 논문이므로 이 장에서 소개하기로 한다.[80]

---

[79] T. Trew, "Theory and Ideology at Work", in Roger Fowler, *Language and Control*, London: R.K.P., 1979, pp. 94-116. (이병혁(편),"대중정보의 왜곡과 이데올로기", 언어사회학 서설 – 이데올로기와 언어, 까치, 1986, pp. 239-266.)

[80] 페어클로 역시 트루의 작업에 대해 "오랜 기간에 걸쳐서, 신문에서 '진행 중인 담화(discourse in progress)', 즉 통신사나 다른 출처로부터 얻어진 자료들이 뉴스 보도로 변형되는 것과, 기사가 여러 가지로 다르게 보도되는 과정에서 겪게 되는 변형, 또는 기사가 보도에서 다루어지다가 심층 분석과 사설에서 다루어지는 과정에서 겪게 되는 변형 등에 대해 아주 유익한 연구를 했다"고 평가하고 있다. (N. Fairclough, *Media Discourse*, Edward Arnold, 1995. (이원표 옮김, ≪대중매

트루는 1975년 6월 1일 로디지아에서 일어난 사건을 다룬 신문 기사를 분석하였다. 그가 설명하는 사건의 정황은 다음과 같다. "1975년 6월 2일 월요일 세계 각국의 신문들은 전날 솔즈베리에서 일어난 사건을 1면 기사로 보도하고 있었다. 기사의 내용은 사건 당일 오후 4시 15분 경에 경찰이 비무장 군중에게 약 40초 동안 총격을 가해 그 중 5명을 사살하고, 뒤이어 분노한 군중이 경찰을 수 시간 동안 포위하자 다시 6명을 더 사살했다".[81] 트루는 사건이 일어난 다음 날부터 두 종류의 영국 신문인 <타임즈>와 <가디언>이 이 사건을 어떻게 보도하고 해석하고 있는지 분석하였다. 특히 그는 사건의 행동 주체인 경찰이 문장 내에서 어떠한 역할을 수행하는지에 관심을 기울였다. 그는 경찰의 총격과 그로 인한 사살이 초기 기사에서 어떻게 보도되느냐로 분석을 한정시키지 않고, 후속 기사 및 사설에서 그러한 행동을 한 경찰이라는 행동 주체가 정치적 이해관계에 의해 어떠한 변형 과정을 거치는지에 대해 꼼꼼히 주목하였다. 먼저 사건 발생 이튿날인 1975년 6월 2일자 양 신문의 헤드라인을 살펴보자.

문체의 선택: 행동 주체를 어떻게 드러낼(감출) 것인가?

<표 22> 1975. 6. 2.자 <타임즈>와 <가디언>의 헤드라인

신문(6.2.자)	헤드라인
<타임즈>	RIOTING BLACKS *SHOT DEAD* BY POLICE AS ANC LEADERS MEET 폭동 흑인들이 경찰의 발포로 사살되었다 ANC 지도부 회동 중
<가디언>	POLICE SHOOT 11 DEAD IN SALISBURY RIOT 솔즈베리 소요에서 경찰이 총으로 11명을 사살하였다

체 담화 분석≫, 한국문화사, 2004, p. 40.))
[81] 트루(한국어판), *op. cit.*, p. 239.

먼저 두 신문이 동일한 사건을 기술하는데 있어서 서로 다른 문장 형식을 선택하고 있음을 주목할 수 있다. <타임즈>는 수동형을 통해 문장을 구성하였다. 그 결과 사실 행위의 주체인 경찰이 문장의 핵심 요소가 아닌 부가 요소("BY POLICE")로 등장한다.[82] 반면 <가디언>은 능동태를 사용하여 사실 행위의 주체가 경찰이라는 점을 명백히 드러내고 있다("POLICE SHOOT"). 이를 사진에서 구별하는 전경/배경(figure/ground)의 기준에 입각하여 생각해 보면[83] <가디언>은 사건의 행동 주체인 경찰을 선명하게 사진의 중심인 전경에 위치시킨 반면, <타임즈>에서 전경을 차지하는 것은 피해자인 폭동 흑인들(rioting blacks)이고 가해자이자 행동 주체인 경찰은 "by police"라는 생략 가능한 배경으로 등장하고 있다. 두 신문은 모두 헤드라인에서 "shoot"이라는 단어를 통해 흑인들의 사망이 경찰의 총격에 의한 것임을 밝히고 있지만 그것이 수동태("shot dead")냐 능동태("police shoot")냐에 따라 행동 주체가 부각되는 정도는 확연히 다르다.

기사의 후속화는 어떻게 진행되는가?: 뉴스 초점의 이동

이제부터는 관련 기사들이 시간이 지남에 따라 변화하는 양상에 대해서 살펴보기로 한다.

---

[82] 문장의 핵심 요소란 주어, 동사, 목적어와 같이 생략되면 문장 자체가 성립되지 않는 요소들을 말하고, 부가 요소는 생략되어도 문장의 기본 구조에는 피해를 주지 않는 부사(구), 형용사(구) 등과 같은 요소를 뜻한다.

[83] 전경(figure, 前景)은 카메라에 가장 가까이 있어 가장 두드러지게 묘사되는 촬영 범위를 가리킨다. 전경은 카메라에 의해 가장 세밀하게 포착되어 보는 사람의 시선이 집중되는 거리로 통상 가장 주된 피사체가 이 위치에 놓인다. (김광철·장병원, 《영화사전》, media 2.0, 2004.)

<표 23> 1975. 6. 3.자 <타임즈>와 <가디언>의 헤드라인 및 기사

신문 (6.3.자)	헤드라인 및 기사

<타임즈>	SPLIT THREATENS ANC AFTER SALISBURY'S RIOTS
	  After Sunday's riots in which 13 Africans were killed and 28 injured, a serious rift in the ranks of the African National Council became apparent today.
	
	솔즈버리 폭동후 ANC 분열 위기
	  아프리카인 13명이 피살되고 28명이 부상 당한 일요일의 폭동이 있고 나서 아프리카 민족협의회 간부들 간의 심각한 분열이 오늘부로 노출되기 시작했다.

<가디언>	FACADE OF AFRICA'S UNITY COLLAPSES IN THE RHODESIA RIOTS
	  The divisions within the African Nationalist movement deepened today as police announced that the number of dead in yesterday's riots in townships on the outskirts of Salisbury had risen to 13.
	
	외견상의 아프리카의 단합, 로디지아 폭동에서 붕괴
	  아프리카 민족운동 내부의 분란은 솔즈버리 교외의 시가지에서 일어난 어제 폭동에서의 사망자수가 13명으로 늘어났다는 경찰의 발표로 금일 중에 더욱 깊어졌다.

　사건 발생 이틀 뒤인 6월 3일자 기사의 핵심은 전혀 다른 쪽으로 돌아선다. 6월 3일자 신문의 헤드라인은 모두 ANC(Africa National Council, 아프리카 민족협의회)의 분열 혹은 단합 붕괴를 전경으로 내세우고 있다. 6월 2일자에서 전경을 차지하였던 아프리카 흑인들의 죽음을 환기시킬 어떠한 징후도 다음 날 신문 헤드라인 상에서 더 이상 찾아볼 수 없다. 죽음이 그 자체로서 명확히 등장하는 것이 아니라 "폭동"이라는 총괄적 서술 속에 흡수되어 그 자취를 잃고 만 것이다.("AFTER SALISBURY'S RIOTS", "IN THE RHODESIA RIOTS") 결국 사건 발생 이틀 만에 사건

의 직접적인 행동 주체였던 경찰과 그 희생자들은 기사의 헤드라인에서 완전히 배제되고 그 자리를 ANC의 붕괴가 대체하고 있다.

물론 <타임즈> 기사 본문에서는 죽음에 대한 언급이 아직 남아있기는 하다. 그러나 문장 형태가 수동태로 기술("after Sunday's riots in which 13 Africans were killed and 28 injured")되어 행동 주체였던 경찰은 기사 내용에서 자연스럽게 배제되고 있다. 또한 6월 2일자 기사는 "police shoot", "shoot dead"와 같은 표현을 통해 흑인들의 사망이 경찰의 총격에 의한 것임을 명확히 드러냈던 반면, 이튿날인 6월 3일자 기사에는 "were killed"라는 표현을 사용함으로써 13명의 아프리카인들의 죽음이 누구에 의해서인지 그리고 어떠한 방식에 의한 것이었는지에 대한 구체적인 정보가 누락되어 있다. 그 전날 사건을 제대로 알지 못하는 독자들의 경우 기사에 등장하는 폭동이라는 표현만으로는 ("Sunday's riots in which 13 Africans were killed") 13인의 죽음이 폭동에 가담한 시위자들 간의 싸움이거나 시위대의 질서가 무너져 생겨난 압사에 의한 것으로 잘못 추측할 수도 있을 것이다.

<가디언>은 더 나아가 전날 죽음을 언급하면서 kill 대신 상태를 나타내는 형용사인 dead를 사용하고 있다.("the number of dead in yesterday's riots…had risen to 13") kill이란 동사가 사용될 경우에는 −비록 그것이 수동태로 사용된다 할지라도− 그 행위를 야기한 행동 주체에 대한 질문(killed by whom?)이 따라오게 되는 반면, dead는 동작이 아닌 상태를 표현하므로 kill이 야기하는 행동 주체에 대한 질문을 비껴가게 해준다. 그 결과 사망의 원인에 대한 문제 제기 없이 그 상태를 그대로 받아들이게 하는 효과를 낳는다.

시간에 흐름에 따라 사라지는 행동 주체

트루는 이 사건과 연관된 기사 및 사설들을 순차적으로 검토하여 그 과정에 작용한 언어학적 변화를 아래와 같이 분석·제시하였다.

<표 24> <타임즈> 기사의 변모 과정[84]

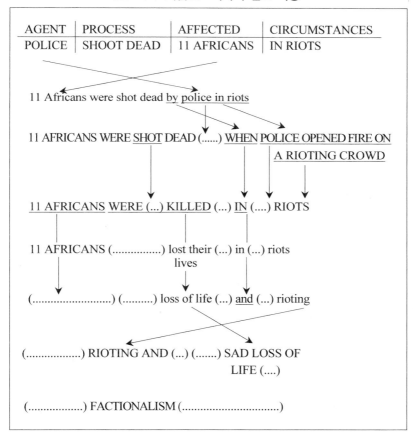

---

[84] 트루(한국어판), *op. cit.*, p. 252의 <표 2>를 부분적으로 인용하였음.

<표 25> 신문 기사에 작용한 언어적 변형 과정[85]

	언어적 변화	예시	담화 효과
1	능동태 구문	Police shoot 11 dead	행동 주체(police)가 명확히 드러남. 경찰의 발포로 사망했다는 **인과관계가 확연함**
2	수동태화	Rioting blacks shot dead by police	행동 주체가 부가적 위치(by~)로 이동. **행동 주체에 대한 책임이 경감됨**
3	행동 주체 (by~)의 삭제	13 Africans were killed	행동 주체 생략으로 사망에 대한 **인과관계 판별이 어려워짐**
4	동사의 자동사화	Africans died Africans lost their lives	**인과관계 추적이 불가능해짐**
5	명사화	loss of life / deaths	인과관계는 완전히 실종, **명사화된 결과만이 고아처럼 잔존됨**
6	새 문장(원인)에 흡수	factionalism caused deaths	죽음이 원래의 원인(경찰의 발포)이 아닌, 새로운 원인(파벌성)으로 제시되는 **인과관계의 대체가 발생함**

<표 24>와 <표 25>는 사건 초기의 인과 관계(경찰의 발포에 의한 아프리카인들의 사망)가 일련의 언어학적 과정(수동태화→행동 주체의 삭제→동사의 자동사화→명사화→새 문장으로의 흡수)을 통하여 변형되어 종국에는 원래 사건과 무관한 아프리카 지도자들 간의 파벌성이 죽음을 이끌었다는 결론으로 도달하는 일련의 이데올로기적 변형 과정을 잘 보

---

[85] 트루(한국어판), *op. cit.*, p. 259의 <표 3>을 부분적으로 인용하였음.

여준다. 각 단계별로 주목할 만한 특징적 내용은 아래와 같다.

1. 능동태 (Police shoot dead Africans): 사건 초기에는 행동 주체인 police와 객체인 Africans가 명확히 드러나는 능동태 구문을 사용하여 경찰의 발포로 인해 아프리카인들이 사망에 이르렀다는 인과 관계가 선명히 드러나 있다.

2. 수동태화 (Africans were shot dead by police): 능동태 문장이 수동태로 변환되어 police가 생략 가능한 부가적 위치로 이동하면서 전경이 아닌 배경으로 물러났다. 그만큼 행동 주체였던 경찰에 대한 책임이 경감되는 효과를 낳는다.

3. 행동 주체의 삭제 (Africans were shot dead): 수동태화에 의해서 by police라는 부가적 위치로 이동된 행동 주체가 이번에는 완전히 생략되어 사라졌다. 그 결과 충격으로 인한 아프리카인들의 사망 사실은 존재하나, 그 원인에 대해서는 알 길이 없게 된다.

4. 동사의 자동사화 (Africans died): 이제 죽음은 "shot"이라는 타동사에 의해서가 아니라 "died"라는 자동사에 의해서 표현된다. 죽음과 관련된 어떠한 인과적 관계의 추적도 불가능해지는 단계로 들어선 것이다.

5. 명사화 (deaths): 이 단계에서는 행동 주체뿐만 아니라 피해자인 아프리카인들마저도 완전히 사라지게 된다. 즉 죽음에 대한 인과적 관계가 완전히 실종된 상태로 죽음만이 홀로 잔존하게 된다.

6. 새 문장으로의 흡수 (factionalism caused deaths): 명사화를 통해 실제 행동 주체를 완전히 떨쳐버린 상태에서 "deaths"는 이제 새로운 문맥에 흡수되어 등장한다. 이 과정에서 경찰의 발포 때문에 죽음이 발생하였다는 사실적 인과 관계는 완전히 사라지고, 죽음을 야기한 원인으로 새로운 행동 주체(아프리카 지도자들의 파벌성)가 등장하게 된다.

군중 집회에서 경찰이 총격을 가해 13명을 사살한 사건에서 쟁점은 경찰의 발포가 정당했느냐의 여부와 그에 따른 후속 조치일 것이다. 영국 신문들이 이 사건을 처음 보도한 기사에서 재구성한 현실은 ―비록 강조 수준에는 차이가 있지만― 사건의 인과 관계를 명확히 드러내고 있었다. 그러나 그 이튿날부터 신문들은 이 사건을 전혀 다른 현실로 재구성하기 시작한다. 그리고 종국에는 아프리카 흑인들의 죽음을 초래한 것은 아프리카 지도자들 사이의 파벌 다툼 때문이라는 새로운 현실로 사건을 재구성해낸다. 이렇게 동일한 사건을 놓고 재구성한 현실이 시간의 흐름에 따라 완전히 달라진 것에는 문체의 선택과 배제가 결정적인 역할을 담당하였다. 트루는 문체의 선택과 배제를 통한 현실의 재구성 과정을 상세히 설명했지만, 영국 언론이 왜 관변적 시각(official view)으로 현실을 재구성하려 했는지에 대한 해석에는 상대적으로 원론적인 지적에 그치고 있다. 어쩌면 그러한 해석은 학술적 논문 차원에서 구체적으로 언급할 내용이 아니라고 생각했을 수도 있다. 두 신문은 이러한 현실 재구성을 통해 경찰의 부당한 발포가 정권의 정당성을 훼손하므로 소수의 영국인이 지배하는 로디지아 친서방 정부의 부담을 덜어주려 했을 수도 있고, 아프리카 사회의 파당성에 초점을 맞춰 아프리카가 낙후할 수밖에 없다는 서구 중심적 이해관계를 옹호하려 했을 수도 있다. 물론 이는 추정일 뿐이다. 중요한 것은 동일한 주체가 동일한 사건을 시간의 흐름에 따라 자신들의 이해관계에 유리하게 현실을 재구성하는 과정에 문체의 선택과 배제가 적극적으로 이용되고 있음을 주지하는 것이다.

이제부터 트루가 분석한 태와 명사화를 통한 현실 재구성 과정의 다른 예들을 좀 더 살펴보기로 한다.

(2) 자기 방어의 문장 구조: BP의 멕시코만 원유 유출 사례

2.1.에서는 멕시코만 원유 유출 사태에 대한 BP의 보도자료를 분석하면서 어휘의 선택과 배제를 통해 BP가 자사에 유리하게 현실을 재구성하는 것을 살펴보았다. 그러나 BP가 어휘의 선택과 배제만으로 현실을 재구성한 것은 아니며, 문장 차원에서 작동하는 선택과 배제 역시 함께 사용하여 시너지 효과를 내고 있다. 단지 우리는 분석의 편의를 위하여 이곳에서 어휘와 문체를 각기 장을 달리하여 기술하고 있을 뿐이다. 그런데 이 두 차원 중에서 굳이 구별을 하자면 문장이 어휘보다 더 효과적일 수 있다. 문장은 어휘보다 더 길고 복잡하기 때문에 수용자가 숨은 이해관계를 파악하기가 보다 어렵기 때문이다. 이제부터 BP가 멕시코만 원유 유출 사태와 관련하여 문장 구조 차원에서 어떠한 선택과 배제를 취하여 자사에 유리하게 현실을 재구성하고 있는지 BP 공식 홈페이지에 실린 내용을 중심으로 살펴보기로 한다.

BP를 최대한 감추는 수동형 문장

2010년 4월 20일 미국 멕시코만에 위치한 BP의 석유 시추 시설이 화재로 인해 폭발하고 그로 인해 해저 시추 파이프가 붕괴되어 원유가 유출되기 시작하였다. 사건 발생 직후부터 BP는 자사 홈페이지에 "멕시코만 관련 특별란(Gulf of Mexico Response)"을 개설하고 원유 유출 차단 및 방제 작업과 관련된 내용을 공개적으로 제공한다. 그런데 홈페이지 상에서 BP가 취하는 문장 구조가 원유 유출 차단 전후로 현격한 차이를 보인다는 점을 주목할 수 있다.

<표 26> 원유 유출 차단 이전 BP 홈페이지 자료 (2010. 6. 24.)

Subsea operational update	해저 작업 속보
· For the first 12 hours on June 24 (midnight to noon), approximately 7,215 barrels of oil were collected and approximately 4,040 barrels of oil and 27.2 million cubic feet of natural gas were flared.	- 6월 24일 0시부터 12시까지 12시간 동안 약 7,215 배럴의 기름이 **수거되었으며** 약 4,040 배럴의 기름과 2,720만 입방피 트의 천연 가스가 **연소되었다.**
· On June 23, total oil recovered was approx. 16,830 barrels: · approx. 8,300 barrels of oil were collected, · approx. 8,530 barrels of oil were flared, · and approx. 36.7 million cubic feet of natural gas were flared.	- 6월 23일 하루 동안 처리된 기름의 총량 은 약 16,830 배럴이다. - 약 8,300 배럴의 기름이 **수거되었으며,** - 약 8,530 배럴의 기름이 **연소되었다.** - 그리고 약 3,670만 입방피트의 천연 가스 가 **연소되었다.**
· The next update will be provided at 9:00am CDT on June 25, 2010.	- 다음 속보는 미국 중부 표준시로 2010년 6월 25일 오전 9시에 **제공된다.**

위의 예문은 원유 유출 차단 작업이 한창 진행 중이던 시기에 탑재된 BP 홈페이지의 안내문이다. BP는 원유 유출이 장기화되자 자사 홈페이 지에 위와 같은 내용을 매일 업데이트하여 제공하였다. 그러므로 위에 인용한 6월 24일 자료는 일회적인 내용이 아니라 원유 유출 차단 작업이 성공하기 이전까지 BP가 정형화하여 사용한 문장 형식이다.

위의 글이 보여주는 가장 큰 특징은 무엇보다도 수동태의 두드러진 사용이다. 총 7개의 문장 중에서 6개 문장이 수동형으로 사용되었 다.("were collected"(2), "were flared"(3), "be provided") 나머지 한 문장도 be 동사를 사용하여 상태를 표현하고 있으므로 행동 주체가 뚜렷이 드러나는 적극적인 능동형 문장으로 볼 수 없다. 결국 모든 문장이 철저하게 행동 주체를 제시하지 않아도 되는 방식으로 기술된 것이다. 일반적으로 영어로 수치를 제공할 경우 능동태보다는 수동태가 더 많이 쓰인다는 점을 충분히 고려하여도 위의 BP 자료는 그 정도가 지나쳐 보인다. 게다가 수동태 문장이어도 "by BP" 혹은 "by technical team of BP" 등의 형태로 그 행동을 수행하는 주체인 BP에 대한 언급이 등장할 만도 한데 위의 공식 홈페이지 자료에서는 행동 주체, 즉 이 사건의 책임자인 BP는 단 한 번도 언급되지 않고 있다. 실제로 위의 글이 BP 홈페이지에 실려 있지 않았다면 그 주체가 행정기관인지 아니면 BP인지 제대로 짐작하기 어려운 형태로 내용이 구성되어 있다. 원유 유출 차단이 번번이 실패로 돌아가면서 BP는 환경 재앙을 우려하는 미국 정부 및 국민들의 따가운 눈총을 피하기 위해 책임 주체인 자사의 등장을 최소화하는 기술 방식을 선호한 것으로 보인다. 문장도 최대한 사무적으로 절제된 상태로 기술되어 최소한도의 감정 이입도 원천적으로 차단하고 있음을 주목할 수 있다. 이는 앞서 2.1.에서 살펴본 BP의 보도자료 분석에서 살펴본 어휘의 선택 (및 배제)과 그 맥을 같이 하고 있다. BP는 어휘뿐만 아니라 문장 구조에 있어서도 선택과 배제를 통하여 자사에 유리한 방식으로 현실을 재구성 하고자 하였다. 이러한 BP의 홍보 전략은 홈페이지, 보도자료 등과 같이 다양한 포맷에 전방위적으로 작용하였음을 확인할 수 있다.

BP를 다시 전면에 세우는 능동형 문장

<표 27> 원유 유출 차단 이후 BP 홈페이지 자료 (2010. 7. 23.)

BP is doing everything we can to make this right. We continue to fight to stop the flow of oil, clean up the environmental damage, and help make sure that people are compensated for their losses.	BP는 이 일을 바로 잡고자 우리가 할 수 있는 모든 것을 **다하고 있습니다.** 우리는 기름이 이동하는 것을 막기 위해 **계속 노력 중이고,** 환경 피해를 **정화하고,** 사람들이 그들이 입은 손실을 반드시 보상받도록 **돕고 있습니다.**
Here we provide up-to-the-minute multimedia reports on what's being done to stop the leak, clean up the ocean, look after the beaches, care for wildlife and meet people's claims.	여기서 **우리는** 기름 누출을 정지시키고, 바다를 정화하고, 해변을 지키고, 야생 동물을 돌보고, 사람들의 요구에 부응하기 위하여 수행되고 있는 일들에 대한 다양한 매체의 최신 소식들을 **제공하고 있습니다.**

　　문장 형태의 변화는 원유 유출 차단 밸브 설치가 성공적으로 완료된 7월 15일 직후부터 찾아온다. 이전과 비교해 가장 큰 변화는 문장이 능동태로 확 바뀌었다는 점이다. 이전에는 일관되게 수동태를 사용하여 사건의 책임자인 BP를 생략하려 했다면, 사건 해결 이후에는 행동주인 BP가 능동형 문장의 주어로 등장하거나 혹은 we라는 인칭대명사로 명확히 등장한다.("BP is doing everything we can", "We continue to fight to stop…" 등) 원유 차단 밸브 설치가 성공하자 이제까지 책임을 최소화하는 데 이용된 수동태 구문들이 행동 주체로서 BP를 명확히 드러내주는 능동태 구문에 자리를 내어주고 사라진다. 이를 통해 BP는 자신들이 사태 해결에 적극적으로 대처하고 있음을 강조하고 있다.

　　위 홈페이지 자료의 유일한 수동태 구문은 두 번째 문장의 종속절인 "We continue (…) to help make sure that people *are compensated* for their losses." 이다. BP가 끼친 손실에 대한 보상, 즉 BP의 과실에 관한 내용에

관해서는 여전히 수동형을 사용하고 행동 주체인 BP를 생략함으로써 BP의 책임을 경감시키려는 의도를 읽을 수 있다. 게다가 help라는 조동사를 사용하여 BP를 직접 사고를 일으킨 당사자라기보다는 마치 그 옆에서 도와주는 조력자로서 재구성하고 있음도 주목해야 할 것이다.

BP는 홈페이지에서 행동 주체를 감추고 싶을 때는 수동태를 선호하였고, 반면 사태가 해결 국면에 접어든 이후 행동 주체를 강조하고 싶을 때는 능동태를 사용하여 자신들에게 유리한 방식으로 현실을 재구성하였다. BP의 의도는 이러한 일련의 문장 구조 변화가 시간차를 두고 발생했기 때문에 더욱 효과적이었다. 당시 홈페이지 자료가 일별로 제공되었으므로 직접적인 이해 당사자가 아닌 일반 수용자의 입장에서 홈페이지 상에서 일자를 달리하여 발생한 태의 변화를 알아차리고 그 속에 숨어 있는 BP의 의도를 제대로 읽어내는 것은 결코 쉬운 일이 아니다. 이처럼 언어를 통한 의미의 재구성은 다양한 문장 구조를 활용하여 이루어질뿐만 아니라 경우에 따라서는 시간차와 같은 언어 외적 요소와 결합하여 이루어짐으로써 더욱 효과적으로 작동된다.

(3) 행동 주체를 지워버리는 명사화 구문

명사화는 흔히 행동 주체가 생략된다는 점에서 수동태와 그 맥을 같이 한다. 게다가 그 행동을 받는 행동 객체마저 드러나지 않는다는 점에서 수동태 문장보다 더 인과 관계를 추론하기 어려운 성격을 지닌다. 앞서 우리는 트루의 분석 과정에서 아프리카 흑인들의 죽음이 시간의 흐름에 따라 일련의 언어학적 단계(수동태화→행동 주체의 삭제→동사의 자동 사화→명사화→새 문장으로의 흡수)를 거쳐 재구성되는 과정에서 명사화가 어떻게 실제 사건의 행동 주체를 은폐하는데 효과적으로 사용되는지 살펴본 바 있다. 이번에는 한국의 예를 가지고 분석을 해보기로 한다.

한국 신문의 헤드라인은 일반적으로 완성된 문장 형태보다는 명사구나 동사구 형태로 제시되는 경우가 많다. 그 결과 사건과 연관된 행동 주체 및 객체 등이 명확히 드러나지 않는 경우가 자주 발생한다. 특히 그것이 특정 이데올로기를 옹호하거나 적어도 거스르지 못하는 경우에 더욱 그러하다. 아래 예를 살펴보자.

결과만을 제시하는 명사구 문장

<표 28> 1980. 5. 31.자 <동아일보> 1면 헤드라인

光州 사태 **死亡 170명** 계엄사발표 民間 144 軍 22 警察 4 명
負傷 民間 百 27 軍人 百 9 警察 百 44명

위 자료는 1980년 5월 광주 민주화 항쟁 이후 발생한 인명 사상 결과를 보도한 <동아일보>의 1980년 5월 31일자 헤드라인이다.[86] 일반적으로 신문 헤드라인에는 사건과 관련된 주요 정보가 제공되어야 하는데 이곳에는 사망을 발생시킨 원인이나 행동 주체에 대한 언급없이 단지 결과로서 "死亡 170명"이 제시되고 있을 뿐이다.

이때 사망이라는 어휘의 선택에 대해서도 주목할 만하다. 사망은 죽음을 보도하는데 있어서 가장 중립적인 표현이다. 사망은 '사망하다'라는 자동사와 연관되기 때문에 타동사와 연관된 경우에 연상될 수 있는 행동 주체 및 객체에 대한 의문에서 상대적으로 자유롭다. 예를 들어 살해의 경우는 타동사/피동사인 '살해하다/살해당하다'와 연관되어 객체(누구

---

[86] 동아일보가 아닌 다른 신문들도 모두 "사망"이라는 표현을 사용하여 헤드라인을 작성하였다.("光州事態 死亡 百70명" <조선일보> 등) 당시 신군부의 입장을 거스르는 기사 작성은 감히 엄두가 나지 않던 상황이었을 것이다.

를?), 주체(누가?) 및 그 이유(왜?)에 대한 의문들이 연쇄적으로 떠오르기 마련이다. 앞서 살펴본 트루의 분석에서도 kill이라는 동사가 die라는 자동사로, 그 뒤에는 deaths라는 중립적인 -즉 원인을 알아내기 어려운- 명사로 전환되는 것을 살펴본 바 있다.

'사망'의 원인을 최대한 교란시키기

헤드라인에서는 결과만을 강조하고 사망을 초래한 원인에 대한 어떠한 설명도 제공하지 않았으나 본문에서는 그에 대한 언급을 하지 않을 수 없다. 신문은 계엄사령부의 발표를 인용하는 형태로 사망 원인을 아래와 같이 밝히고 있다. 결국 이 내용은 기사 형태를 취하였으나 당시 쿠데타로 집권한 신군부가 폭력적으로 언론을 억압하던 상황임을 감안한다면 실제로는 신군부의 보도자료라고 할 수 있다.

> (계엄사령부) 발표에 따르면 민간인 사상자는 ▲ 20-22일 5차에 걸쳐 광주교도소를 습격했을 때 계엄군과 교전으로 사망 28명 부상 70여 명이 발생했고 ▲ 무장한 사람들이 음주 운전 및 과속으로 인한 전복 충돌 등의 교통사고로 32명 사망 ▲ 탈취한 소총 수류탄 등 무기류 취급 미숙에 의한 오발사고로 15명 사망 ▲ 진압차 투입된 계엄군에 대한 무력 저항 저지에 따라 17명 사망 ▲ 무장한 사람들 사이에서 강온 양파 간의 의사충돌에 따른 상호 총격과 평소 원한에 의한 살인자 행동에 의해 29명이 사망한 것으로 일단 밝혀졌으나 수사 진전에 따라 사망 원인이 대체로 구분될 것이라고 했다. (1980. 5. 31. <동아일보> 1면 기사 본문 중에서)

위에 인용된 계엄사령부의 발표문은 얼핏 보기에는 사망과 부상의 원인에 관한 구체적인 정보를 제공하는 듯이 보인다. 그러나 이를 자세히 읽어 보면 사망 및 부상을 초래한 행동 주체를 직접적으로 적시하지 않고 있음을 주목할 수 있다. 자동형 문장 구조("민간인 사상자는 (…) 사망 28명 부상 70여 명이 **발생했고**")를 사용하여 행동 주체가 명시적으로 드러날 필요를 원천적으로 차단하였을 뿐만 아니라 사망의 원인을 계엄군이 아닌 '교전'으로("계엄군과 교전으로") 빗겨서 설명하고 있다. 게다가 교전의 원인은 "20-22일 5차에 걸쳐 (민간인이) 광주교도소를 습격"했기 때문으로 발표함으로써 책임을 계엄군이 아닌 피해자에게 떠넘기는 형태를 취하고 있다.

이러한 현실 재구성은 쿠데타를 통해 집권하여 처음부터 정당성을 갖지 못했던 신군부가 광주 민주화 항쟁에서 시민을 학살하여 그 정당성이 더욱 위협받는 상황에서 자신들의 행동을 최대한 정당화하기 위해 행한 것으로 판단된다. 신군부는 사망자 수와 원인 등에서 사실을 왜곡하였을 뿐만 아니라 왜곡된 사실조차 명사화, 자동사화 등의 문장 구조를 이용하여 자신들의 행위를 최대한 눈에 띄지 않게 감추면서 자신들에게 유리한 방식으로 현실을 재구성하고자 하였다.

결론을 대신하여

2.1.에서의 어휘의 선택과 배제에 이어 여기서는 문체의 선택과 배제를 통한 현실 재구성을 태와 명사화에 초점을 맞춰 살펴보았다. 분석한 예들에서 잘 드러나듯이 문체의 경우에서도 어휘에서와 마찬가지로 발화자가 선택과 배제를 통해 자신의 이해관계가 반영되도록 현실을 재구성하는 메커니즘은 동일하다고 하겠다. BP의 보도 자료에서 보듯이 언어를 통한 현실 재구성은 어휘와 문체 등 다양한 요소들이 동시에 작용하면서 이루어진다. 때로는 시간차라는 언어와 무관한 시간적 요소까지도 활용되기도 한다. 또한 광주 민주화 항쟁 보도에서처럼 현실 재구성에 내용 왜곡이 동반되기도 한다. 일반적으로 언어를 통한 현실 재구성이 다양하고 복잡한 구조로 진행될 수록 수용자가 현실의 문제점을 파악하

기가 더 힘들어지기 마련이므로 발화자의 숨겨진 의도가 더 잘 실현되는
경향이 있다.

2.3. 성(性)이 말을 할 때

"소년이여, 야망을 가져라(Boys, be ambitious!)"라는 말은 젊은이들에게 야망을 가지고 도전해 보라는 유명한 격언이다. 그런데 실제로 이 격언을 접하면서 왜 젊은이를 대표하는 표현이 소녀가 아닌 소년인지 혹은 왜 청소년소녀들(adolescents)과 같이 양성을 다 표현하는 어휘를 사용하지 않는지에 대해 문제를 제기하는 사람들은 별로 없을 것이다. 그만큼 우리는 남성이 여성을 대표하는 혹은 포괄하는 언어 사용에 익숙해져 있다. 최근에 이르러 양성 평등이 많이 진전되고 있으나 여전히 남성 중심의 이데올로기는 일상적으로 사용되는 언어 속에 만연해 있다. 그런데 언어의 일상성은 그 안에 ―그것이 어휘의 차원이든 문체의 차원이든 간에― 그러한 이데올로기가 숨어있다는 것을 의식하지 못하게 함으로써 언어가 재구성한 현실에 의문을 제기하지 않고 당연한 것으로 받아들이게 만든다. 2.1.과 2.2.에서 우리는 특정 상황에서 어휘와 문체의 선택과 배제를 통해 자신에게 유리한 방식으로 현실을 재구성하는 예들을 살펴보았다. 이렇게 언어를 통해 재구성된 현실은 수용자가 발화자의 의도대로 해당 현실을 인식하도록 만듦으로써 구성 주체의 이해관계를 별다른 거부감 없이 받아들이게 하는데 효과적으로 작용한다.

일반적으로 언어의 선택과 배제는 상황에 따라 비연속적으로 이루어지지만, 상황이 달라져도 특정의 이해관계가 지속된다면 이러한 선택과 배제가 동일한 방식으로 되풀이될 수 있다. 이렇게 특정한 이해관계가 언어의 선택과 배제에 항상적으로 작용하여 지속적으로 현실을 재구성할 때 그 현실은 이데올로기가 되게 된다. 그리고 여기에 동원된 선택과 배제의 언어는 일회성을 넘어 하나의 구조로서 자리 잡고 더 나아가 문법으로 고착화하여 일상이 된다. 이렇게 일상화한 언어는 해당 이데올로기를 더욱 자연적이고 당연한 것으로 받아들이게 한다. 그러므로 이 장에서는 특정 상황에서 언어의 선택과 배제를 통해 현실을 재구성하는 방식이 아니라, 특정 이데올로기를 당연한 것으로 여겨 이것을 오랜 기간에 걸쳐 유지하도록 하는 언어 구조와 문법을 살펴보기로 한다.

언어 사용 속에 숨어있는 이데올로기적 현상 중에 가장 대표적인 것이 성(性)과 관련된 영역이다. 남성 중심성은 오랜 기간 동서양을 막론하고 세계를 지배해 온 이데올로기로서 사회에 강력한 영향력을 행사해 왔다. 우리는 이 장에서 남성 중심적 이데올로기를 구성하는 일상의 언어들을 살펴봄으로써 남성 기득권 세력이 자신들의 이해관계를 반영하도록 언어를 통해 재구성한 현실이 그 누구도 이의를 제기하기 어려운 문법으로 고착화되버린 결과를 비판적으로 고찰하고자 한다.

이를 위해 여기서는 영국의 사회언어학자 로메인 Romaine과 프랑스의 사회언어학자 야겔로 Yaguello가 유럽의 언어를 연구한 결과를 가지고 논의를 전개하기로 한다. 아직까지 한국어를 대상으로 언어 속의 남성 중심적 이데올로기를 본격적으로 연구한 사회언어학적 작업은 흔하지 않은데, 아마도 남성 중심적 이데올로기를 당연한 것으로 받아들이는 경향이 유럽보다 강한 때문이 아닌가 싶다. 비록 유럽 언어의 분석이지만 남성 중심적 이데올로기는 동서양을 막론하고 전세계적인 현상이므로 이 연구 결과들을 통해 우리 사회의 남성 중심성을 이해하는 데에도 많은 도움이 될 것으로 기대한다.

여기 소개하는 내용은 로메인의 저서 ≪언어와 사회(Language in society)≫[87]와 야겔로의 저서 ≪언어와 여성(Les mots et les femmes)≫[88]

---

[87] S. Romaine, *Language in Society: an introduction to sociolinguistics*, Oxford University Press, 2000. (박용한 김동환 옮김, ≪언어와 사회: 사회언어학으로의 초대≫, 소통, 2009.)

에서 주로 가져온 것이다.

유럽 언어 속의 남성 중심성

영국에서 출판된 최초의 비성차별적인 성경이 어제 발행되었다. 개역
성서의 역자들은 'any man'같은 표현을 'anyone'으로 체계적으로 바꾸
었지만, 특별히 하느님에 대해서만은 남성형을 그대로 유지하였다. 이
렇게 하는 것이 사실에 충실한 것이라고 믿었기 때문이다. (The
Guardian, 1985. 10. 4.)[89]

종교는 알튀세 Althusser의 이데올로기적 국가기구의 대표적 구성체이
다.[90] 한 사회의 주류 종교는 그 사회의 지배 이데올로기를 자율적으로
재생산해냄으로써 사회 구성원들에게 지배적인 영향을 미친다는 점에서
위의 예가 시사하는 바는 흥미롭다. <가디언>은 영국에서 최초로 성경에

---

[88] M. Yaguello, *Les mots et les femmes*, Payot, Paris, 1978. (강주헌옮김, ≪언어와 여
성≫, 여성사, 1994.)

[89] 로메인(한국어판)에서 재인용, p. 145.

[90] "이데올로기적 국가기구는 프랑스 마르크스주의 철학자 루이 알튀세에 의해 고안
된 용어로 억압적 국가기구와 구별된다. 억압적 국가기구는 국가의 통제에 사용
되거나 또는 직접 국가 통제 하에 있는 억압적이고 규제적인 세력의 복합체이다.
여기에는 형벌 제도, 경찰, 군, 입법 및 행정기관 등이 포함된다. 이들은 우리가
원하든 원하지 않든 명령을 내릴 수 있는 합법적 권위로 특징 지워진다. 반면에
이데올로기적 국가기구는 국가와 대응되는 사적인 영역으로서의 시민사회 안에
서 발생하는 다양한 사회제도들이다. 이들 역시 규제적인 기능을 수행하며 국가
를 대신하여 이데올로기를 재생산한다. 여기에는 교육, 가족, 종교, 법률 제도, 정
당정치 제도, 문화와 커뮤니케이션 등이 포함된다. 이데올로기적 국가기구의 기능
은 생산관계에 대한 복종을 재생산하는 것이다. 즉 사람들을 현존하는 생산관계
의 유지 및 지속에 최고도로 기여할 수 있는 주체로 훈련시키는 것이다."
(한국언론연구원(편),≪매스컴대사전≫, 한국언론연구원, 1993.)

서의 성차별을 타파하고자 하는 새로운 성경이 출판된 사건을 기사화하였다. 그런데 그 내용은 상당히 아이러니컬하다. 성차별 없는 성경 출판이라는 본래의 의도에도 불구하고 하느님에 대해서는 여전히 남성형을 유지하고 있다는 것이다. 이는 남성 중심적 이데올로기를 비판하면서 출간된 성경에서조차도 끝내 하느님을 남성이 아닌 다른 성(여성 혹은 중성)으로 감히 규정하지 못하는 현실을 보여준다. 물론 위 예는 다소 극단적인 면이 없잖아 있으나 그만큼 남성 중심적 이데올로기가 사회에 공고히 자리 잡고 있음을 보여주는 극명한 예라 하겠다.

(1) 어휘 차원

우선 어휘 표현에서부터 시작해 보자. 남녀 차별 및 남성 우월적 이데올로기는 거의 모든 언어에서 발견되는 보편적 현상이다. 너무도 많은 어휘들이 직/간접적으로 이러한 이데올로기를 재생산하는데 사용되고 있다. 그 중에서 몇몇 흥미로운 예들을 살펴보기로 하자.

1) man/woman 및 boy/girl과 같이 쓰이는 형용사
로메인은 영국 국가 말뭉치(BNC, British National Corpus)[91]를 기초로

---

[91] '말뭉치(corpus)'란 언어를 연구하는 각 분야에서 필요로 하는 연구 재료로서 언어의 본질적인 모습을 총체적으로 드러내 보여줄 수 있는 자료의 집합을 뜻한다. 말뭉치의 개념은 20세기 초반 미국의 구조주의 언어학에 기초한다. 실증적 자료를 중시하던 당시 언어학 풍토에서 실제 말이나 글로 발화되거나 표현된 언어 자료는 언어 연구의 전제 조건이었고, 실제 사용된 언어 자료를 그대로 모아 놓은 말뭉치는 언어 연구의 기초로 여겨졌다. 미국에서 1963년부터 2년 간에 걸쳐 100만 어절로 구축된 브라운 말뭉치(Brown Corpus)를 시초로 하여 컴퓨터를 이용한 구축이 본격화되었고, 1990년대에는 1억 어절 이상의 영국 국가 말뭉치가 구축되기에 이르렀다. (「국어정보학입문」참조 (서상규·한영균, 태학사, 1999.) 국내에서는 1988년부터 시작된 연세대학교의 연세 한국어 말뭉치를 비롯하여 한

하여 남성과 여성을 지칭하는 대표 어휘인 man/woman 및 boy/girl이 어떤 형용사와 동반되어 사용되는지 조사하였다. 한 사회의 언어 사용을 구성하는 다양한 언어 자료들을 광대하게 수합하여 구성된 말뭉치는 그 사회의 일반적 언어 사용 양태를 대표한다. 언어 사용에 있어서 남성 중심의 이데올로기가 발현되는 것은 단순한 개별 어휘 차원보다는 관련 어휘를 둘러싼 인접어들이 이뤄내는 문맥의 영향을 더 받게 된다. 그러므로 말뭉치에 기초하여 관심을 가지는 어휘의 앞뒤에 출현하는 단어들, 즉 연어(collocation, 連語)를 연구하는 것은 상당히 흥미로운 작업이다. 이를 통하여 영국 사회가 남성/여성에 대해 가지고 있는 전형적인 고정 관념을 읽을 수 있기 때문이다.

<표 29> 영국 말뭉치에서 나타난 man/woman 및 boy/girl과의 연어[92]

	woman	girl	man	boy
blonde	25	28	1	1
frigid	2	0	0	0
honest	11	2	68	1
hysterical	14	1	0	0
intelligent	17	9	44	3
loose	3	2	1	1
neurotic	2	2	2	0
silly	16	35	0	10
ugly	6	4	0	0

국과학기술원, 고려대학교, 국립국어연구원 등에서 말뭉치를 구축해 왔다. 특히 1998년부터 '21세기 세종 계획 : 국어 정보화 추진 중장기 사업'의 일환으로 본격적으로 국가 말뭉치가 구축되었으며 현재 국립국어원에서 자료를 제공받을 수 있다.

[92] 로메인(한국어판), *op. cit.*, p. 158. <표 4.1>에서 재인용.

남성/여성, 소년/소녀와 인접하게 등장하여 이 단어들을 수식하고 규정하는 형용사들을 검토한 결과는 의미심장하다. 'blonde'는 여성(25회)/소녀(28)에게만 집중적으로 사용된 반면 남성(1)/소년(1)에게는 거의 사용되지 않았다. 그렇다면 여성들에게만 꼬리표처럼 따라붙는 금발이라는 단어는 사회적으로 어떤 함의를 지니고 있을까? 일단 금발은 외모와 관련된 수식어이다. 여성은 남성에 비해서 훨씬 자주 외모로 평가되거나 묘사되고 있음을 확인할 수 있다. 게다가 금발에 따라붙는 사회 통념은 일반적으로 '(지적이지 않은) 미인'이다. 또 다른 외모를 표현하는 '못생긴(ugly)'이라는 형용사 역시 여성(6)/소녀(4)에게만 배타적으로 사용되고 남성에게는 한 번도 사용되지 않았다. 결국 위의 도표를 통해 여성은 주로 미모로 평가되는 존재라는 사회적 스테레오 타입을 읽어낼 수 있다.

반면 남성의 경우는 외모가 아닌 성격이나 능력에 의해 규정되고 있다. 남성을 가장 빈번히 규정하는 형용사는 honest(68)와 intelligent(44)이다. 이와 대조적으로 여성은 silly(16)/hysterical(14)로 규정된다. 이들 어휘들은 개인의 성품 및 능력에 관한 긍정적/부정적 평가와 연관된 형용사이다. 남성은 정직하며 이성적이고 똑똑한 반면, 여성은 감정적이고 어리석으며 멍청하다는 사회적 편견이 언어를 통해 끊임없이 재생산되고 있다. 결국 (영국) 사회에서 남성은 개인의 성품 및 능력에 관한 긍정적인 평가를 중심으로 규정되는 반면, 여성은 개인의 능력보다는 외모로, 그리고 성품 및 능력에 있어서는 부정적으로 묘사되고 있음을 남성/여성, 소년/소녀가 사용되는 연어 분석을 통하여 확인할 수 있다.

2) bachelor (노총각) vs spinster (노처녀)[93]

성별 차이에 따른 대응어인 경우 일반적으로 남성을 가리키는 단어의

---

[93] 로메인(한국어판), *op. cit.*, p. 156을 참조하였음.

경우는 부정적 함축이 없거나 -혹은 있다 하더라도- 덜한 반면, 여성을 가리키는 경우는 부정적 함축이 있는 경우가 있다. 예를 들어 '노총각'은 '(결혼 적령기를 넘긴) 아직 결혼을 하지 않은 남자'로 부정적 함의가 그리 크지 않은 채 가치중립적으로 인식되는 반면, '노처녀'의 경우는 '(결혼 적령기를 넘긴) 아직 결혼을 하지 않은 여자' +α(그런데 이 α에는 각 사회 고유의 부정적 함축이 담겨 있음)로 사용되는 경우가 많다. 로메인은 미국 사회에서 노처녀는 gossipy(수다스러운), nervy(신경질적인), over-made up(과도하게 화장한), ineffective(비효율적인), jealous(질투심이 많은), eccentric(괴팍한), love-/sex-starved(사랑/섹스에 굶주린), frustrated(좌절된), whey-faced(창백한 얼굴의), dried-up old(쭈글쭈글한), repressed(억눌린), lonely(외로운), prim(새침한), cold-hearted(냉담한), plain Jane(평범한), atrocious(흉악한), despised(경멸적인)와 같은 부정적인 연어들과 함께 사용되고 있음을 주목하였다. 반면 노총각에 대한 표현은 대체로 가치중립적이거나 긍정적이었다고 한다. 우리나라의 경우도 노처녀라고 하면 연상되는 대표적인 연어가 '히스테리'로서, 노총각에 비해 사회적으로 부정적인 뉘앙스를 훨씬 더 담고 있다.

3) 여성 지칭어의 격추[94]

동등한 위상을 나타내는 남녀 지칭어 중에서 유독 여성을 가리키는 용어들이 시간이 흐를수록 본래의 위상이 격추되는 과정을 겪게 된다. lord/lady(경/귀부인), Sir/Madam(경/부인), master/mistress(주인/여주인), king/queen(왕/여왕), wizard/witch(마법사/여자 마법사) 등과 같은 남녀 지칭어 쌍을 조사한 결과, 여성 용어들은 시간이 흐르면서 그 가치가 하락하는 모습을 나타냈다고 로메인은 언급하였다.

---

[94] 로메인(한국어판), *op. cit.*, pp. 161-162를 참조하였음.

<표 30> 남녀 지칭어의 의미변화

남성형		여성형
lord	원래의 긍정적 의미가 보전되거나 향상됨	lady: 신분이 낮은 여성에게도 사용됨
sir		madame: 매춘업소를 운영하는 사람을 지칭하기도 함
master		mistress: 내연의 처/정부
wizard		witch: 마녀라는 부정적 함의가 부가됨

예를 들어 남성을 지칭하는 lord는 여전히 귀족에게만 지칭되는 원래의 긍정적이고 제한적인 의미를 보존하고 있는 반면, lady는 신분이 낮은 여성에게도 사용되면서 가치 하락을 겪었다. Sir 역시 여전히 존경을 나타내는 표현으로 남성에게 사용되는데 반해, Madame은 때로 매춘업소를 운영하는 사람을 지칭할 정도로 그 의미가 격추되었다. 마찬가지로 master는 주인이라는 원래의 의미를 잃지 않은 반면, mistress는 더 이상 여자 집주인을 가리키기보다는 내연의 처 혹은 정부를 의미하는 단어로 격하되었다. wizard는 실제로 그 의미가 개선 또는 향상된 반면, witch는 마녀라는 오명이 씌워지면서 점점 부정적인 의미를 함축하게 되었다. 결국 동일한 의미를 지닌 용어의 남성형은 시간이 흐르더라도 원래의 긍정적 의미를 그대로 간직한 반면, 여성형은 원래의 긍정적 의미를 그대로 유지하지 못한 채 부정적이거나 가치하향적인 함의를 지닌 어휘로 변모하였음을 확인할 수 있다.

4) 남성/여성에서 다른 함축을 가지는 경우[95]

어떤 단어는 외관상으로는 성중립적으로 보여도 남성/여성에게 적용

---

[95] 야겔로(한국어판), *op. cit.*, pp. 171-172를 참조하였음.

될 때 다른 함축을 가지는 단어들이 있다. 예를 들어 프랑스어에서 'professionnel'은 남성에게 사용될 경우에는 '전문가'의 뜻으로서 칭찬이나 긍정적 평가로 사용되지만, 여성에게 사용되는 경우에는 '매춘부'라는 의미로도 사용된다. 한국어의 경우도 이와 유사하게 '직업 여성'이라고 지칭하는 경우, 특정 상황에서는 '(성적) 서비스업에 종사하는 여성'을 가리킨다. 즉 같은 단어라도 남성에게는 긍정적으로, 여성에게는 부정적 함의를 내포하면서 사용되는 것이다. 야겔로는 프랑스어에서 이와 유사한 일련의 예를 들고 있다.

<표 31> 성별에 따른 동일 형용사의 의미 차이

형용사	남성형		여성형	
galant	*galant* homme	점잖고 품위 있는 남성	femme *galante*	바람기 있는 여성
honnête	*honnête* homme	정중한/예의바른 남성	*honnête* femme	정숙한/순결한 여성
savant	homme *savant*	학문이 깊은 남성	femme *savante*	유식한 척 하는 여성

*프랑스어는 남성 형용사형 뒤에 '-e'를 덧붙여 여성 형용사형을 만듦.

galant이라는 형용사가 남성에게 사용되는 경우는 '점잖고 품위 있는'의 뜻으로 쓰이는 반면, 여성에게 사용되는 경우에는 '바람기가 있는'이라는 부정적 의미로 사용된다. honnête의 경우도 예전에는 남성의 경우에는 정신적 품행 기준이 우선시되어 '정중한/예의 바른'으로 쓰였던 반면, 여성의 경우에는 육체적 품행 기준이 강조되어 '정숙한/순결한'의 의미로 사용되었다. savant이라는 형용사는 현재에는 남/녀 구분이 거의 사라지고 '학문이 깊은, 박식한'이라는 긍정적 의미로 주로 사용되고 있으나, 예전에는 남성의 경우에는 긍정적인 함의를 지닌 반면, 여성의 경우에는 주로 '유식한 척 하는'이라는 부정적 함의를 담고 있었다.

5) 명명 순서

명명 관행은 사회적 관행을 반영하게 마련이다. 일반적으로 주가 되는 부분이 앞에 오고 부가 되는 부분이 뒤이어 오게 된다.

* man and woman / 남녀(男女)
* husband and wife / 부부(夫婦), 남편과 부인
* boys and girls / 소년소녀들

위의 예들에서 볼 수 있듯이 남성이 여성보다 먼저 언급되고 있으며, 여성은 제 2의 성으로서 부수적인 존재로 남성의 뒤를 따르고 있다. 영어에서 유일한 예외적 경우는 'ladies and gentlemen'인데 이것에 대응되는 한국어 표현은 '신사숙녀 여러분'으로 한국에서는 여전히 남성이 선순위를 부여받아 앞서는 것도 눈여겨 볼만하다.

6) Mister vs Mrs/Miss

남성의 경우는 결혼 이후에도 이름 앞에 호칭의 변화없이 Mr.로 불리우는 반면, 여성의 경우는 결혼 여부에 따라서 Miss 혹은 Mrs.로 호칭에 변화가 생긴다. 물론 현재는 Miss/Mrs.를 총칭하여 Ms.라는 표현을 사용하기도 한다. 하지만 조사 결과를 보면 Ms.를 이해하는 사람이 70%에 이르기는 하나 실제 사용하는 사람은 겨우 50%를 조금 넘으며, 그것도 글로 쓸 때의 일이고 일반 구어체에서는 20%밖에 사용하지 않는다고 한다.[96] 이렇게 Miss/Mrs.를 구분하여야 할 중요성이나 필연성이 존재하

---

[96] 2010년 11월 24일 한국일보 [임귀열 영어] Ms. Vs. Mrs. Vs. Miss에서 재인용.

지 않음에도 불구하고 사회는 여전히 결혼 여부에 따라 호칭을 달리 하는 기준을 여성에게만 적용하고 있다.

위에서 든 예들은 남성 중심적 이데올로기를 담고 있는 어휘나 언어 표현 사례 중에서 빙산의 일각이라고 할 정도로 제한적이다. 게다가 여기에 일일이 수많은 사례들을 다 제시하기도 불가능할 것이다. 이 장의 목표는 남성 중심의 이데올로기가 얼마나 우리의 일상 언어 생활 속에 깊이 뿌리박혀 있는지 의식하는 것이므로 여기에서는 대표적 몇몇 사례를 제시한 것으로 만족하기로 한다.

(2) 문법 차원

언어에 존재하는 남성 중심적 이데올로기는 어휘 차원보다는 문법적 차원에서 더 은밀하게 내재화되어 있다. 문법은 간단히 설명하자면 언어 사용과 관련된 규칙이다. 문법은 하루아침에 생겨난 것이 아니라 오랜 기간에 걸쳐서 사람들이 사용해온 언어의 규칙성을 파악하고 그것을 체계적으로 정리한 결과로서 변화의 속도 역시 완만하다. 언어 사용자 입장에서 볼 때 문법이란 언어 습득과 함께 자연스럽게 획득되므로 여간해서는 그에 대해 비판적인 시각을 가지기가 쉽지 않다. 그러므로 한 언어의 근간을 이루는 문법 차원에 작용하는 남성 중심적 이데올로기를 검토/분석하는 것은 상당히 흥미로운 작업이라 하겠다.

1) 기본형(남성형) vs 변형(여성형)
문법 차원에서 남녀 차별 이데올로기를 발견할 수 있는 대표적 언어로

---

http://news.hankooki.com/lpage/culture/201011/h2010112421111112000.htm

프랑스어를 들 수 있다. 가장 먼저 주의할 사항은 **기본형**의 문제이다. 프랑스어에서 기준이 되는 기본형은 언제나 남성형이다. 인칭대명사의 경우 영어는 3인칭 단수 he/she의 복수형이 they라는 새로운 단어로 규정되어 성별 구분 없이 공통으로 사용되는 반면, 프랑스어는 il(그 남자)/elle(그 여자)의 복수형이 각각 ils(그 남자들)/elles(그 여자들)로 성별 구분을 유지하며 존재한다. 남성과 여성이 혼합될 경우에는 영어의 they같이 새로운 단어를 사용하는 것이 아니라, ils이 그들이라는 뜻 역시 지니면서 총칭적으로 남녀 모두를 대표하게 된다. 예를 들어 남성 1명과 여성 100명이 합쳐지는 경우에도 그 총칭형은 남성 복수 대명사 형태인 ils이 된다. 즉 기준이 되는 것은 어떠한 경우에도 여성이 아니라 남성이라는 것을 프랑스어 문법 체계는 확실하게 인식시키고 있다.

이러한 남성 중심 기준은 대명사에서만이 아니라 형용사의 사용에서도 적용되고 있다. 영어의 경우는 몇몇 명사만 성에 따라 prince/princess로 분리 지칭되는 반면, 프랑스어는 명사 앞에 오는 관사 및 형용사 역시 명사의 성에 일치시킨다. 그 결과 같은 형용사의 경우에도 그 뒤에 남성명사가 올 경우에는 기준형을 유지하고, 여성명사가 올 경우에는 여성이라는 표식인 'e'를 남성 형용사형 뒤에 덧붙여야 한다.

(영어)　　　　　　　the little prince → the little princess
(프랑스어)　　　　　le petit prince → la petite princesse

즉 영어에서는 형용사 little이 뒤에 오는 명사의 남/녀 구별에 상관없이 동일하게 little로 유지되는 반면, 영어의 little에 해당되는 프랑스어 petit의 경우, 뒤에 오는 명사의 성에 따라 남성 형용사는 기본형을 유지하고, 여성 형용사의 경우는 [남성형용사+e]의 형태를 취하게 된다. 결국 인칭대명사에서와 마찬가지로 여전히 기준이 되는 것은 남성형임을 알 수 있다.

이러한 기본형 개념은 고유명사 차원에서도 확인된다. 이름의 경우, 남성 이름이 기준이 되고 여성 이름은 그로부터 파생된다. 개인 이름이라는 고유명사 차원에서도 남성을 기준형으로 하여 여성의 이름을 파생시키는 것은 마치 성경에서 아담의 갈비뼈로 이브를 만들어내는 것처럼 남녀 차별을 보다 근원적으로 인식시키는 위험을 안고 있다.

남성 이름　　여성 이름

Henri　　→　　Henrietta

George →　　Georgette

Paul　　→　　Paulette

Pierre　→　　Pierrette

남성의 이름 뒤에 흔히 따라 붙어 여성을 가리키게 되는 접미사 'ette(etta)'는 일반적으로 명사나 형용사 뒤에 붙어 그 대상이나 상태를 축소시키는 역할을 한다.[97] 위에 언급된 남성 이름은 프랑스 남자들에게 흔히 사용되는 대표적인 이름들인데 이들의 축소형 형태의 여성 이름이 4~50년 전까지만 해도 여성들에게 많이 사용되었다. 이러한 축소형 작명 방식은 여성이 남성의 축소형임을 자연스럽게 인식시킨다. 결국 명사/형용사/고유명사 그 어느 것에서도 남성이 기준형이고 여성은 그로부터 파생된 부가적 존재임을 프랑스 문법 체계는 견고히 보여주고 있다.

2) 명사의 장르 구분: 남성 명사 vs 여성 명사

프랑스어의 모든 명사는 남성/여성으로 구분되는데 그 기준은 자의적이다. 라틴어에 존재하던 남성/여성/중성(무생물)이라는 3개의 명사 장르

---

[97] 프랑스어 문법에서는 이들을 지소사(指小辭, diminutif)라 한다.

구별은 5~8세기 사이의 링구아 로마나 루스티카(Lingua Romana Rustica) 단계에서부터 격이 무너지기 시작하여 중성이 남성으로 흡수되는 과정을 겪게 된다. 이후 9세기 베르뎅 조약을 기준으로 프랑스어, 이탈리아어, 스페인어로 분화되어 10세기 고대 불어의 틀 속에서 중성은 완전히 탈락하고 남성/여성의 2가지 장르로만 구별하기에 이른다.[98] 이렇게 살아남은 명사의 남성/여성 구별은 뚜렷한 문법적 기능을 수행하고 있지 못함에도 불구하고 현재까지 여전히 잔존해 있으며 사라질 어떠한 조짐도 보이지 않고 있다. 그 결과 생물학적으로 남성/여성으로 구별되는 생물명사가 아닌 명사의 대부분을 차지하는 무생물 명사의 경우 남성 혹은 여성이라는 인위적인 성을 부여받아야 하는데 여기에도 남성 중심적 이데올로기가 여지없이 작용하고 있다.

크고 멋있는 대상은 남성으로, 작고 초라한 대상은 여성으로[99]

프랑스어에서 명사에 성을 부여하는 기준이 자의적이라고 되어 있으나 그것을 자세히 들여다보면 무시할 수 없는 특징들이 존재한다. 비슷한 동의어인 경우 대개 남성은 큰 대상을, 여성은 작은 대상을 가리키는데 그것이 단순히 물리적 크기의 차이가 아니라 긍정/부정적인 가치 판단과 연관되어 있다는 것을 야겔로는 지적하고 있다.

---

[98] M. Cohen, *Histoire d'une langue, le français*, Editions Sociales, 1967. (김동섭 옮김, ≪불어사: 언어 발달과 사회 변천사≫, 어문학사, 1996.)
[99] 야겔로(한국어판), *op. cit.*, p. 109를 참조하였음.

<표 32> 같은 어휘군 내에서의 남성/여성 명사 구분

어휘군	남성 명사	여성 명사
의자	안락의자(fauteuil)	의자(chaise)
램프	큰 램프(lampadaire)	램프(lampe)
집	저택(manoir), 작은 성(castel), 큰 성(château)	집(maison), 누옥(masure), 초가집(chaumière), 오두막 집(cabane)
호텔	호텔(hôtel)	여인숙(auberge)
바다	대양(océan)	바다(mer)
운송수단	버스(bus), 기차(train), 비행기(avion)	자동차(voiture)

의자의 경우 편안하고 안락한 안락의자는 남성형인 반면 일반 의자는 여성형으로 분류하고 있으며, 램프의 경우도 큰 램프는 남성형인 반면 일반 램프는 여성형으로 구분하고 있다. 주거지의 경우도 성과 저택은 남성형인 반면 작고 허름한 집과 관계되는 표현인 초가집, 오두막집 같은 경우는 여성형을 부여하였다. 마찬가지로 호텔은 남성형이나 그보다 급이 낮은 여인숙은 여성형이다. 바다는 여성형이나 그보다 더 넓은 대양의 경우는 남성형으로 분류되며, 운송 수단의 경우도 자동차는 여성으로 구분하고 그보다 큰 버스, 기차, 비행기는 남성으로 분류한다. 이처럼 크고 멋있는 대상은 남성으로, 작고 초라한 대상은 여성으로 귀결시키는 성별 구분이 −무의식적으로라도− 여성보다 남성을 우위에 두는 남성 중심의 이데올로기 재생산에 작용할 수 있을 것이다.

존경받는 직업은 남성형, 비천한 직업은 여성형으로[100]
무생물 명사에 성을 부여하는 기준이 자의적이라고는 하나 부분적으로는 남성 우위적 의식에 따라 결정된다는 것을 바로 앞에서 확인하였다. 생물 명사의 경우에는 이론적으로는 그 생물의 성에 따라 남성/여성 구별을 해주면 될 것이다. 그런데도 명사의 성에 따른 구별이 무시되거나 예외가 존재하는데 직업과 관련된 용어에서 특히 그러하다.

<표 33> 직업관련 용어에서 성별 규칙 적용 여부에 따른 구분

접미사 (남성형/ 여성형)	규칙 적용 어휘	규칙 비적용 어휘	
-eur / -euse -eur / -rice	chanteur / chanteuse 가수 balayeur / balayeuse 청소부 acteur / actrice 배우 vendeur / vendeuse 판매원 coiffeur / coiffeuse 이발사/미용사	professeur 교수 procureur 검사 compositeur 작곡가 ingénieur 엔지니어 docteur 의사	해당 여성형 어휘는 존재하 지 않음
-ier / -ière	cusinier / cusinière 요리사 coutrier / coutrière 재봉사 ouvrier / ouvrière 노동자	financier 금융인 batonnier 변호사	
-in / ine -ain / aine -ien / ienne	gardien / gardienne 관리인 comédien/comédienne 배우	médecin 의사 écrivain 작가 chirurgien 외과의사	

프랑스어는 영어와 달리 직업과 관련하여 남성 명사와 여성 명사를 구분하여 사용한다. 영어의 경우 가수는 남녀 모두에게 있어서 singer이지만 프랑스어의 경우는 남자는 chanteur, 여자는 chanteuse로 서로 구별된다. 이 과정에서 접미사에 적용되는 일종의 규칙이 있다. 일반적으로

---

[100] 야겔로(한국어판), *op. cit.*, pp. 138-160을 참조하였음.

-eur로 끝나는 단어인 경우 여성형은-euse(남자가수chanteur/여자가수 chanteuse)로, -ier로 끝나는 단어는 -ière(남자요리사cuisinier/여자요리사 cusinière)로, -ien으로 끝나는 단어는 -ienne(남자배우comédien/여자배우 comédienne)로 여성형이 바뀌게 된다.

그런데 이러한 남성 → 여성 변환 규칙이 적용되지 않는 예외들이 존 재한다. 예를 들어 교수를 나타내는 professeur의 경우 -eur로 끝나는 단 어이므로 여교수인 경우는 professeuse라는 여성형을 취해야 하는데도 이러한 여성 명사형을 사용하지 않고 그냥 남성형 명사인 professeur를 사용하면서 명사 앞에 오는 관사만을 남성형(un/le)이 아닌 여성형 (une/la)으로 바꿔 사용할 뿐이다. 이렇게 남성 →여성 변환 규칙을 적용 받지 않는 단어들의 면면을 살펴보면 교수, 의사, 검사, 금융인 등과 같이 사회적으로 인정받는 직업인 경우가 대부분이다. 물론 과거에는 이러한 직업들에 남성만 종사하였기에 여성형이 존재하지 않았다고 생각할 수 도 있을 것이다. 문제는 현대에 이르러 여성들이 이러한 직종에 많이 진 출했음에도 불구하고, 마치 이런 '우월한' 직업들은 남성에 의해서만 대 표되어야 한다는 듯 현재에도 여전히 여성형 명사를 사용하지 않고 계속 남성형 명사만의 사용을 고집하고 있다는 점이다.

(3) 성(性)적 표현과 욕설

이번에는 범위를 좁혀 남녀와 관련된 언어 가운데 특정 영역, 즉 성적 표현과 욕설의 언어에서 남성 중심적 이데올로기가 어떻게 작용하고 있 는가를 살펴보기로 한다.

어느 사회에서나 다양한 성에 관한 표현들이 존재하나 그것을 공적인 장소에서 언급하는 것은 금기시되고 대개 음지에서 말해지고 전파된다. 이 과정에서 힘을 가진 주체는 남성이고 여성은 남성의 성적 대상으로서 수동적으로 존재한다. 이 내용은 야겔로의 ≪언어와 여성≫ 제 4장 "욕설: 언어의 힘과 권력자의 언어"를 참조하였다.

야겔로는 기로 Guiraud의 ≪에로틱 사전 Dictionnaire Erotique≫[101]에 기초하여 다음과 같은 흥미로운 내용을 소개하고 있다.[102] 프랑스어에서 성적 특징이나 에로티시즘 영역에서 50개의 개념을 칭하는 7000개의 단어를 조사한 결과, 여성을 칭하는 단어가 500개 이상, 여성의 성기를 칭하는 단어가 800개 이상, 남성의 성기를 칭하는 단어가 550개 이상, 성교를 칭하는 단어가 1,300개 이상 존재하였다.[103] 이때 주목할 것은 여성의 성기를 칭하는 용어가 남성의 성기를 칭하는 용어보다 250여개나 많은데도 불구하고 그 단어들이 뜻하는 바가 거의 다르지 않다는 점이다. 특히 여성의 생식기관은 전체(음부)로서 총칭적으로 다뤄지는 반면, 남성의 성기는 음경을 지칭하는 500여개의 단어와 고환을 칭하는 50여개의 단어로 분리되어 구성되어 있다. 야겔로는 이것이 철저히 남성 중심적 시각에서 기인한 것으로 해석한다. 여성은 남성의 입장에서 소비재에 불과하고 여성의 성기는 쾌락의 해소를 위한 장소에 다름 아니므로, 여성 성기의 특수성과 다양성이 부인되며 그 결과 여성 성기에 관해서는 총칭적인 표현만을 갖게 된다는 것이다. 게다가 남성의 성기에 대해서는 애칭적이고 찬미적인 표현이 주를 이루는 반면, 여성의 성기는 상스럽고 모욕적인 형태로 지칭되는 경우가 많다는 것 역시 지적하고 있다.

오르가즘에 대한 명칭 역시 남성 오르가즘을 칭하는 단어는 50개나

---

[101] P. Guiraud, *Dictionnaire Erotique*, Payot, Paris, 1978.

[102] 야겔로(한국어판), *op. cit.*, pp. 195-200을 참조하였음.

[103] 이렇게 성기/성교를 지칭하는 단어가 많은 이유를 야겔로는 두려움 때문으로 설명하고 있다. 사람들은 두려워하는 것은 되도록 이름 붙이기를 피하거나 아니면 반어법이나 은유법과 같은 방법을 사용하여 그것을 경멸함으로써 두려움을 없애고자 한다는 것으로, 그 결과 이처럼 다양한 용어들이 존재하게 되었다는 것이다.

있는 반면, 여성 오르가즘을 칭하는 단어는 단지 9개뿐이라고 한다. 이는 성관계에 있어서 남성은 주체적이고 능동적이며 여성은 객체이며 수동적 대상이어야 한다는 사회의 지배 이데올로기를 반영한 결과라는 것이다. 야겔로는 성행위를 지칭하는 1,300여 개의 동의어 중에서 약 80여 개만이 여성의 관점에서 성교를 표현하고 있고 나머지는 모두 남성 중심의 표현이라는 점을 주목한다. 그리고 여성의 관점을 표현하는 80여 개의 단어들은 모두 수동적 의미를 지닌다고 한다. 결국 성교를 지칭하는 어휘에서 남자 vs 여자는 '능동 vs 수동', '강함 vs 약함'과 같이 대립적 양상을 보이면서, 남성은 긍정적으로 그리고 여성은 부정적으로 구성되고 있음을 확인할 수 있다.

성이나 성교는 인간의 가장 내밀한 영역이다. 그런데 이렇게 내밀한 분야에서조차도 남성이 기준이 되고, 남성의 시각에서 성(교)이 정의되는, 즉 여성에 대한 남성의 공고한 지배를 보여준다는 점에서 위의 예들은 상당히 의미심장하다.

욕설의 본질은 상대에게 모욕을 주기 위한 것이다. 그러므로 욕설에서 비유의 대상으로 등장하는 경우, 그 대상이 비속하면 비속할수록 상대에 대한 모욕의 강도는 높아진다. 예를 들어 '새끼'보다는 '개새끼'가, '백정'보다는 '개백정'이 더 심한 욕설이 되는 것이다. 즉 경멸적 표현 앞에 인간이 아닌 '개'를 덧붙여서 모욕의 강도를 더욱 높이는 것이다.

영어 욕설인 'son of a bitch'는 남자에게 하는 욕이다. 실제로 모욕되는 것은 일차적으로는 남성이지만, 그 속에는 bitch(암캐)라는 여성(어미)에 대한 모욕이 더 근원적으로 자리 잡고 있다. 한국어에서의 '씹새끼'라는 욕 역시 일차적으로는 남성을 욕하고 있지만 '씹(여성 성기에 대한 비속한 표현)'이라는 단어를 통하여 여성을 비하시키면서 모욕을 주는 표현이다. 이런 식의 표현은 남성 지배적인, 즉 가부장적 부계 사회에서 공통적으로 발견되는 예들이다.

야겔로에 따르면 여성은 남성이 구분한 이분법에 따라 다음 두 가지 역할 중의 하나로 규정되고 있다. "하나는 엄마의 역할, 다시 말해서 '정숙한' 여성, 가정주부, 애를 많이 낳는 여성, 좋은 살림꾼으로서의 역할이며, 다른 하나는 창녀, 다시 말해서 현실적이거나 상상적이거나 간에 남성의 소비 대상으로서의 역할이다."[104] 그리고 이러한 두 가지 역할에 대한 기대가 어휘 차원에서 놀랄 만큼 광범위하게 분포되어 있다는 점을 지적한다. 이러한 구분은 비단 야겔로만의 구분은 아니다. 일반적으로 페미니스트들은 남성이 다음 두 가지 모델로 여성을 극단화하고 있다고 비판한다. 한 극단은 동정녀 마리아이고, 또 한 극단은 모든 죄악의 근원인 이브이다. 영화에서도 오드리 햅번으로 대표되는 청순가련형 이미지의 여배우와 맞은편 극단에 샤론 스톤으로 대표되는 팜므 파탈이 있을 뿐이다. 그런데 어휘상에서 볼 때 불어에서 대부분 여성과 창녀가 혼용되어 사용된다고 한다. 여성과 창녀라는 두 개념 사이에서 삼투작용이 계속된다는 것이다. 그 결과 "여성적 성격을 지니는 대상은 ─그녀가 아무리 고결하고 권위있고 호의적인 대상이라 할지라도─ 창녀를 칭하는데 사용될 수 있으며, 거꾸로 창녀와 동의어 관계에 놓이는 단어들 역시 일반 여성을 칭하는데 사용될 수 있다. 따라서 여성은 언제든지 잠재적 창녀화할 수 있다."[105]는 것이다.

결론을 대신하여

이 장에서 우리는 언어가 일상 속에서 어떻게 남성 중심의 이데올로기

---

[104] 야겔로(한국어판), *op. cit.*, pp. 183-184.
[105] 야겔로(한국어판), *op. cit.*, p. 194.

를 재생산해내고 있는지를 어휘 및 문법 차원, 그리고 보다 범위를 좁혀 성적 표현과 욕설의 영역을 중심으로 살펴보았다. 어휘 차원에서는 영어를 중심으로 분석하였고 문법 차원에서는 프랑스어를 중심으로 살펴보았다. 이를 통해 언어가 문법이라는 형태로 체계화하던 당시의 남성 중심적 사고방식을 반영한 것이며, 그것이 오늘날에도 일상적 언어 사용을 통하여 끊임없이 재생산되고 있음을 확인할 수 있었다. 우리가 의식하지 못하고 사용하는 일상적 언어 문법 속에서 남성은 항상 기준형으로 사용되고 여성은 그에 복속되어 변형의 형태로서 인식된다. 어휘 역시 남성은 크고 강하고 우월하게, 즉 긍정적으로 부각되는 반면 여성은 작고 약하며 미천하게, 즉 부정적으로 여겨지는 다양한 예들을 확인하였다.

앞에서 우리는 담화가 사회적으로 구성되면서 동시에 사회를 구성하는 특징을 지닌다고 언급한 바 있다. 큰 범주로 봐서 어휘를 구성하는 규칙인 문법 역시 한 사회의 지배 이데올로기를 담고 있는 담화 체계로 볼 수 있는데, 이러한 이데올로기를 반영하여 문법이라는 담화가 구성될 뿐만 아니라, 그와 동시에 규범화한 문법이 사회를 구성하여 그러한 문법 자체를 영속화시키거나 재생산해내는 역할을 담당하고 있음을 남성 중심의 언어 사용을 통하여 다시 한 번 지적하고자 한다.

3. 전제/함축 연구

전제와 함축은 화용론에서 중요하게 다뤄지는 연구 주제로서 언어학 뿐만 아니라 철학 및 논리학과도 맞닿아 있다. 그렇지만 전제와 함축이 학문적 차원에서만 작동하는 개념은 아니다. 우리는 의식·무의식적으로 전제와 함축에 빈번히 의존하며 일상에서 의사 소통을 하고 있다.

전제는 문장의 발화에 직접 표현되지는 않지만 발화를 통해 당연히 참인 것으로 간주되는 명제이다. 예를 들어 "가수 A씨 드디어 재기에 성공"이라는 제목의 기사는 "A가 이전에 잘나가던 가수였다"라는 전제를 당연히 참인 것으로 설정하고 있다. 그러므로 이 기사를 읽는 사람이 가수 A를 전혀 모르고 있었더라도 그가 전에 잘나가던 가수였다는 전제를 의심없이 받아들이게 하는 힘을 갖는다. 전제는 어떤 의미에서 발화문보다 더 강한 구속력을 지닌다. 그래서 며칠 뒤 신문에 "끝내 재기에 실패한 가수 A씨의 눈물"이라는 기사가 나면서 A의 재기 사실이 부정되더라도, A가 전에 잘나가던 가수였다는 전제는 여전히 살아 있게 된다.

함축은 발화된 문장의 문자적 의미 이상의 의미를 가리킨다. 예를 들어 A를 보고 "잘한다"라고 했을 때, 이 문장의 문자적인 의미는 A가 자신이 맡은 바를 잘 수행한다는 칭찬의 의미이다. 하지만 이 말은 상황에 따라 칭찬이라는 문자적 의미가 아닌 비꼬는 의미를 담고 있을 수도 있다. 이렇게 문자 그대로의 의미를 넘어서 숨어있는 의미가 바로 함축이다.

구조적으로 볼 때 전제와 함축은 발화 행위의 전/후에 위치하면서 서로 대조적인 성격을 지니고 있다. 전제가 발화되는 문장에 선행하는 일종의 선결 조건이라면, 함축은 문장이 발화된 후의 해석 과정에 작용한다.

의미 구축의 측면에서 전제가 대화 관련자 모두에게 명확하다면 함축은 대화 관련자가 서로 다르게 받아들일 수 있다. 전제에는 화자의 의도가 중요하게 작용하고 함축에는 청자의 해석이 중요한 관건이 된다. 함축이 지닌 다의적 해석 가능성으로 인해 일상 언어 활동에서는 함축이 전제보다 더 다양하고 풍부하게 사용된다. 또한 전제와 함축은 실제 발화 상황에서 서로 별개로 사용되기도 하고 함께 연결되어 복합 의미를 낳기도 한다.

　3.1.에서는 먼저 전제와 함축이 서로 연결되어 어떻게 효과적으로 의미를 구축하고 있는지를 프랑스와 한국의 정치 담화를 통해서 분석해보기로 한다. 이를 통해 정치 담화 속에 감춰져 있는 의미 구축 전략을 파악할 수 있을 것이다. 이어 3.2.에서는 담화 분석에서 전제보다 더 많은 연구 대상이 되고 있는 함축을 따로 떼어내어 그라이스 Grice의 대화격률을 통해 그 양태를 분석한다. 분석 대상인 광고는 짧은 문장 속에 압축적으로 의미를 전달해야 하므로 함축이 빈번히 숨어있게 된다. 그러므로 광고가 품고 있는 함축의 양태들을 파악하면서 거기에 담긴 광고 전략을 읽어보기로 한다.

3.1. 전제와 함축: 정치 담화[106]

- 5對3… 이번엔 한나라 승리
- 5대3… 이번엔 야당을 견제했다

   위 자료는 국회의원 재보궐 선거가 치뤄진 다음 날인 2010년 7월 28일 조선일보와 중앙일보의 1면 기사이다. 이 머리기사 제목을 통해 전제와 함축에 대해서 보다 자세히 살펴보기로 하자.

   전제는 문장의 발화에서 당연히 참인 것으로 간주되는 명제이다. 예를 들어 "철수가 금연에 성공했다"라는 문장의 명시적 의미가 "철수가 담배를 끊는데 성공했다"는 것이라면, 그 속에 전제된 의미는 '철수는 전에 담배를 피웠다'이다. 금연에 성공하기 위해서는 그 예비 조건인 흡연 사실이 있어야 가능하기 때문이다. 전제는 문장이 성립하기 위해서("철수

---

[106] 최윤선, 「2012년 프랑스 대통령 선거 TV토론의 담화분석 - '전제'와 '함축'을 이용한 F. Hollande의 상대후보 공격 전략을 중심으로」, 『불어불문학연구』제 92집, 한국불어불문학회, 2012, pp. 641-663의 내용 일부를 인용하였음.

가 금연에 성공했다") 사전에 충족시켜야 하는 예비 조건('철수는 전에 담배를 피웠다')이며 당연히 참으로 간주된다.

이제 위에서 제시한 머리기사로 다시 돌아오자. 여기서 전제는 "이번엔"이라는 단어에서 비롯된다. "5對3… 이번엔 한나라 승리"라는 머리기사는 지난 번에는 한나라당이 아닌 다른 당(즉 민주당)이 선거에서 승리하였다는 것을 전제하고 있으며, "5대3… 이번엔 야당을 견제했다"는 이전 선거에서는 한나라당이 선거에서 야당을 견제하지 못했음을 전제하고 있다. 이 과정에서 지난번 선거 결과를 모르던 사람들이라도 "5對3… 이번엔 한나라 승리"라는 표제 속에 포함된 '지난 번에 한나라당이 선거에서 승리하지 못하였다'는 전제를 당연히 참으로 간주하고 받아들인다. 즉 사람들은 전제 자체의 진위 여부에 대해서는 별다른 의심 없이 참으로 수용하는 경향을 보인다. 그 결과 어떤 발화의 전제가 항상 참인 것은 아닌데도 불구하고 이렇게 당연히 참으로 받아들여지는 전제의 특징이 담화에서 효과적으로 이용되는 경우가 발생한다.

이번에는 함축에 대해서 생각해 보자. 함축은 화자가 표면적으로 말한 것 이상으로 담겨있는 의미를 뜻한다. 문장에서 전제는 누구나 동의할 수 있을 내용으로 고정되는 반면, 함축은 화자 및 청자의 의도에 따라서 변동되는 특징을 지닌다. 예를 들어 "철수가 금연에 성공했다"의 전제인 '철수가 전에 담배를 피웠다'는 그 누구도 부정하기 어려운데 반해, 함축 의미는 상황에 따라 "그 어려운 금연에 성공하다니 정말 의지가 강한 사람이군"이라는 긍정적 평가를 담고 있을 수도 있고, 반대로 "그 어려운 금연에 성공하다니 정말 독종이군"이라는 부정적 뉘앙스를 담고 있을 수도 있다. 마찬가지로 "5對3… 이번엔 한나라 승리"라는 머리기사도 독자들의 입장에 따라 달리 받아들여지게 된다. 독자의 정치적 지향에 따라 이번에는 지난번과 달리 한나라당이 승리하였으나 이것은 재보궐 선거

일뿐이고 앞으로 다가올 선거에서는 다시 어찌 될지 모른다는 유보적 의미로 읽을 수도 있고, 혹은 지난번에는 아쉽게 패했으나 이번에는 마땅히 승리했다는 자축적 의미가 담겨있을 수도 있다. 여기에 정답은 없다. 함축은 메시지를 발화하는 화자의 의도뿐만 아니라 그 메시지를 수용하는 청자에 따라 달리 해석될 수 있기 때문이다.

이처럼 전제와 함축은 발화 행위의 전/후에 위치하는 중요한 두 과정으로 서로 대조적인 성격을 지니고 있다. 전제가 발화되는 문장 앞에 선행하는 일종의 선결 조건이라면, 함축은 문장이 발화된 후의 해석 과정에 작용한다. 전제에는 화자의 의도가 중요하게 작용한다면, 함축에는 청자의 해석이 중요한 관건이 된다. 이렇게 서로 구별되는 전제와 함축이 정치 담화에서 효과적으로 사용되는 경우를 이 장에서 분석해 보고자 한다. 구체적 분석에 들어가기 전에 먼저 이들의 이론적 속성에 대해서 살펴보기로 하자.

전제: 부정 하에서의 일관성

전제(premise)는 접두사 'pre-'에서 짐작할 수 있듯이 발화에 대해 귀납적 추리를 통해 알 수 있는 일종의 예비 조건이다. 앞서 예를 든 바와 같이 "철수가 금연에 성공했다"라는 문장에 전제된 의미는 '철수는 전에 담배를 피웠다'이다. 전제는 발화 명제가 부정되더라도 자신은 부정되지 않고 견고하게 유지되는 **부정 하에서의 일관성**이라는 특성을 지니는데, 이 특성이 성립되기 위해서는 다음 조건을 필요로 한다.

문장 S의 발화가 명제 p를 전제하기 위한 필요충분조건은
a. S가 참이면, p가 참이다
b. S가 거짓이더라도, p는 여전히 참이다

아래의 두 예를 비교해서 살펴보자. (≫는 '전제한다'를 뜻함)

[1]   a. 철수는 금연에 성공했다. (=p)

      b. 철수는 전에 담배를 피웠다. (=q)

      c. p≫q

[2]   a. 철수는 금연에 성공하지 못했다. (= NOT p)

      b. 철수는 전에 담배를 피웠다. (=q)

      c. NOT p≫q

명제 p가 긍정되거나(=p) 혹은 부정되거나(= NOT p) 간에 전제는 항상 유효하며 취소되지 않는다는 것이 부정 하에서의 일관성이다. 중요한 것은 "철수가 금연에 성공했다"라는 명제가 부정되는 경우라도, 그 속에 내제해 있는 전제-'철수가 전에 담배를 피웠다'-는 그 자체로서 견고하여 여간해서는 취소되지 않는다는 점이다. 이렇게 당연히 참인 것으로 간주되는 전제의 견고성이 정치 담화에서 효과적으로 이용된다.

함축: 함축의 취소 가능성

정치 담화에서 함축이 효과적으로 사용될 수 있는 이유는 함축의 **취소 가능성** 때문이다. 함축은 화자와 청자의 협력적 상호작용을 전제로 하므로 화자의 의도만큼이나 청자의 해석 역시 중요하게 작용한다. 만일 청자가 화자가 전달하고자 하는 함축 내용에 이의를 제기하는 경우, 화자는 이를 부정함으로써 취소할 수 있는 장점을 지닌다. 아래 대화를 살펴보자.

A: 너 시험 공부는 잘 하고 있니? 근데 철수는 요즘 여자 만나는 것 같더라.

B: 이상하다. 어제 철수와 통화했더니 다음 학기에는 꼭 장학금 받겠다며 공부하러 간다고 하던데.

A: 내가 언제 철수가 공부 소홀히 한다고 했니? 난 다만 철수가 여자를 만나는 것 같다고 말했을 뿐이야.

A라는 화자가 "철수가 요즘 여자 만나는 것 같더라"라는 발언에 사실은 철수가 요즘 공부를 소홀히 하는 것 같다는 부정적인 내용을 함축시켰다고 가정하자. 이에 대해 B라는 청자가 "이상하다. 어제 철수와 통화했더니 다음 학기에는 꼭 장학금 받겠다며 공부하러 간다고 하던데"라고 이의를 제기할 경우, A는 자신이 한 발화의 명시적 의미에 숨으면서 - "내가 언제 철수가 공부 소홀히 한다고 했니? 난 다만 철수가 여자를 만나는 것 같다고 말했을 뿐이야"- 자신이 원래 의도했던 함축 의미를 부정할 수 있다. 이렇게 함축에는 이의가 제기될 경우 자신은 그런 의도로 발언한 것이 아니라고 발뺌을 하면서 발언의 명시적 의미 뒤에 숨어 책임을 최소화할 수 있는 이점을 지닌다.

함축의 이러한 효과는 단언과 비교하면 더욱 두드러진다. 일반적으로 정치인들은 선거에 출마하지 않겠다고 단언하기보다는 "현재로서는(현 정치 상황에서는) 출마를 고려하지 않고 있다"라고 답변하는 경우가 대다수이다. 단언의 경우는 그것을 부정하거나 취소하는 데 상당한 어려움이 동반되는 반면, 함축의 경우에는 이의 제기 자체가 어려울 뿐만 아니라, 설령 이의가 제기된다 하더라도 자신이 발언하던 시기와는 상황이 많이 달라졌다고 해명함으로써 책임을 최소화할 수 있는 이점을 지니기 때문이다.

이상으로 전제와 함축이 담화 분석에 유용하게 사용되는 이론적 근거에 대해서 살펴보았다. 전제와 함축은 취소 가능성을 두고 서로 상반된 특징을 보인다. 전제에는 화자의 의도가 뚜렷이 반영되는 반면 부정하기 어려운 특징이 있고, 함축에는 필요시 화자가 부정하면서 함축을 취소시킬 수 있는 특징이 있다. 그 결과 화자의 의사를 뚜렷이 밝혀도 문제가 없는 상황에서는 전제를 효과적으로 사용할 수 있으며, 반면 화자의 의도를 뚜렷이 밝힐 경우 문제가 생길 수 있는 경우에는 전제보다는 함축을 통하여 취소 가능성을 열어두는 전략이 가능하기 때문이다. 이제부터 전제와 함축이 흥미롭게 사용된 예로서 2012년 프랑스 대통령 선거 TV 토론을 분석해보기로 한다.

(1) 2012년 프랑스 대통령 선거

2012년 프랑스 대통령 선거는 현직 대통령인 우파의 사르코지 Sarkozy 와 사회당 후보인 좌파의 올랑드 Hollande가 결선 투표에서 격돌하였다. 프랑스는 1995년 이래로 17년 동안 우파 대통령 하에 있었고, 특히 선거 전 10년 동안은 우파 정부가 집권하고 있었기 때문에 국민들의 정권 교체에 대한 열망이 그 어느 때보다도 큰 상태였다. 게다가 사르코지 집권 기간 치안 상태는 더욱 악화되었고, 집권 초기에는 미국 월스트리트로부터 촉발된 글로벌 금융 위기로, 또 집권 후기에는 그리스 및 스페인 등 유로존 국가들의 금융 위기로 인해 유럽 전체 경제가 지속적인 위기에 처하면서 사르코지 정권에 대한 프랑스 국민들의 여론은 악화일로를 걷고 있었다. 그 결과 사르코지는 대통령 선거 1년여 전부터 실시된 여론조사에서 단 한 차례도 좌파 후보에 앞서지 못하는 열세를 보이고 있었다.

2012년 4월 12일에 치러진 1차 투표 결과만을 보면 사회당(PS) 후보인 올랑드가 28.63%로 1위를, 대중운동연합(UMP) 후보이자 현직 대통령인 사르코지가 27.18%로 2위를 기록하여 두 후보 사이의 득표율 차이는 1.45%에 지나지 않았다. 하지만 다른 후보들이 탈락하고 둘만 격돌하는 결선 투표 예상 여론조사 결과는 결선 투표에 오르지 못한 후보들에 대한 지지표가 대거 올랑드로 이동하면서 올랑드 55%, 사르코지 45%로 올랑드가 사르코지를 10%라는 큰 차이로 앞서고 있었다. 즉 2012년 프랑스 대통령 선거는 도전자인 사회당 후보가 앞서고, 현직 대통령이 그 뒤를 쫓는 이례적인 정치 상황을 보이고 있었다.

전 국민의 이목을 집중시킨 TV 토론은 결선 투표에 오른 최종 두 후보자 간에 투표를 나흘 앞둔 5월 3일에 개최되었다. 이 토론에서 겉보기에는 우세 후보인 올랑드가 열세 후보인 사르코지를 무시하는 언술 전략을 사용하는 듯이 보인다. 그러나 사르코지는 올랑드가 무시하기에는 정치적 존재감이 큰 현직 대통령인데다, 1차 투표 직후 10% 가량의 지지율 격차를 보이던 차이가 결선 투표를 앞두고 점차 좁혀지고 있는 상황이었다. 올랑드는 우세 후보로서 사르코지를 무시하는 것처럼 보이되, 동시에 맹공으로 일관하는 사르코지에 대해 반격을 가함으로써 자신의 비교우위적 위치를 고수해야 하는 어려운 입장에서 TV 토론을 맞게 되었다. 그 결과 올랑드는 사르코지를 직접적으로 언급하는 것은 최소화하면서 우회적 암시를 통한 공격 방식을 토론 내내 구사하였다. 올랑드의 사르코지에 대한 공격은 정책적 차원과 개인적 인성 차원으로 나뉘는데, 각 차원마다 서로 구별되는 언술 전략을 사용하고 있음을 눈여겨 볼만하다. 그는 전제와 함축의 고유한 속성을 십분 활용하여 사르코지의 정책에 대해 공격을 할 경우에는 전제를 주로 사용하였으며, 사르코지의 개인적 인성을 공격할 때는 함축을 이용하는 차별화한 언술 전략을 구사하였다.

전제를 활용한 사르코지 정책 비판

올랑드 선거 전략의 큰 축 중 하나는 사르코지로 대표되는 우파 정권의 정책적 실패에 대한 공격이었다. 그렇지만 직접적 비판이 지나칠 경우 유권자들에게 도리어 부정적 효과를 낳게 할 위험을 안게 된다. 올랑드는 TV 토론에서 사르코지 정책에 대해 직접적인 공격으로 일관하기보다는 우회적 암시를 통한 공격 방식을 병행하였는데 그가 효과적으로 사용한 방식이 바로 전제를 이용한 담화 전략이다.

올랑드는 특히 접두사 're-(다시)'가 들어있는 다양한 어휘들을 통하여 자신에게 유리하게 전제를 유발시켰다.[107] 'redresser 재건하다', 'relancer 다시 추진하다', 'rétablir 복구하다', 'revenir 다시 돌아오다', 'repartir 다시 출발하다', 'retrouver 다시 찾다' 등의 단어들이 그것이다. 그가 사용한 re-군 어휘들에 깔려있는 기본 전제는 '전에는 그러했는데 현재에는 그렇지 않으므로 다시 그것을 되돌려야 한다'는 것으로, 이를 통해 올랑드는 사르코지 집권이 초래한 프랑스의 망가진 상태를 자신이 다시 **복원**시키겠다는 메시지를 효과적으로 전달하고 있다. 몇몇 대표적인 예들을 좀 더 자세히 살펴보기로 하자.

---

[107] 일반적으로 전제는 전제를 유발하는 특정 어휘 항목이나 통사 구조 등을 통해 생성되는데 이를 율 Yule은 전제유발자들(triggers)로 부르면서 다음과 같이 구분하고 있다. (G. Yule, *Pragmatice*, Oxford, Oxford University Press, 1996, p. 30.)

<표 34> 율의 전제 유형

유형	예	전제
존재(existential)	the X 「X」	≫ X exists. 「X가 존재한다.」
사실(factive)	I regret leaving. 「나는 떠난 것을 후회한다.」	≫ I left. 「나는 떠났다.」
비사실(non-factive)	He pretended to be happy. 「그는 행복한 척 했다.」	≫ He wasn't happy. 「그는 행복하지 않았다.」
어휘(lexical)	He managed to escape. 「그는 가까스로 탈출했다.」	≫ He tried to escape. 「그는 탈출하려고 노력했다.」
구조(structure)	When did she die? 「그녀는 언제 죽었죠?」	≫ she died. 「그녀는 죽었다.」
반사실 (counter-factual)	If I weren't ill. 「내가 만일 아프지 않다면.」	≫ I am ill. 「나는 아프다.」

<표 35> 전제를 활용한 올랑드의 언술 사례

단어	발언	전제 내용
redresser redressement	제가 변화시키겠다고 말씀드리는 것은 우리 나라의 중요한 대의(大義)를 재건하겠다는 것입니다. 생산력의 재건, 산업 재건, 경제 재건 그리고 도덕적 재건을 말입니다	(사르코지 집권으로 인해) 현재 프랑스는 생산, 산업, 경제, 도덕 등이 악화된 상태이다.
relancer relance	우리에게 필요한 것은 생산력입니다. 그러므로 우리 나라의 생산력을 다시 활성화시키는 것이 첫번째 의무 사항입니다.	(사르코지 집권으로 인해) 현재 프랑스는 생산력이 떨어진 상태이다.
rétablir	두 번째 의무 사항은 정의입니다. 정의는 최근 5년 내내 결여되었습니다. 저는 도처에 정의를 복원시키겠습니다	(사르코지 집권으로 인해) 현재 프랑스는 정의가 부족한 상태이다.
revenir repartir	대통령에 대한 신뢰, 정치, 비전, 우리 자신에 대한 신뢰가 우리로 하여금 다시 앞으로 나아가게 할 것입니다.	(사르코지 집권으로 인해) 현재 프랑스는 대통령에 대한 신뢰, 정치, 비전, 우리 자신에 대한 신뢰가 결여된 상태이다.

여기서 흥미롭게 주목해야 할 점은 올랑드의 발언이 사르코지를 직접 언급하는 공격이 아니라 자신이 대통령에 당선될 경우 추진할 정책이나 계획의 형태로 표현되고 있다는 점이다. 그러나 발언 뒤에 숨어있는 전제는 하나 같이 프랑스를 위기와 쇠퇴로 이끈 사르코지 정권에 대한 비판에 다름 아니다. 게다가 전제를 유발하는 어휘들은 개별적으로가 아니라 한 문맥상에서 함께 강화된 형태로 등장한다.

"저는 재건하는 대통령이 되겠습니다. 프랑스는 추락했습니다. 실업은 기록적 수준에 달했습니다. 경쟁력은 점차 떨어지고 있습니다. 그러므로 저는 생산, 일자리, 성장을 재건하는 대통령이 되고자 합니다. 이것은 매우 긴 노력을 필요로 할 것이며 모든 사람들의 결집이 필요할 것입니다. 그러므로 저는 **재건**의 대통령이 되고자 합니다. 너무 오랫동안 프랑스 국민들은 서로 나뉘어 철저히 대립해 왔습니다. 저는 국민들을 화해시키고 싶습니다. 그러기 위해서 우리는 프랑스의 모든 힘들을 모아야 합니다. 그렇게 해야만 신뢰가 **되돌아올** 것입니다. 신뢰는 공공 행위에 있어서 필수적입니다. 대통령에 대한 신뢰, 정치와 비전에 대한 신뢰, 그리고 우리들의 생각에 대한 신뢰가 우리로 하여금 **다시** 앞으로 **나아가게** 할 것입니다. 이것이 바로 제가 제안하는 **변화**의 의미입니다.”

위 문맥에서 올랑드가 경쟁자인 사르코지를 단 한 번도 직접적으로 언급하지 않는 것을 주목할 필요가 있다. 그는 자신이 되고자 하는 대통령상을 유권자들에게 그려 보이고 있을 뿐이다. 그 과정에서 그는 '재건하다', '되돌아오다', '다시 나아가다' 등의 어휘를 효과적으로 반복하여 등장시키며 프랑스 피폐의 원인이 사르코지 정권 때문이라는 전제를 유권자들에게 자연스럽게 인식시킨다. 그 결과 사람들은 발화가 내포하는 전제 사항을 당연한 것으로 받아들이고 이의 자체를 제기하지 않게 된다. 올랑드는 전제를 이용한 우회적인 방식으로 사르코지의 정책 실패를 자연스럽게 유권자들에게 내재화시키는 효과적인 공격 전략을 채택하였다.

함축을 활용한 사르코지 인성 비판

올랑드의 사르코지에 대한 공격은 정책적 차원에서 그치지 않는다. 올랑드 공격의 또 다른 한 축은 사르코지의 개인 인성에 대한 비판이다. 실제로 사르코지는 재임 기간 내내 그의 호화로운 바캉스 및 부자 친구 봐주기 등과 같은 정책적 차원이 아닌 개인적 인성 차원의 문제로 언론의 비난을 받곤 하였다. 올랑드는 정책 비판에서 보인 것과 마찬가지로 직접적인 공격을 자제하고 암시적인 방식을 이용하여 사르코지의 인성에 대한 공격을 시도하는데 이번에 그가 도움을 청한 언술 방식은 함축이다.

아래에 제시하는 내용은 2012년 프랑스 대통령 선거 TV 토론에서 가장 주목받았던 구절이다. 토론 말미에 어떤 대통령이 되겠냐는 질문에 올랑드는 작정한 듯이 "대통령으로서 나는… (Moi, Président de la République, je…)" 라는 문구를 16번이나 사용하며 유권자들에게 자신이 이미 대통령에 당선된 듯한 인상을 각인시킨다.

<표 36> 함축을 활용한 올랑드의 언술 사례(1)

발언 내용	함축 내용
먼저 프랑스 국민들을 존경하고 존중하는 대통령이 되겠습니다.	사르코지는 프랑스 국민을 존경하고 존중하지 않았다
모든 것을 다하려 하는, 모든 것의 우두머리이고자 하나 결국에는 아무 것도 책임지지 않는 대통령이 되지 않겠습니다.	사르코지는 모든 것을 다하려 했고, 모든 것의 우두머리이고자 했으나 결국에는 아무 것도 책임지지 않는 대통령이었다.

올랑드의 발언에는 각 구절마다 사르코지를 빗대어 공격하는 내용들이 함축되어 있다. (사르코지가 국민을 제대로 존경하고 존중하지 않았으므로) 올랑드 자신은 프랑스 국민들을 존경하고 존중하는 대통령이 되려 하며, (사르코지는 모든 것을 다하기를 원하고는 결국 아무 것도 책임지지 않았으므로) 자신은 그러한 전횡을 부리는 대통령이 되지 않겠다는 것이다. 올랑드의 발언은 겉보기에는 자신이 되고자 하는 대통령상을 그리는 것처럼 보이나, 실상 그 속에는 자신 고유의 비전이 담겨있기보다는 사르코지를 비난하면서 철저하게 그 대척점에 서는 대통령상을 그려내고 있다는 점에서 주목할 만하다. 함축을 이용한 우회적 공격은 이어지는 발언에서 더욱 강화된다.

<表 37> 함축을 활용한 올랑드의 언술 사례(2)

발언 내용	함축 내용
대통령으로서 나는 여당의 우두머리 역할을 하지 않겠습니다. 나는 엘리제 (Elysée, 프랑스 대통령 궁)에서 여당 국회의원들을 접견하지 않겠습니다.	사르코지는 엘리제에서 여당 국회의원들을 접견하는 등 편파적으로 여당의 우두머리 역할을 했다.
대통령으로서 나는 총리를 부하 취급을 하지 않겠습니다.	사르코지는 총리를 자신의 부하 취급을 했다.
대통령으로서 나는 내가 속한 정당을 위한 정치 자금 모금회에 참석하지 않겠습니다.	사르코지는 자신이 속한 정당의 정치 자금 모금회에 참석했다.
대통령으로서 나는 사법부가 독립적으로 작동하게 하겠습니다. 나는 사법관 최고회의 의견에 반하여 검찰국 임원들을 임명하지 않겠습니다.	사르코지는 사법관 최고회의 의견에 반하여 검찰국 임원들을 임명하였다.
대통령으로서 나는 공영방송 사장을 내 마음대로 임명하지 않고 독립적 기구에 맡기겠습니다.	사르코지는 공영방송 사장을 자기 마음대로 임명하였다.
대통령으로서 나는 매 순간 내 행동이 모범이 되도록 행동하겠습니다.	사르코지의 행동은 상당 부분 모범적이지 않았다.

위 발언들의 표면적 내용만을 고려한다면 올랑드는 자신이 되고자 하는 대통령상을 유권자들 앞에 그려내는 듯 보인다. 그러나 각 발언들은 집권 기간 사르코지가 행한 실수나 문제점들을 명확히 빗대는 함축 내용을 담고 있다. 일반적으로 전제에는 화자의 의도가 명확히 드러나 화자가 자신이 한 발언 속에 담겨있는 전제 내용을 부정하기 어려운 반면, 함축의 경우 청자가 화자가 전달하고자 한 함축 내용에 동의하지 않을 경우 그를 취소해 버림으로써 화자가 감당해야 할 비난이나 반박을 상대적으로 최소화시킬 수 있는 특징을 지닌다. 예를 들어 "대통령으로서 나는 매 순간 내 행동이 모범이 되도록 행동하겠습니다"라는 올랑드의 발언에

는 "대통령으로서 사르코지가 해 온 행동은 상당 부분 모범적이지 않았다"라는 내용을 함축하면서 그를 우회적으로 비난하는 목적을 지녔다. 그런데 혹여 이에 대한 항의가 있을 경우, 올랑드는 자신의 발언이 사르코지를 겨냥한 것이 아니라 일반적 의미에서 자신의 행동이 모범적이고자 하는 표현이었다고 반박하며 함축 의미를 부정하면 상대는 더 이상 이의를 제기할 수 없게 된다. 올랑드가 사르코지의 인성 공격에 있어서 전제가 아닌 함축을 이용한 것은 함축의 이러한 취소 가능성과 연관이 큰 것으로 판단된다. 정책에 대한 공격보다는 개인적 인성에 대한 공격이 논란의 소지가 더 많을 수 있으므로 문제가 생길 경우 발언의 명시적 의미 뒤에 몸을 감추면서 자기 방어를 하는 데에 함축이 전제보다 적절하기 때문이다.

함축을 이용한 올랑드의 사르코지에 대한 공격은 TV 토론에서만이 아니라 선거 슬로건에서도 선명히 드러난다. 올랑드의 선거 슬로건은 "보통 대통령(un Président normal)"이었는데, 여기서 'normal'이라는 어휘를 주목해 보자. 올랑드가 이 단어를 통해 자신은 특별한 대접을 받고자 하는 '대단한' 대통령이 아닌 보통 사람들과 같은 '평범한' 대통령이 되고자 한다는 내용을 피력하고자 했다면 'normal'보다는 'ordinary'라는 단어가 더 적합하였을 수 있다. 그런데 'normal'은 '평범한'이란 의미와 함께 '정상적인'이라는 의미 역시 지니고 있으므로, 'Un Président normal'이라는 슬로건은 자신이 '보통 대통령'이 되고자 한다는 명시적 의미뿐만 아니라 사르코지가 '비정상적인 대통령'이라는 함축 의미 역시 강하게 담고 있다. 결국 이 슬로건은 유권자들에게 자신은 비정상적인 사르코지의 대척점에 서서 정상적인 대통령을 지향하겠다는 함축 메시지를 포함하고 있는 것으로 해석 가능하다.

이상으로 올랑드의 사르코지에 대한 공격을 전제와 함축이라는 두 가지 차원에서 분석하였다. 전제와 함축에 작동하는 근본적인 차이는 취소 가능성에 있다. 전제에는 화자의 의도가 뚜렷이 반영되어 취소가 어려우나, 함축은 화자가 필요할 경우 자신의 발언 속에 숨어 있는 함축 의미를 부정함으로써 취소시킬 수 있다. 사르코지의 정책적 실패에 대해서는 이견의 여지가 없으므로 올랑드는 취소할 필요가 없는 전제를 이용하여 상대를 공격하였다. 반면 개인적 인성에 관한 공격은 위험 부담이 있으므로 필요시 취소할 수 있는 함축을 이용하였다. 결국 2012년 프랑스 대통령 선거에서 우세 후보였던 올랑드는 열세 후보인 사르코지와의 TV 토론에서 전제와 함축을 이용한 언술 전략을 효과적으로 수행하였고, 이러한 그의 전략이 당선에 일정 부분 기여한 것으로 판단할 수 있다.

(2) 2012년 한국 대통령 선거

이번에는 무대를 한국으로 옮겨보자. 2012년에는 프랑스에서만 대통령 선거가 벌어진 것은 아니었다. 한국에서도 대통령 선거가 실시되어 대통령을 지망하는 정치인들은 다양한 정치 담화를 통해 유권자에게 다가가려고 시도했다. 이때 이들의 정치 담화를 압축한 것이 각 후보 진영의 슬로건이다. 아래 정당별 예비 선거를 포함해서 선거에 참여한 문재인, 박근혜, 손학규, 안철수 네 명 후보의 슬로건을 제시하였다. 후보의 정치적 목표나 개인에 대한 선호도에 따라 유권자들의 반응은 서로 다를 수 있다. 그러나 슬로건만을 놓고 볼 때 2012년 대통령 선거에서 가장 큰 반향을 불러일으킨 것은 손학규 후보의 <저녁이 있는 삶>이었다.

<표 38> 2012년 대통령 선거 정치 슬로건

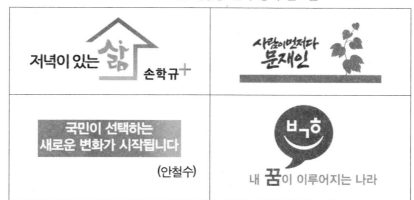

손학규 후보는 네 명의 후보 가운데 경쟁에서 가장 먼저 탈락한 정치인이다. 그는 민주당 예비 경선 과정에서 문재인 후보에게 패배하여 대통령 선거 본선에는 정작 나서지도 못 하였다. 그러나 <저녁이 있는 삶>이라는 슬로건은 손 후보의 탈락 이후에도 오랫동안 회자되었고 다른 후보들도 손 후보의 슬로건에 찬사를 보냈다.[108] 이렇게 손 후보의 슬로건이 주목을 받은 것은 유권자들이 공감할 수 있는 내용을 슬로건 속에 성공적으로 구현해냈기 때문인데 이 과정에서 전제와 함축이 효과적으로 활용되었다. 이제부터 <저녁이 있는 삶>이라는 짧은 문구 속에 담긴 전제와 함축을 분석해 보기로 한다.

---

[108] (손학규 후보의 슬로건을 놓고) 김기원 방송통신대학 교수는 "대선 주자들이 내놓은 슬로건을 상품으로 친다면, 가장 훌륭한 기획 상품"이라고 평가했고, 신율 명지대 교수도 "머릿 속에 자연스럽게 그림이 그려진다"며 엄지 손가락을 치켜 세웠다. 심지어 문재인 후보는 민주당 예비경선 과정에서 손학규 후보에게 <저녁이 있는 삶>이란 구호가 괜찮으니 빌려달라는 요청을 하기도 했다. (인터넷 노컷뉴스, "'<저녁이 있는 삶>'에 자극 받은 대선 주자들", 2012-07-11, CBS 조은정 기자)

저녁이 있는 삶

<표 39> <저녁이 있는 삶>의 전제와 함축

전제	슬로건	함축
현재 한국 국민들은 저녁이 없는 고단한 삶을 살고 있음	저녁이 있는 삶 손학규+	집에 돌아와서 가족끼리 저녁을 먹을 수 있는 인간다운 삶

　<저녁이 있는 삶>은 손 후보의 정치 지향점을 가리키는 슬로건이다. 자신이 대통령이 되면 저녁이 있는 삶을 만들겠다는 정치 선언이다. 그러므로 이 슬로건의 전제는 '저녁이 없는 삶'이다. 2012년 현재 한국 국민들은 저녁이 없는 고단한 삶을 살고 있음을 전제로 하고 있다.

　전제의 특징은 앞서 언급했듯이 문장의 발화에서 당연히 참인 것으로 간주되는 명제이다. 그러므로 이렇게 슬로건이 발화되는 순간 그 전제인 '저녁 없는 (팍팍한) 삶'을 부정할 수 없는 사실로 만드는 것이 바로 전제의 힘이다. 저녁이 없다는 것을 증명할 수 있는 어떠한 논리나 증거 자료 없이도 현재 국민들의 삶에 저녁이 없다는 것은 부정하기 어려운 진실로 다가오게 된다. 그러나 유권자들이 무조건 전제에 호응하는 것은 아니다. 일단 명제의 내용이 수긍할만 할 때 그 명제가 상정하는 전제에 호응하게 되고, 그럼으로써 전제는 힘을 발휘하게 된다. 결과적으로 해석하건대 2012년 당시 대다수 유권자들은 자신들이 저녁 없는 팍팍한 삶을 살고 있다고 인식하고 있었다. 손 후보는 이 점을 정확히 간파하여 전제로 제시하였으며 그 결과 이 슬로건은 강한 공감을 얻을 수 있었다.

　<저녁이 있는 삶>이 담고 있는 함축 역시 대단히 풍성하다. 여기서 함축은 저녁이라는 단어에서 비롯되는데, 이 단어는 각 유권자들이 처한

처지와 이해관계에 따라 저마다 다른 해석을 할 수 있는 확장 가능성을 제공한다.

가장 먼저 생각할 수 있는 것은 저녁의 문자적 의미에 충실한 함축이다. 늘 밤 늦게까지 일하는 노동자에게 저녁은 노동을 멈춘 휴식의 시간을 연상시킬 것이고, 또 가정에서는 가족끼리 오순도순 함께 밥 먹는 식사 자리를 떠올릴 것이다. 손 후보도 "내가 말하는 '저녁이 있는 삶'은 돈을 벌기 위해 가족과 저녁을 먹고 대화하는 것을 포기해야 한다는 식의 이분법(…)에 반대하는 (…) 상생의 가치다"라고 자신의 의견을 피력하였다.[109]

그러나 손 후보 식의 해석만을 받아들일 필요는 없다. 유권자 스스로가 자신이 원하는 의미를 구축하면 된다. 바쁜 일상으로 문화 활동에 굶주린 자는 저녁이 있는 삶을 통해 연극, 영화 관람, 음악 공연 등이 있는 삶을 꿈 꿀 수 있고, 스포츠팬이라면 당연히 자신이 응원하는 팀의 경기 관람을 마음 속에 그릴 것이다. 또한 활동적인 사람들은 저마다의 취미 활동을 하는 저녁 시간대를 상상할 수 있고, 사교적인 사람들은 지인들과

---

[109] 실제로 이 슬로건을 내건 손학규는 인터뷰에서 아래와 같이 그가 상정하는 저녁이 없는 삶을 그리고 있다.

"저녁이 있는 삶을 돌려드리겠다. 단순히 노동시간 단축만을 말하려는 것이 아니다. 내가 말하는 '저녁이 있는 삶'은 돈을 벌기 위해 가족과 저녁을 먹고 대화하는 것을 포기해야 한다는 식의 이분법, 내가 잘살기 위해선 누군가는 못살아야 한다는 이분법, 내가 옳기 위해서 누군가는 틀려야 한다는 이분법… 이 모든 것에 반대하는 가치가 바로 '저녁있는 삶'이다. 직업을 구하는 것, 돈을 버는 것, 개인으로서 가족 구성원으로서의 기본적인 행복을 누리는 것, 이 모든 것이 함께 가야 한다는 새로운 가치를 '저녁이 있는 삶'을 통해 말하고자 하는 것이다. 저녁이 있는 삶이란 상생의 가치. 노력한 만큼 얻을 수 있는 삶, 절망이 아닌 대신 희망을 가질 수 있는 삶, 미워하는 대신 포용하는 삶, 서로 도와 함께 잘 사는 삶의 가치다. 그게 바로 내가 꿈꾸는 새로운 대한민국의 길이다." (손학규 후보 인터뷰 중에서 2012. 6. 14. http://blog.naver.com/joyvening?Redirect=Log& logNo=50143984295)

모여 회포를 푸는 유쾌한 시간을 떠올릴 것이다. 이렇게 저녁이 지닌 해석은 다양하지만 종합해 보면 '저녁'은 인간다운 삶을 누리자는 복지적 의미의 함축으로 규정할 수 있을 것이다.

<저녁이 있는 삶>의 함축은 복지에 그치지 않는다. 여기에는 경제적인 의미도 함께 담겨 있다. 사람들이 저녁이 있는 인간다운 삶을 누리기 위해서는 넉넉한 수입이 있어야 한다. 그러므로 저녁이 있는 삶은 경제적으로 풍요로운 삶을 의미하기도 한다. 즉 부의 균등한 배분을 통해 더 많은 사람들이 여유로운 생활을 하는 경제 민주화 역시 함축하는 것이다.

전제가 누구나 수긍할 수 있는 내용을 담고 있을 때 힘을 얻는데 비해, 함축은 저마다의 상황에 따라 적극적으로 해석하여 꿈꿀 수 있는 여지를 풍부하게 제공하는 경우 그 효과가 확대된다. <저녁이 있는 삶>은 그 속에 함축된 의미에 대해 많은 유권자들이 저마다의 의미를 부여할 수 있도록 널리 열려있다는 점에서 뛰어난 슬로건으로 평가받은 것이다.

결론을 대신하여

<저녁이 있는 삶>의 분석은 전제와 함축이 연계되어 작용할 경우에 대한 이해의 폭을 넓혀주고 있다. 담화에서 전제와 함축이 연계되어 작용할 때 전제에 대한 수신자의 공감이 없으면 함축의 효과는 제대로 발휘되지 못한다. 즉 함축의 효과는 전제가 힘이 있을 때 더 강하게 발휘되는 것이다. 또한 전제의 힘도 함축의 효과와 연관되어 결정된다. 아무리 전제에 대한 호응도가 높아도 함축의 여지가 많지 않다면 전제의 힘은 제한될 수밖에 없다. 그러므로 전제와 함축은 상호의존적이라고 할 수 있다.

하지만 전제와 함축이 연계되어 작용할 때 언어의 의미 전달 측면에서 발화자가 궁극적으로 전달하고자 하는 의미는 대개 전제보다는 함축에

있게 된다. 또한 전제는 의미가 고정되어 변하지 않는 속성을 지니는데 반해 함축은 더 다양하고 복잡한 양상을 띤다는 것도 살펴보았다. 그러므로 이어서 3.2.에서는 함축의 다양한 양상들을 그라이스의 대화격률 위배 사례들을 통해 구체적으로 살펴보기로 한다.

3.2. 대화격률 위배 사례와 함축: 광고 분석[110]

김연아의 표정이 담고 있는 것

<사진=연합뉴스> http://www.ajnews.co.kr/view_v2.jsp?newsId=20100226000152

　2010년 2월 24일 밴쿠버 동계 올림픽 여자 피겨 쇼트 프로그램이 진행되던 시각, 전 국민의 시선은 김연아 선수에게로 쏠려 있었다. 경기 대진표 역시 극적이었다. 시즌 내내 부진하던 아사다 마오는 그녀의 주특기인 트리플 악셀 점프를 성공하며 73.78을 득점, 쇼트 프로그램에서 자신의 최고 기록을 경신하며 완벽하게 경기를 마친다. 그리고 바로 뒤를 이어 23번째로 김연아가 무대에 등장한다. 아사다의 최고 기록에 관객들이 환성을 지르는 동안 자신의 연기를 눈 앞에 둔 김연아의 얼굴이 전광판에 클로즈업 된다. 김연아는 입을 약간 삐쭉하는 듯한 미소를 짓고는 천천히

---

[110] 최윤선, 「프랑스 광고 속에 드러난 함축 의미의 화용론적 연구」, 『불어불문학연구』 제 78집, 한국불어불문학회, 2009, pp. 331-358의 내용 일부를 인용하였음.

무대로 오른다. 그리고는 아사다가 보란 듯이 78.50을 득점, 쇼트 프로그램 세계 기록을 경신한다. 아사다의 높은 기록에도 아랑곳하지 않고 도리어 무시하는 듯한 미소를 짓고 링크로 나서던 김연아, 그 미소가 뜻하던 바는 과연 무엇이었을까? 아사다보다 훨씬 잘 할 수 있다는 자신감 혹은 한 번 해볼 테면 해보자는 각오 등과 같이 여러 가지를 복합적으로 함축하고 있었을 것이다.

"총리"라는 언급이 함축하는 것

시락: 『미테랑씨, 오늘 저녁 이 토론 자리에서 나는 총리 자격으로, 그리고 당신은 대통령 자격으로 나온 것이 아니라는 점을 지적하고 싶군요. 우리는 동등한 후보로서 프랑스 국민들의 심판을 받으러 이곳에 온 것입니다. 그러니까 제가 당신을 **미테랑씨**라고 부르는 것을 허락하시겠지요.』

미테랑: 『당신의 말에 전적으로 동의합니다, **총리**.』

이 예는 지칭의 중요성에 대해 논한 1.1.에서 이미 제시한 바 있다. 미테랑은 상대 후보인 시락을 시종일관 총리로 부르면서 대통령이라는 자신의 비교우위적 위치를 지키고자 하였다. 그가 사용한 "총리"라는 어휘 속에는 '너와 나는 급이 다르다'는 의미가 선명히 함축된 것이다.

함축은 언어학 ―특히 화용론―에서 중요한 개념 중의 하나이다. 기존 의미론이 문장 혹은 발화의 표면적 의미 연구에 머물러 있었다면, 화용론은 발화의 표면적 의미가 아닌 그 발화를 통해 화자가 청자에게 전달하려고 의도하는 바에 더 많은 관심을 둔다.

<表 40> 표면 의미와 함축 의미

표면 의미	대화 주체	(가능한) 함축 의미
"오늘 날씨가 좀 쌀쌀한 것 같지?"	사장과 비서	- 추우니 난방을 켜라 - 따뜻한 커피를 가져다 달라
	연인 사이	- 겉옷을 벗어 달라 - 춥지 않게 안아 달라

예를 들어 사장이 출근하면서 비서에게 "오늘 날씨가 좀 쌀쌀한 것 같지?"라고 했는데 비서가 "네, 그러네요."라고 대답만 하고 후속 조치를 취하지 않는 경우 그는 사장 눈 밖에 나기 쉽다. 사장은 날씨가 쌀쌀하다는 것에 대한 동의를 구하기 위해서 발언을 한 것이 아니라, 비서가 자신이 추운 것을 알고 난방을 켜거나 따뜻한 커피를 가져오는 등의 행동을 해주기를 기대한 것이다. 마찬가지로 이런 발언이 이번에는 연인 사이에서 오갔다고 가정해 보자. 특히 여자가 남자에게 이런 말을 한 경우에는 겉옷을 벗어 줬으면 좋겠다거나 아니면 자신을 따뜻하게 해줄 수 있을 스킨십을 은근히 기대했을 수도 있다. 이 경우에도 남자가 "응, 상당히 쌀쌀하네."라고 대답만 하고 끝낸다면 이 커플의 장래는 그리 밝지 않을 수도 있다. 실제로 중요한 것은 발언 속에 숨어있는 의도, 즉 함축 의미를 제대로 파악하는 것이다. 함축은 언어학이라는 학문적 차원에서뿐만 아니라 일상생활에서도 우리가 흔히 접하면서 자주 사용하고 있다. 그런데 함축이 지니고 있는 이러한 일상성 때문에 도리어 함축에 대해서 연구를 시작한 것은 상대적으로 늦은 편이었다. 언어학에서 함축의 의미를 체계적으로 정립한 것은 1970년대 중반 영국의 언어철학자 그라이스 Grice를 통해서였다.

그라이스의 함축 연구는 의사소통 과정에 작용하는 대화격률(conversational maxims)과 밀접하게 연관되어 있다.[111] 그는 의사소통 과정에 작용하는 규칙들을 체계화하여 대화격률로 제시하였다. 그러나 현실 대화에서 대화격률이 항상 잘 지켜지는 것은 아니라는 점을 그라이스는 주목하게 된다. 그 과정에서 그는 대화격률이 위반될 경우 그곳에 대개 함축의 문제가 자리 잡고 있음을 깨닫고 함축에 대한 본격적인 연구를 시작하였다.

그라이스는 의사소통을 할 때 화자로부터 청자로 전달되는 것으로 발화에서 '직접 말해진 것'과 발화에 '함축된 것'의 두 가지를 구분하였다. 그리고 발화를 제대로 이해하기 위해서는 말해진 것 못지 않게 함축된 것에 대한 고려가 중요하다고 주장하였다. 함축은 흔히 대화격률을 위배할 때 발생한다.112 이때 화자가 대화격률을 위반하면서까지 전달하려는 함축 의미를 청자가 제대로 파악하는 것이 성공적인 의사소통의 관건이 된다. 그러므로 함축의 다양한 의미를 파악하기 위해서는 어떤 의도로 대화격률을 위배하는가를 살펴보는 것이 필요하다.

일반적으로 함축은 모든 언어 활동에 등장하나 그것이 특히 강화된 형태로 등장하는 대표적인 영역이 광고이다. 광고에서는 소비자들의 호기심을 유발하기 위해서 대화격률을 위반하는 경우가 많은데 그 뒤에는 그러한 위반을 통해 전달하려는 함축 의미가 숨어 있기 마련이다. 그러므로 본 장에서는 함축이 가장 극대화되어 드러나는 장르 중의 하나인 광고에서 함축이 어떻게 효과적으로 사용되고 있는지 그라이스의 대화격률을 위반하는 사례를 중심으로 살펴보기로 한다.

---

111 H.P. Grice,, "Logic and conversation", in Cole, P. et Morgan, J.L. (eds.), *Syntax and Semantics 3: Speech Acts*, New York, Academic Press, 1975, pp. 83-106.
112 물론 함축이 대화격률을 위반할 때에만 발생하는 것은 아니다. 격률을 위반하지 않고 생산된 담화에서도 충분히 함축적 의미가 담기게 된다. 일반적인 담화에서는 위반의 경우보다 위반하지 않고 발생하는 함축의 사례가 더 많다.

그라이스의 대화격률

구체적 분석에 앞서 먼저 그라이스의 대화격률에 대해서 살펴보기로
하자.

<표 41> 그라이스의 대화격률

- 양의 격률
  1. 당신이 기여하는 몫이 대화의 목적을 위해 필요한 만큼 충분히 제보적이
     되도록 하시오.
  2. 당신이 기여하는 몫이 필요 이상으로 제보적이 되지 않도록 하시오.
- 질의 격률: 대화에서 기여하는 몫이 진실된 것이 되도록 하시오.
  1. 거짓이라고 믿는 것을 말하지 마시오.
  2. 충분한 증거가 없는 것을 말하지 마시오.
- 관계의 격률: 관련성이 있는 발화를 하시오.
- 양태의 격률: 명료하게 하시오.
  1. 모호하게 말하지 마시오.
  2. 중의성을 피하시오.
  3. 간결하게 하시오.
  4. 순서대로 하시오.

위에서 소개한 4가지 대화격률은 대화가 제대로 이뤄지기 위해서 대화
당사자들이 서로 지켜야 하는 대화 규칙이다. 양의 격률은 대화에 있어서
상대가 요구하는 적정 수준의 -그 이상도 아니고 그 이하도 아닌- 정보
를 제공해야 한다는 것이 그 핵심이다. 질의 격률은 거짓을 말하지 말고
진실을 말해야 한다는 것으로 4개의 격률 중에서 가장 우선시되는 항목
이다. 관계의 격률은 대화 주제에서 벗어나지 않게 관련성 있는 내용을
말해야 한다는 것이고, 양태의 격률은 명료한 대화를 위해서 모호하게
말하지 않으며, 중의성을 피하고, 간결하고 순서대로 이야기할 것을 권고
한다.

하지만 이러한 대화 규칙이 모든 대화 상황에서 항상 지켜지는 것은

아니다. 때로는 의미 전달 효과를 극대화하기 위해 고의로 대화격률을 위배하기도 한다. 지금부터 다양한 광고 속에서 대화격률을 위반하며 추구하는 함축 의미에 대해서 분석하기로 한다. 여기서는 기술의 편의를 위해 각 격률별로 위배 사례들을 제시하고자 하나, 실제 광고에서는 하나의 격률만 위배되는 것이 아니라 2개 이상의 격률이 복합적으로 위배되는 경우도 많음을 밝혀둔다.

(1) 질의 격률 위배

> **질의 격률**: 대화에서 기여하는 몫이 진실된 것이 되도록 하시오.
> 1. 거짓이라고 믿는 것을 말하지 마시오.
> 2. 충분한 증거가 없는 것을 말하지 마시오.

일반적으로 질의 격률은 4가지 격률 중에서 가장 중요한 격률로 여겨진다. 질의 격률은 간략히 말하면 진실을 말해야 한다는 것으로 다른 격률들과 상충되는 경우 가장 우선시된다. 이는 광고에서 있어서도 마찬가지이다. 광고는 거짓을 말해서는 안 되며 충분히 논거 있는 발언을 해야한다. 만일 이를 지키지 않았을 경우 광고주는 그로 인해 발생하는 법적 및 도의적 책임을 지게 된다. 일례로 2012년 11월 3일 미국환경보호청(EPA)은 현대차와 기아차가 실제보다 높은 연비 정보를 표기한 과장 광고를 통하여 2010년부터 2년 간 약 90만 대의 차량을 판매하였다고 밝히면서 이들 각 차량에 대해서 88달러를 보상하도록 시정 명령을 내렸고, 그 여파로 인해 현대와 기아의 주가가 7% 이상 폭락한 바 있다. 이처럼 질의 격률은 그 무엇보다도 우선시되어야 하는 중요한 격률인데도 불구하고 광고에서 이를 의도적으로 위반하는 경우가 있다. 이 경우 그러한 위반을 통해 광고가 전달하고자 하는 의도, 즉 그 속에 숨어 있는 함축 의미에 주목하여야 한다. 아래 소개하는 일련의 예들을 살펴보자.

* 아내는 여자보다 아름답다 (동서 프리마)
* 침대는 가구가 아니라 과학입니다 (에이스 침대)
* 러닝화가 아니다. 프로스펙스 R (프로스펙스)
* 냉장고에는 없다. DIOS에만 있다 (LG DIOS)

위의 광고 카피는 하나같이 하위범주(아내/침대/R/DIOS)가 상위범주
(여자/가구/러닝화/냉장고)에 포함되는 것이 아니라 대립되는 것처럼 제
시하면서 질의 격률을 위반하고 있다. "아내는 여자보다 아름답다"라는
광고 문구를 보자. 실제 세계에서 아내는 여자의 하위 범주에 속하는데도
불구하고 광고는 마치 '아내'와 '여자'가 서로 배타적인 것처럼 묘사하고
있다. Dios 광고도 마찬가지이다. Dios는 냉장고의 하위 범주인데도 마치
냉장고와 다른 무엇처럼 "냉장고에는 없다. DIOS에만 있다"라고 표현하
고 있다. 프로스펙스 R, 에이스 침대도 각각 그들이 속하는 상위 범주인
러닝화나 가구에 대립하는 다른 것처럼 그려져 있다. 이들은 명제의 진리

조건적 진위를 가리는 시각에서는 명백히 질의 규칙을 위반하고 있다. 이러한 예들은 비단 한국 광고에만 존재하는 것은 아니다. 외국 광고에서도 유사한 예들을 찾아볼 수 있다.

* 자동차 한 대 가격으로 볼보를 가질 수 있습니다. (Volvo)
* 바이올린 가격으로 스트라디바리우스를 당신에게 선물하세요.
  (Stradivarius)
* 초콜릿이 있고 린트가 있습니다. (Lindt)

위의 예들 역시 명제의 진리 조건적 시각에서는 질의 규칙을 위배한 모순적 발언이지만, 비진리 조건적 차원인 함축 의미 상에서는 이를 통해 개별 제품의 우월성-볼보 자동차, 스트라디바리우스 바이올린, 린트 초콜릿-을 역설적으로 표현하고 있는 재치있는 광고 문구들이다.

그렇다면 이렇게 상위 범주가 하위 범주를 포함이 아닌 대립의 관계로 설정하면서 광고가 표현하려는 함축 의미는 과연 무엇일까? 일반적으로 상위 범주어는 그 종(種)에 해당되는 일반적 특성을 담아내는 반면, 하위 범주어는 일반적인 특성 외에 **추가적인** -흔히 긍정적인-특성을 더 잘 드러내 준다.[113] 위의 예들은 해당 상품군(침대, 냉장고, 러닝화, 자동차 등)의 일반적인 특징을 대표하기 위해서가 아니라 구체적 브랜드(에이스 침대, LG DIOS, 프로스펙스 R, 볼보 등)가 함축하는 추가적인 특성-해당 브랜드가 그 분야에서 최고의 제품이라는 것-을 강조하기 위해 마치 그들이 상위 범주군에 대립되는 다른 우월한 부류처럼 표현함으로써 질의 격률을 희생시키고 있다.

---

[113] B. Grunig, *Les mots de la publicité*, Paris, CNRS EDITIONS, 1998, p. 100.

(2) 양의 격률 위배

양의 격률은 필요한 만큼 충분히 제보적이어야 하며, 동시에 필요 이
상으로 제보적이어서는 안 되는 과제를 안고 있다. 즉 적절한 양의 정보
를 제공하는 것이 핵심이다. 그런데 광고가 제공하는 양의 정보가 천편일
률적으로 동일한 것은 아니다. 같은 화장품 광고라 하더라도 정보 제공을
중심으로 하는 광고(예: 기능성 화장품)와 감성 소구를 중심으로 하는
광고(예: 향수 광고) 사이에 전달되는 정보의 양은 상당한 차이를 보인다.

<표 42> 광고에 따라 달라지는 정보의 양: 기능성 화장품 vs 향수

(기능성 화장품 광고)

(향수 광고)

위에 제시한 광고에서 잘 드러나듯이 기능성 화장품은 해당 화장품의
기능에 대한 일정량의 정보를 담고 있어야 하는 반면, 향수 광고의 경우
는 강렬한 이미지 + 상품명 + 회사명만 있어도 충분히 그 광고를 이해할
수 있다. 이 경우는 절대적으로 제공되는 정보의 양이 미흡할지라도 양의

정보가 적절한 광고라 할 수 있다. 그러므로 양의 격률을 지키는 광고 사례는 어떤 절대적인 양의 기준을 충족시키는 문제라기보다는 소비자가 보았을 때 이해할 수 있을 정도로 충분한–그러나 넘치지는 않는– 정보를 담고 있어야 할 것이다.

1) 필요 이하의 정보 제공 사례

양의 격률을 위반하는 사례는 필요 이상으로 정보를 제공하거나 혹은 필요한 만큼 정보를 제공하지 않는 경우의 두 가지가 가능하다. 먼저 필요 이하로 정보를 제공하는 경우를 생각해 보자. 광고는 고비용의 홍보 수단이므로 소비자에게 충분한 정보를 제공하지 않는 우를 범하는 일은 거의 없으며, 그런 경우 그것은 의도된 위배일 경우가 대부분이다. 양의 격률을 깨는 의도적 광고는 티저 광고 형식에서 가장 두드러진다. 티저 광고는 '약올리다'라는 뜻의 'tease'에서 유래하였는데, 처음에는 무슨 광고인지 모르게 모호하게 시작해 차츰 내용을 알려주는 방식으로 소비자들의 관심을 극대화시키는 전략을 사용하는 광고를 일컫는다. 대표적 티저 광고로 2009년 방송된 KT의 QOOK을 들 수 있다. KT는 새로운 인터넷 상품인 QOOK을 출시하면서 그것에 대한 어떠한 설명도 없이 "집 나가면 개고생이다"라는 광고를 개시하여 사람들의 관심을 끈 바 있다. QOOK은 KT가 기존 집전화/인터넷 서비스를 확장하여 인터넷 전화 및 IPTV로 서비스 영역을 확대하면서 새롭게 시장에 내놓은 종합 인터넷 상품이었다. "집 나가면 개고생이다"라는 광고 문구는 기존 KT 고객들이 타사로 서비스를 전환하지 말기를 바라는 내용을 오랜 유선전화 서비스를 제공한 KT를 '집'으로 빗대어 타사로 서비스를 옮길 경우 서비스가 맘에 들지 않아 (개)고생할 수 있음을 재미있게 표현하였다. 이 광고는 상품에 대한 어떠한 구체적 내용이나 안내도 없고, 광고주인 KT를 직접

드러내지도 않았으며, 단지 광고 말미에 QOOK이라고만 쓰여 있어 수많은 시청자들로 하여금 과연 QOOK[114]이 무엇인지 궁금하게 만든 성공적인 티저 광고로서 적당량의 정보를 제공해야 한다는 양의 격률을 깬 대표적 사례이다.

---

[114] QOOK에 내포된 의미는 무엇일까? 일단 기본적으로 QOOK은 집 전화를 누를 때 버튼에서 나는 소리이자 '요리하다'는 뜻의 영어 단어 'cook'의 발음과 비슷하다. 그래서 IPTV, 인터넷 전화, 초고속 인터넷 등을 집에서 요리하듯이 자유롭게 사용하라는 의미라고 한다. (http://lavenderjyi.blog.me/70046350235)

2) 필요 이상의 정보 제공 사례

앞의 사례가 정보의 양을 적게 제공하여 흥미를 유발시키는 것이었다면, 양의 격률을 위반하는 또 다른 사례는 정보를 과다하게 제공하는 경우이다. 예로 제시하고 있는 한 한의원 광고는 기사 형태로 구성되어 일반 광고에서보다 훨씬 많은 양의 정보를 제공함으로써 양의 격률을 위배하고 있다. 이 광고는 정보 전달에 초점을 맞추기보다는 실제로 모든 독자들이 광고의 전체 내용을 다 읽기를 기대하는 것은 아닐 것이다 신문 기사 형식의 지면 배치를 통하여 신뢰를 얻고자 하는 전략을 취하고 있다. 전면 광고임에도 불구하고 지면 구성을 일반 신문과 동일하게 구성, 윗 부분은 신문 기사, 아랫 부분은 광고처럼 보이도록 하였다. 즉 광고 내용에 포커스를 두기보다는 이처럼 상세한 지식 기반을 가졌다는 이미지를 전달하여 신뢰를 얻고자 하는 것이 이 광고의 주된 목표라 하겠다.

(3) 관계의 격률 위배

관계의 격률: 관련성이 있는 발화를 하시오.

광고에서 관계의 격률은 좀처럼 깨어지기 어려운 격률이다. 이는 실제 담화와 직접적인 연관성이 없는 발화는 하지 말라는 의미인데, 광고에서 적절하지 않은 발화를 시도하여 커뮤니케이션을 실패로 돌리기에는 치러야 할 비용이 너무 값비싸기 때문이다. 그러므로 앞선 격률 위배 사례들과 마찬가지로 관계의 격률이 위반될 경우 역시 그 속에는 충분히 의도된 광고 전략이 자리 잡고 있다.

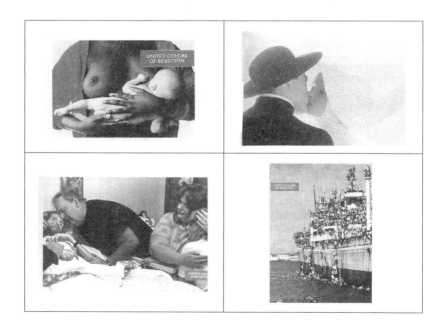

관계의 격률을 위반한 광고의 가장 대표적인 예로 1990년대에 논란의

핵심이 되었던 베네통 광고를 들 수 있다. 베네통은 대형 포스터 광고에서 자신들의 의류 제품과 전혀 관련이 없는 이미지, 그것도 사회적·도덕적 물의를 일으킬만한 주제를 다룬 이미지들을 아무런 설명 없이 제공하였다. 커다란 포스터 구석에 단지 작은 베네통 로고 (United Colors of Benetton)만 등장시키는 형식이었다.

왼쪽 상단 광고는 흑인 여성이 상반신을 드러낸 채 백인 아기에게 젖을 먹이는 사진이다. 인종을 초월한 인류애를 표현하고자 하였다는 베네통의 주장에도 불구하도 이 광고는 인종차별적 내용(노예 해방 전에 흑인 유모가 백인 아기에게 젖을 먹이는 장면)을 암시하고 있다는 이유로 미국에서 거센 반발을 불러 일으켰다. 오른쪽 상단 광고는 신부와 수녀의 키스 장면이다. 관습의 장벽을 뛰어 넘는 사랑의 메시지를 전달하고자 하였다는 것이 베네통의 설명이었으나 이 광고 역시 많은 가톨릭 신자들, 특히 로마 교황청의 분노를 샀으며, 그 결과 이탈리아에서 금지되었다. 왼쪽 하단 광고는 에이즈로 죽어가는 환자의 사망 순간을 찍은 것이며, 오른쪽 하단 광고는 알바니아 난민들이 자유를 찾아 이탈리아로 향하는 배를 타기 위해 목숨을 걸고 처절하게 배에 오르는 모습을 담고 있다. 이 광고들은 인간의 생사(生死) 순간을 상업화하여 인간의 존엄성을 무시하였다는 거센 비난을 받았다. 물론 이러한 광고들은 사람들이 사회적 이슈를 철저히 상업화시켜 관심을 끌려는 베네통의 충격 요법식 광고 전략을 알아차린 이후로는 더 이상 관계의 격률을 위반하는 것이 아니게 된다. 하지만 광고 초기 단계 혹은 처음으로 광고를 접하는 독자들에게 있어서 베네통 광고는 관계의 격률을 위반하여 관심을 끈 대표적 사례라고 하겠다.

한국 광고에서 관계의 격률을 위반한 대표적 광고로는 1999년에 제작된 SK 텔레콤의 TTL 시리즈 광고를 들 수 있다.

1999년 등장한 TTL 광고는 기존 광고와는 달리 광고를 보고 난 뒤 그것이 무슨 광고인지 전혀 짐작할 수 없었다.[115] 흔히 기대할 수 있는 상품의 출현이나 상품에 대한 어떠한 간접적 암시나 설명조차도 존재하지 않았다. 또한 광고 전반의 스토리 라인이 무슨 이야기를 하고 있는지 전혀 종잡을 수도 없었다. 기존의 서사 구조가 완전히 부정되는 일종의 초현실주의적 내러티브 양식이 등장한 것이다. 철저하게 관계의 격률을 위반한 감각적 영상 및 광고 내용의 난해함으로 인해 TTL 광고는 등장하자마자 광고 전문가는 물론 일반 대중들의 관심을 집중시키며 한국 광고에 새로운 표현 방식을 개척하였다.

---

[115] 위에 제시한 TTL광고의 전개는 다음과 같다
  야릇한 중성적 이미지의 소녀가 물 속에 있다. 투명한 기포가 소녀의 얼굴을 스치며 떠다니고 소녀는 빨려 들어갈 것같은 깊은 눈으로 무엇인가를 응시한다. 그녀의 손에서 올챙이가 풀려나오고 소녀는 아무렇지도 않은 듯 물풀을 먹는다. 입술이 클로즈업 됐다가 다시 얼굴을 보여주면서 뺨에 아무 설명도 없이 새겨지는 TTL 브랜드.

(4) 양태의 격률 위배

> **양태의 격률:** 명료하게 하시오.
> 1. 모호하게 말하지 마시오.   2. 중의성을 피하시오.
> 3. 간결하게 하시오.   4. 순서대로 하시오.

광고에서 양태의 격률을 위반하는 경우도 종종 있다. 이러한 광고는 표현의 애매성이나 중의성 등을 통해 소비자들의 시선을 끌고 주의를 집중시키려 한다. 아래의 예들을 살펴보자.

<선영아 사랑해> 광고는 2000년 마이클럽닷컴이 출범하면서 선보인 광고이다. 다른 어떠한 설명도 없이 "선영아 사랑해"라는 문구를 처음에는 벽보 형식으로 선보였고, 뒤이어 버스와 지하철에서 대대적으로 광고하였다. 앞서 양의 격률 위배 사례에서 필요 이하의 정보를 제공해 궁금증을 유발하는 티저 광고를 QOOK의 <집 나가면 개고생> 을 통해 살펴보았는데, <선영아 사랑해> 또한 궁금증을 유발하는 티저 광고의 일종이다. 그런데 이 광고는 정보의 부족을 넘어서서 내용조차 이해할 수 없는 모호성을 특징으로 한다. "집 나가면 개고생"이라는 문장은 다른 곳으로

떠돌아다니는 것보다 집에 머물러 있는 것이 좋다는 문장 자체의 의미는 명확하다. 다만 그것이 무엇을 알리기 위한 것인지 파악하기 어려운 티저 광고였다. 반면 "선영아 사랑해"는 광고의 목적은 물론이고 문장의 의미가 무엇인지도 파악하기 어려운 모호성을 지니고 있다. 선영이가 구체적인 여자 이름인지 아니면 여성 일반을 가리키는지, 또 아니면 사람이 아닌 상품이나 동물의 이름인지 도대체 가늠할 수 없다. 사랑한다는 표현도 우리가 흔히 알고 있는 그 의미인지 아니면 또 다른 함축 의미가 숨어 있는지 종잡기 어려운 모호성을 드러내면서 양태의 격률을 위배하고 있다. 우리는 앞서 경우에 따라 광고가 하나의 격률만이 아니라 여러 가지 격률을 동시에 위반하면서 그 효과를 증대시키려 한다는 점을 지적한 바 있다. <선영아 사랑해> 광고 역시 충분한 정보를 제공하지 않는다는 점에서 양의 격률을, 광고 대상과 직접적 연관이 없는 내용을 이야기하고 있다는 점에서 관계의 격률을, 게다가 광고의 목적이나 의미가 무엇인지 파악하기 어렵다는 점에서 양태의 격률을 동시에 위반하고 있다. 이러한 현상은 궁금증을 유발하는 티저 광고에서 흔히 나타나는데 이 광고가 그 대표적 예라고 하겠다.

한편 어떤 광고들은 중의성을 강조하여 양태의 격률을 위배하기도 하는데 이러한 광고는 특히 어휘가 가진 중의성을 활용하여 이루어진다.

2011년 10월 본죽은 곧 다가올 수능을 겨냥하여 <죽을 힘으로! 본죽을 힘으로!>라는 광고를 선보였다. 여기서 "죽을 힘으로"란 문구는 일단 수능 시험에서 죽을 힘을 다해 좋은 결과를 얻으라는 격려의 의미로 읽힌다. 그런데 뒤이어 "본죽을 힘으로"라는 문구에 이르면 다른 의미로도 해석할 수 있다는 것을 알아차리게 된다. 앞에서 '죽을'은 '죽다'의 활용형으로 읽혔지만, 뒤따라 나오는 '본죽'을 보면서 '죽을'을 '죽'이라는 음식 명사와 '을'이라는 조사가 결합한 것으로 볼 수 있다. 그 결과 (소화에 부담을 주지 않는) 죽을 먹고 시험을 잘 치르라는 의미가 연상된다. 그리고 그 죽은 바로 본죽이 된다. 그러므로 이 광고는 '죽'이라는 음절이 지닌 중의성을 활용해서 본죽의 이미지를 효과적으로 전달하고 있다. 빙그레 바나나 우유 역시 '바나나'와 '반하나?'의 발음이 서로 유사한 것에 착안하여 "반하나? 안반하나?"라는 재치있는 광고 카피를 선보인 바 있다.

<날은 더워 죽겠는데 남친은 차가 없네!>라는 광고는 한 음료 회사의 광고였다. 이 문구에서 차는 일단 자동차로 생각되기 쉽다. 하지만 이어서 등장한 "목마를 땐 0000"라는 문구를 통해 앞 문장의 차가 자동차가 아니라 마시는 차였음을 깨닫게 한다. 차라는 어휘가 지닌 중의성을 광고에 활용한 것이다. 그러나 이 광고는 (자동)차 없는 남자는 여자 친구도 못 사귀냐며 소비자들의 원성이 높아지자 회사가 이에 사과하고 광고를 내리고 말았다. 중의성을 지나치게 활용하다가 소비자들의 정서를 거스른 사례라고 하겠다.

결론을 대신하여

이상으로 그라이스의 대화격률에 위배되는 흥미있는 광고 사례들을 살펴보았다. 그라이스에 따르면 함축은 흔히 대화격률을 위배할 경우 발생하게 되는데, 이때 그 위반이 암시하는 함축 의미를 찾아내는 것은 중요하면서도 흥미로운 작업이다. 여기서는 기술의 편의를 위해 각 격률별 위배 사례들을 제시하였으나, 실제로는 광고 한 편에 하나의 격률만이 위배되는 것이 아니라 2개 이상의 격률이 복합적으로 위배되는 경우들도 많았다. QOOK 광고의 경우 양의 격률/양태의 격률을 위반하였고, 베네통 광고의 경우도 양의 격률/관계의 격률/양태의 격률 등이 종합적으로 위반된 사례로 볼 수 있다. 결국 중요한 것은 어떤 광고가 어떤 격률을 위배했는지 가려내는 작업보다는 이들이 격률을 위배하면서 광고 속에 담아내려한 담화 효과를 성공적으로 포착해내는 것에 있다.

4. 이미지/기호 연구

스티브 잡스는 1997년 iMac이라는 컴퓨터를 시장에 출시하면서 이미지를 중시하는 프리미엄 브랜드를 지향한다. 그는 "어떤 자동차도 그 역할은 출발지에서 목적지까지 달리는 일이지만 대부분의 사람들은 웃돈을 주고 BMW를 구입한다"[116]는 점을 지적했다. 즉 BMW가 제공하는 '역동'과 '세련'의 이미지에 대해 사람들이 웃돈을 더 주고 구매하듯이, 소비자들이 디자인과 이미지에 초점을 맞춘 iMac의 세련된 이미지를 가격이 비싸더라도 선택할 것이라 예상한 것이다. 그의 기대는 적중하였고 iMac은 출시된 지 6개월도 안 되어 100만 대 이상이 팔려나가는 놀라운 성과를 거둔다. 이후 이러한 프리미엄 이미지 전략은 iPod, iPhone, iPad로 이어지며 오늘날 애플의 성공 신화를 새로이 쓰고 있다.

프랑스의 사회학자 보드리야르는 현대 사회에서 사람들이 사물을 소비한다고 생각하지만 정작 소비되는 것은 사물이 아니라 사물이 갖고 있는 이미지라는 점을 강조하였다.[117] 위에서 살펴본 스티브 잡스의 프리미엄 이미지 전략은 보드리야르의 명제를 성공적으로 입증하는 사례이다. 현대 사회에서 소비를 만들어내는 대표적 시스템으로 광고를 들 수 있다. 광고는 소비자들로 하여금 상품을 구매하고자 하는 욕구를 유발시켜 소비를 촉진시킴으로써 기업이 수익을 올리도록 하는 자본주의 메커니즘의 핵심 요소이다. 비판적 담화 연구가 광고에 주목하는 이유는 광고

---

[116] L. Kahney, *Inside Steve's Brain*, Portfolio, 2008. (안진환, 박아람 옮김, ≪잡스처럼 일한다는 것≫, 북섬, 2008.)

[117] J. Baudrillard, *La société de consommation*, Gallimard, 1986. (이상률 옮김, ≪소비의 사회≫, 문예출판사, 1991.)

에 이처럼 현대 사회의 이데올로기가 압축되어 있기 때문이다.

전통적으로 광고는 상품의 사용 가치를 소비자에게 제시하여 구매 욕구를 자극하였다. 하지만 상품의 소비가 사용 가치보다 이미지에 의해 좌우되는 오늘날의 광고는 기존의 사용 가치를 중심으로 하던 방식과는 다른 방식으로 소비를 촉진해야 한다. 그 결과 광고는 차츰 더 상품의 이미지를 적극 활용하여 상품 구매 욕구를 자극하고 있다. 문화비평가들은 산업 사회까지는 기의(메시지)가 기표(이미지)보다 우위를 차지했으나 후기 산업 사회, 즉 포스트모던 시대에 이르러서는 기표가 기의를 밀치고 우위를 차지하고 있음을 지적한다. 그러므로 광고의 이미지 활용은 포스트모던 소비 사회로 규정되는 현대 사회의 이데올로기를 상징한다. 이 장에서는 메시지(기의) 담화 분석에 초점을 맞춘 1-3장과는 달리 이미지(기표)를 중심에 놓은 기호 분석을 수행하고자 한다.

4.1.에서는 야콥슨 Jakobson의 지시 기능과 시적 기능의 개념을 가져와 광고에서의 이미지 활용이 시간의 흐름에 따라 어떻게 변모되어 왔는지 살펴본다. 이를 통해 우리는 현대 사회가 이미지 중심의 후기 산업 사회로 전환하고 있음을 확인할 수 있을 것이다.

4.2.에서는 광고에서 이미지의 구축을 위해 시각적 요소와 언어적 요소를 배치하는 전략을 살펴본다. 이미지 구축은 반드시 시각적 요소에만 의존하는 것은 아니며, 시각적 요소와 언어적 요소의 적절한 조합을 통해 이루어진다. 여기서는 시각적 요소와 언어적 요소의 다양한 조합 형태들을 살펴봄으로써 최적의 이미지 구축을 위한 광고 전략을 파악한다.

4.1. 광고, 그 집요한 유혹: 지시 기능에서 시적 기능으로

필요(need) vs 욕망(desire)?

디자인, 즉 이미지가 중요하게 된 현대 사회를 강준만은 '디자인 종교' 시대라고 규정하면서 디자인 종교 이전의 시대가 필요(need)에 따라 제품을 구매하던 시대라면 현대는 필요가 아닌 욕망(desire)에 따라 제품을 구매하는 시대임을 지적한다.[118] 이렇게 소비자들의 구매 패러다임이 변한 것에 발맞춰 광고 소구 방식에도 변화가 수반되고 있다. 자동차 광고를 예로 들자면 제품의 기능과 관련된 소구(예: 자동차의 최고 주행 속도/안전 기능 등)는 식상한 내용으로 간주되어 점차 찾아보기 어려워지는 반면, 제품이 주는 이미지를 부각시키는 소구(예: BMW의 역동미/세련미 등)가 더 많이 등장한다. 소비자의 선호는 이제 필요의 시대에서 욕망의 시대로 확실히 이동하고 있는 듯 보인다. 이 장에서는 야콥슨의 커뮤니케이션 모델 속의 지시 기능과 시적 기능의 개념을 가져와 광고 기호가 시간의 흐름에 따라 어떻게 변화하고 있는지 분석해 보기로 한다.

(1) 야콥슨의 커뮤니케이션 모델[119]

광고 메시지를 구성하는 주요 기능은 무엇일까? 이에 대해 답하기 전에 광고보다 상위 영역인 언어 메시지를 구성하고 있는 기능들에 대해서

---

[118] [강준만의 세상읽기], 디자인, 그것은 종교다, 한겨레 21, 2006년 3월 2일, 제 599호. 강준만은 'need'를 '욕구'로 번역하였으나 이곳에서는 '필요'로 번역하였음. http://legacy.www.hani.co.kr/section-021128000/2006/03/021128000200603020599014.html

[119] 최윤선, 「프랑스 자동차 광고 기호분석」, 『한국프랑스학논집』제 38집, 한국프랑스학회, 2002, pp. 93-97의 내용 일부를 인용하였음.

살펴보고 그것을 광고라는 하위 영역에 적용시켜 보기로 한다. 이를 위해 먼저 야콥슨의 커뮤니케이션 모델 및 기능에 대해서 간략히 소개하기로 한다.[120]

<표 42> 야콥슨의 커뮤니케이션 모델

맥락(context) 메시지(message) 발신자(sender) ---------------------------- 수신자(receiver) 접촉(channel) 약호 체계(code)

야콥슨은 언어 전달 행위에 필요한 구성 요소를 <표 42>의 6가지로 정의하였다. 우선 발신자가 수신자에게 메시지를 보내는 것이 가장 중요한 기본 축을 형성한다. 그런데 메시지 전달이 용이하려면 메시지가 지칭하는 맥락이 수신자에게 전달되어야 한다. 이때 발신자와 수신자 사이에 공통적인 약호 체계가 필요하다. 끝으로 발신자와 수신자간의 심리적 연결을 가능케 하는 접촉이 필요한데 이를 통하여 양자 간의 의사 전달이 지속되게 된다. 이 6가지 요소는 커뮤니케이션 과정에서 각각 아래와 같은 언어 기능을 수행하게 되는데 이를 정리하면 <표 43>과 같다.

---

[120] R. Jakobson, *Language in Literature*, Belknap Press of Harvard University Press, 1987. (신문수 편역, ≪문학 속의 언어학≫, 문학과 지성사, 1989, p. 55.) ≪문학 속의 언어학≫은 야콥슨의 ≪Language in Literature≫와 ≪Selected Writings≫ 중 일부 논문을 발췌, 번역한 내용으로 편집되었음.

<표 43> 야콥슨의 언어 메시지의 6가지 기능

지시 기능(referential)
시적 기능(poetic)
감정표시 기능(emotive) ----------------- 행동촉구 기능(conative)
친교 기능(phatic)
메타언어적 기능(metalingual)

야콥슨은 언어 메시지의 6가지의 기능을 설명하기 위해서 <표 42>의 커뮤니케이션 모델과 동일하게 구조화된 기능 모델을 <표 43>과 같이 설정한다. 각 기능들은 위에 언급한 커뮤니케이션 모델의 구성 요소들과 동일한 위치를 차지한다.

<표 43>의 6가지 기능 중에서 가장 중요한 기능은 지시 기능이다. 지시 기능은 맥락과 관계된다. 이것은 실제 현실을 지시하는 기능으로서 객관적이고 사실적인 커뮤니케이션을 위한 메시지의 최우선 목표라 할 수 있다. 발신자가 메시지 상에서 자신의 정서라든가 태도를 표현하는 것을 감정표시 기능이라 한다. 가장 대표적인 것으로 화자가 표현하는 감탄사("쯧쯧!", "어머나!")를 들 수 있다. 행동촉구 기능은 메시지가 수신자에게 촉발시키는 기능을 가리킨다. 흔히 명령형("마셔")이나 호격("영희야")이 이러한 기능을 수행한다. 시적 기능은 미적인 것을 위한 커뮤니케이션, 즉 메시지가 시적인 아름다움 그 자체에 초점을 맞추는 기능으로서 시나 예술 작품 등에서 두드러진다. 친교 기능은 화자와 청자 사이의 의사 소통 회로가 제대로 작동하도록 하는 기능으로 의례화된 인사말("여보세요?")이나 의사 전달이 제대로 유지되고 있는지 확인하는 발언("뭐라고요?") 등이 이에 해당된다. 메타언어적 기능은 메시지에 사용되고 있는 언어 그 자체를 설명해주는 기능("당신이 말하는 '민주주의'란 무슨 의미인가요?")이다.[121]

언어 행위는 원칙적으로는 이 6가지 기능 중에서 최소 한 개 이상의

기능이 수행되면 완료된다. 그런데 실제로 단일 기능만을 수행하는 언어 메시지는 거의 없다. 메시지 속에는 여러 기능들이 공존하며 그 역할을 수행한다. 그러므로 메시지에는 각 기능들이 배타적으로 작용하는 것이 아니라, 이들 사이에서 어떤 기능이 더 강조되느냐에 따라 메시지의 성격이 차별화되는 것이다. 야콥슨 역시 "메시지의 다양성은 이들 몇몇 기능 중의 어느 하나만의 독점적인 기능 발휘에서가 아니라 이들이 서로 다른 위계 순위를 형성하는데서 비롯된다. 메시지의 언어 구조는 무엇보다도 그 지배적 기능이 무엇이냐에 따라 달라진다"[122]고 언급한 바 있다.

광고에서는 어느 기능이 우선될까?

이제 논의를 전체 언어 활동이 아닌 광고라는 특수 장르로 전이시켜서 광고 상에서 커뮤니케이션의 6가지 기능이 어떻게 발휘되는지에 대해 생각해 보기로 한다. 프랑스 광고학자 페니누 Péninou에 따르면 발신자에 초점을 맞추는 감정표시 기능은 광고 속에서는 거의 중요한 자리를 차지하지 못한다. 크리에이터 혹은 광고주로서의 '나'는 광고 커뮤니케이션 속에서 광고가 유인하고자 하는 '당신'에게 우선 순위를 부여하고 대부분 자신을 드러내지 않기 마련이다.[123] 이에 반해 수신자에 초점을 맞추는 행동촉구 기능은 광고 커뮤니케이션에서 자주 이용되는 중요한 기능 중의 하나이다. 이때 수신자에 대한 배려는 광고에서 청유형이나 명령형, 2인칭 대명사('당신')의 사용 등에 의해서, 그리고 광고 영상에서

---

[121] 야콥슨(한국어판), *op. cit.*, pp. 54-61.

박정순, ≪대중매체의 기호학≫, 커뮤니케이션북스, 2009, p. 54-64.

[122] 야콥슨(한국어판), *op. cit.*, p. 55.

[123] G. Péninou, *Intelligence de la publicité*, Robert Laffont, 1972. (김명숙·장인봉 옮김, ≪광고기호 읽기≫, 이화여자대학교 출판부, 1998, pp. 111-112.)

는 영상 속의 인물이 수신자를 정면으로 바라보며 말을 거는 시각적 이미지를 통하여 등장하게 된다. 지시 기능은 광고에서 매우 중요하다. 광고는 항상 그 '어떤 것'에 대한 광고이기 때문에 지시체에 대한 내용을 필연적으로 수반하기 마련이다. 시적 기능은 미학적 특징에 주력하는 광고에서 가장 빛을 발하게 된다. 그렇지만 광고 영상이 지니게 될 시적인 특징이 극도로 발전될 경우 정보 전달이라는 지시 기능에 타격을 줄 수도 있다. 친교 기능의 주목적은 독자의 주위와 눈길을 끄는 데에 있으므로 기본적으로 모든 광고에 내재되어 있는 기능으로 간주할 수 있다.

그러므로 광고는 이 6가지 기능 중에서 지시 기능(대상에 대한 정보), 행동촉구 기능(소비자 유인), 시적 기능(미학적 형태)이라는 세 가지 기능을 주요 축으로 하여 형성된다고 볼 수 있다. 물론 다른 기능들도 작용할 수 있으나 이 세 기능이 광고에서 우선된다는 것에는 이의를 제기하기 어려울 것이다. 이 중 어느 기능이 더 강조되느냐에 의해 결정되는 무게 중심의 위치에 따라 광고의 성격이 차별화된다. 예를 들어 "마데카솔은 대한민국 상처 치료제입니다"라는 광고는 제품의 기능을 강조하는 지시 기능을 앞세운 광고인 반면, "그녀의 자전거가 내 가슴 속으로 들어왔다"는 빈폴 광고는 상징적 표현을 통한 시적 기능을 우선시하고 있다. "나는 당신에게, 당신은 나에게 I'm your energy"라는 광고 문구는 소비자들을 적극적으로 연루시키는 행동촉구 기능을 앞세우고 있다. 그런데 엄밀히 말하여 모든 광고는 수신자 혹은 잠재적 고객을 전제하여 제작되므로 수신자에게 초점을 맞추는 행동촉구 기능은 어느 광고에나 존재한다고 여겨야 할 것이다. 반면 지시 기능과 시적 기능은 -비록 서로 완전히 배타적이지는 않더라도- 광고가 정보 전달에 초점을 맞추었는지 아니면 미적 표현에 더 주력하였는지에 따라 구별되는 기능이다. 그러므로 광고 분석에 있어서 지시 기능 vs 시적 기능의 구별은 광고를 차별화시키는 중요한 기준이 된다.

(2) 지시 기능 vs 시적 기능

지시 기능이 정보 제공에 초점을 둔다면 시적 기능은 제품이 담고 있는 상징적 요소에 초점을 두고 그것을 부각시키는 방식이다. 일반적으로 지시 기능이 강조된 광고의 경우는 제품에 대한 정보 제공을 통하여 잠재적 고객에 대한 설득(persuasion)을 시도하는 이성적 소구 방식을 택하는 반면, 시적 기능을 강조하는 광고는 제품이 지닌 상징적 매력을 최대한으로 부각시켜 고객을 유혹(seduction)하는 감성적 소구 방식을 선호한다. 광고에서 이 두 기능 중 어느 기능을 우선시할 것인가는 제품의 성격에 따라서 차이를 보이게 된다.[124] 예를 들어 화장품 중에서도 기능성 화장품의 경우는 해당 제품의 우수한 기능에 대한 정보를 제공하는 지시 기능을 앞세운 광고가 일반적인 반면, 향수 광고의 경우는 기능보다는 감성에 초점을 맞추는 시적 기능이 우선시되기 마련이다. 최근에 와서는 제품의 기능보다는 이미지를 우선시하는 광고들이 점차 늘어나는 추세를 보이고 있다.

---

[124] J. M. Adam & M. Bonhomme, *L'Argumentation publicitaire*, Nathan, 1997. (장인봉 옮김, 《광고논증》, 고려대학교 출판부, 2001. pp. 43-44.) 아담과 본옴므는 상품 광고에 있어서 제품의 성격에 따라 광고 유형이 제한되는 경우가 있으며, 이에 따라 우선적으로 취하게 될 광고 전략이 제품 범주에 따라 달리 작동될 수 있다는 점을 지적하였다. 이들은 제품(혹은 제품 기능)의 분리 가능성 여부를 기준으로 하여 광고 상품들을 '분리가 어려운 상품'과 '분리 가능한 상품'의 두 유형으로 구분하였다. 첫 번째 경우에 해당되는 향수, 음료, 의복 등과 같은 상품은 분리가 불가능하므로 광고에서 상품에 대한 전체적이고 종합적인 접근만이 가능한 반면, 두 번째 경우에 해당되는 자동차나 컴퓨터와 같은 상품들은 세부 기능이 분리됨으로써 광고상에서 상품에 대한 총체적인 접근뿐만이 아니라 제품의 세부적인 기능이나 용도에 초점을 맞추는 부분적인 접근 역시 가능하게 된다.

지시 기능 우선 광고 (1980년대)	시적 기능 우선 광고 (2010년)

<표 44>는 시대에 따라 냉장고 광고 양상이 어떻게 변하였는지 단적으로 보여준다. 왼쪽 광고는 국내 유일의 칸칸 냉각 방식을 사용하여 "고루고루(균일냉장)", "빨리빨리(급속냉장)", "오래오래(신선냉장)" 식품을 보관할 수 있다는 정보를 강조하였다. 산업 사회였던 1970~80년대 냉장고 광고는 이처럼 주로 제품의 기능을 강조하는 지시 기능이 주를 이루었다. 반면 후기 산업 사회로 들어선 현재에는 이미지를 우선하여 제작되는 광고가 점점 늘고 있다. 오른쪽의 2010년 지펠 냉장고 광고를 보자. 먼저 냉장고 외관부터 왼편 냉장고와 확연한 차이를 보인다. 이전 냉장고들이 천편일률적 백색 가전에서 벗어나지 못했다면 지펠은 쉬크한 검은색에 세로 라인을 넣어 마치 가구 같은 외양을 하고 있다. 이 냉장고는 이탈리아의 보석 디자이너인 마시모 주끼 Massimo Zucchi에게 디자인을 의뢰한 제품이다. 광고 모델 역시 기존 냉장고 모델이 여성이었던 것과 달리 당시 최고 주가를 올리던 이승기를 남자 모델로 선택하였다. 지펠 광고는 냉장고 기능에 대한 어떠한 언급도 없이 이승기가 냉장고 옆에 기대어서서 미소지으며 만족해하는 모습을 보여주는 철저히 시적 기능

위주의 광고 방식을 취하였다. 그 결과 이 냉장고는 고가였음에도 불구하고 출시된 지 넉 달 만에 1만대 이상의 판매를 돌파하는 큰 성공을 거두었다. 위의 예는 소비자의 욕망을 불러 일으켜 제품을 구매하게 하는 소비 사회에서 광고의 소구 방식이 기존의 정보 기능 위주에서 점차 시적 기능으로 이동하고 있음을 잘 보여주고 있다.

프랑스 vs 한국의 문화적 차이[126]

광고는 그 사회를 보여주는 일종의 바로미터의 역할을 하므로 광고를 통하여 그 사회의 문화를 읽을 수 있다. 이를 위해 우리는 2003년 6월~9월 사이에 한국과 프랑스의 인쇄 매체에 게재된 자동차 광고들이 지시 기능과 시적 기능 중에서 어떤 기능을 더 선호하였는지에 대해 조사하였다. 자동차 광고는 화장품 광고와 함께 일반적으로 인쇄 매체에 가장 많이 등장하는 광고이기에 충분한 분석 자료를 확보할 수 있을 뿐만 아니라 광고 방식 역시 다양한 양상을 보이기 때문에 분석에 적합하다고 판단하였다. 분석 이후 제법 시간이 경과되어 현재 상황과는 차이가 있을 것이라는 점, 또 제시하는 결과의 모집단이 국가별로 20여 종 내외인 소규모이므로 일반화하기에는 무리가 있다는 점에도 불구하고 이 결과는 한국과 프랑스가 가지고 있는 문화적 차이를 잘 드러내 준다는 점에서 이에 소개하기로 한다.

---

[126] 최윤선, 「프랑스와 한국의 광고기호 비교분석」, 『한국프랑스학논집』제 49집, 한국프랑스학회, 2005, pp. 137-152의 내용 일부를 인용하였음.

<표 45> 한국과 프랑스의 광고 기능 비교

	지시 기능이 강조된 광고	시적 기능이 강조된 광고
한국	19종 (95%)	1종 (5%)
프랑스	18종 (72%)	7종 (28%)

<표 45>가 보여주듯이 한국과 프랑스 양국 모두 자동차 광고에 있어서 지시 기능을 선호하였다. 자동차의 경우 차의 기능에 대한 정보를 제시하는 것이 광고의 핵심을 이루고 있음을 보여주는 결과이다. 그렇지만 시적 기능에 대한 선호도에 있어서는 양국이 뚜렷한 차이를 보이고 있다. 한국의 경우 시적 기능을 앞세운 광고가 드문 반면(5%), 프랑스는 1/4이상의 광고(28%)가 시적 기능을 강조하는 형태로 제작되었다. 이는 한국 광고가 그 구성에 있어서 유연성이나 다양성이 프랑스에 비해 상대적으로 부족함을 보여준다. 이 결과는 2003년 당시 한국 광고가 상품에 대한 정보를 제공하는 기능적 접근을 주로 하는 산업 사회적 특징을 보인 반면, 프랑스는 -비록 양적으로는 기능적 접근이 우세를 보이기는 하지만- 제품의 기능보다는 이미지를 우선시하는 광고가 상당수 존재함으로써 그 당시 이미 후기 산업 사회로 접어들고 있었음을 짐작케 하는 결과이다. 구체적 광고를 통해 좀 더 자세히 비교해 보도록 하자.

<표 46> 한국과 프랑스의 자동차 광고 비교

한국: 에쿠스 (지시 기능)	프랑스: BMW 520 (시적 기능)
	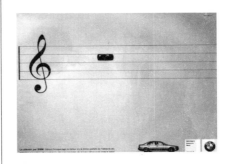

위에서 예로 든 두 자동차는 둘 다 사양이 고급인 중대형 자동차이기에 상호 비교가 적합한 경우이다. 왼편의 에쿠스 자동차 광고는 자동차를 클로즈업하여 보여주면서 차의 기능에 대해 자세한 정보("차세대 대형 람다 엔진", "첨단 스마트키 시스템", "고급형 라디에이터 적용" 등)를 제공하는 전형적인 지시 기능을 앞세운 형태로 구성되었다.

반면 오른쪽의 BMW 광고는 에쿠스 광고와 완전히 대척점에 서있다. 먼저 광고 대상인 자동차가 극소화되어 등장한다. 게다가 광고가 도대체 무슨 의미인지 첫 눈에 알기도 어렵다. 일종의 티저 형식을 취한 이 광고는 광고 왼편 하단에 작게 쓰여 있는 문구를 읽어야만 비로소 이해 가능하다. "자동차 모터를 캡슐로 싸고 자동차 실내 공간을 완벽히 공정"하여 주행 중 모터 소리가 "침묵"한다는 내용이 그것이다. 옅은 하늘색 톤을 바탕으로 마치 하늘을 나는 듯 오선을 경쾌하게 질주하는 BMW의 이미지는 주행시 엔진 소음이 거의 들리지 않음을 상징적으로 형상화한 것이다. 이렇게 철저히 시적 기능을 앞세워 소음 제어를 통해 제공되는 쾌적함, 산뜻함, 안락감 등을 BMW 광고는 효과적으로 구현해내고 있다.

(3) 광고 스토리텔링의 변화: 지시 기능에서 시적 기능으로의 이동

위에서 예로 들은 에쿠스 광고는 이미 10년이 지난 사례로서 현재 한국 광고는 지펠 광고에서 확인할 수 있었듯이 이전의 지시 기능 중심에서 점차 시적 기능을 고려하는 형태로 변화하고 있다. 이는 영상 매체를 이용한 광고에서 훨씬 두드러진다. 인쇄 매체 광고의 경우 지면상의 제약으로 인해 대개 메시지가 정보 기능이나 시적 기능 중의 하나로 한정되는 반면 영상 매체를 이용한 광고는 보다 복합적으로 광고를 구성할 수 있게 된다. 그 결과 15~20초간의 짧은 시간 속에서도 제대로 된 스토리텔링을 통한 시적 기능을 강조한 광고가 점차 늘어나는 추세이다. 아래 소개하는 2006년 그랜저 광고는 한국에서 기존의 자동차 광고가 주로 구현하던 지시 기능이 아닌 시적 기능을 강조한 내러티브를 TV광고에 접합시킨 첫 사례 중의 하나이다.

옛 연인 사이로 추측되는 중년의 두 남녀가 고층 건물의 회전문에서 서로 교차된다. 건물 앞에 주차된 차를 타는 남자를 바라보며 여성이 하는 독백("참 많이 변한 당신… 멋지게 사셨군요")은 그랜저의 기능에 대한 강조가 아니라 그랜저가 지니는 상징적 의미(성공한 남자들이 즐겨 타는 차)에 초점을 맞춘 시적 기능이 강조된 광고로서 짧은 시간 내에 전달되는 탄탄한 스토리텔링이 돋보인다. 2006년 3월에 전파를 탄 이 광고는 TV 자동차 광고의 새로운 장을 연 광고이다. 그전까지의 자동차 광고는 자동차의 역동적인 주행 모습과 함께 한층 강화된 기능을 알리는 지시 기능이 주가 되는 경우가 대부분이었다. 그러나 이 광고에서 그랜저의 모습은 광고 마지막 부분에 짧게 등장할 뿐이다. 여기서 초점이 되는 것은 자동차의 기능이 아니라 '성공한 사람들이 타는 자동차=그랜저'라는 이미지 구축에 있다.

사례 1] 참 많이 변한 당신… 멋지게 사셨군요
누리고 싶은 특별함 그랜저 (그랜저, 2006년)

이후 그랜저 광고는 자동차의 기능에 초점을 맞추는 지시 기능보다는 시적 기능에 초점을 두는 광고로 그 무게 중심을 상당히 이동시킨 듯하다. 이어지는 광고는 그랜저의 주 고객을 40~50대에서 30대의 젊은 세대로 확산시키려는 마케팅 전략의 일환으로 제작된 2009년 그랜저 광고이다. 광고는 스토리 라인의 주인공으로 기존 그랜저 구매층보다 훨씬 젊은 30대 후반의 젊은 남성을 등장시키고 있다. "요즘 어떻게 지내냐는 친구의 말에 그랜저로 대답했습니다"라는 카피를 통하여 앞선 2006년 광고와 마찬가지로 이 광고 역시 정보 기능이 아닌 시적 기능을 전면에 내세웠다는 점에서 주목을 받았다.

사례 2] 요즘 어떻게 지내냐는 친구의 말에 그랜저로 대답했습니다
당신의 오늘을 말해줍니다 (그랜저, 2009년)

사례 3] 비오는 날엔 시동을 끄고 (소나타, 2013년)

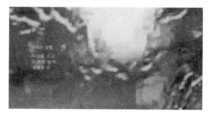

비오는 날엔 시동을 끄고 30초만 늦게 내려볼 것

소나타는 원래 그렇게 타는 겁니다

자동차에 감성을 더하다 SONATA The Brilliant

위 광고는 2013년 5월에 방송된 소나타 광고이다. 광고는 자동차를 비추는 것이 아니라 소나타 차 안에서 비오는 밖의 모습을 비추고 있다. 기존 광고들이 시각적 이미지에 초점을 두었다면, 이 광고는 시각적 이미지뿐만 아니라 청각적 이미지(비오는 소리) 역시 동원하여 보는 즐거움 뿐만 아니라 듣는 즐거움까지 제공하고 있다. "자동차에 감성을 더하다"라는 광고 카피가 증명하듯 이 광고는 철저히 감성 위주로 제작되었다.

이렇게 최근 들어 훨씬 다양해진 자동차 광고를 통해 한국 광고가 기존의 전형적 정보 제공 광고 형식으로부터 벗어나 일종의 스토리 라인을 지닌 시적(상징적) 광고 형태를 점차 취하고 있음을 확인할 수 있다. 이러한 변화는 한국 사회가 보다 다양한 감성을 수용하고 표현해내는 사회, 즉 후기 산업 사회로 접어듦에 따라 이미지를 중시하는 시적 기능을 앞세운 소구 방식이 보다 빈번하게 된 결과로 해석할 수 있다.

4.2. 시각적 요소와 언어적 요소의 배치 전략[127]

4.1.에서 우리는 후기 산업 사회로 넘어오면서 지시 기능보다는 시적 기능을 우선시하는 광고들이 점차 늘고 있는 추세에 대해서 살펴보았다. 이 장에서는 그 연장선 상에서 광고에서 점차 중요시되는 이미지 구축을 위해서 시각적 요소와 언어적 요소를 배치하는 전략을 살펴본다. 광고 기호는 기표(이미지)와 기의(메시지)가 합쳐져서 탄생하는데, 이때 이 두 요소가 광고 내에서 어떻게 역할을 분담하여 광고 효과를 최대화하고 있는지 살펴보기로 한다.

요하니스의 6 단계론[128]

요하니스 Joannis는 인쇄 매체 광고의 경우 독자(혹은 잠재 고객)가 광고에 노출되었을 때 광고를 순간적으로 수용하는 과정으로 이미지-헤드라인-상표의 3단계를 들고 있다. 가장 먼저 시각적 요소들을 지각하고, 그 다음에 광고의 헤드라인을 읽고, 끝으로 상품의 상표 혹은 회사명을 본다는 것이다. 그는 이 과정에서 광고의 언어적 요소와 시각적 요소가 담당하는 역할이 서로 반비례 관계에 있음을 지적하였다. 시각적 요소가 광고 내에서 전달해야할 메시지를 성공적으로 전달하는 경우에는 언어 요소의 역할이 축소되는 반면, 시각적 요소가 이 역할을 제대로 수행해내지 못하는 경우에는 언어 요소가 담당하여야할 역할이 명백히 증가하게 된다는 것이다. 그는 시각적 요소 vs 언어적 요소 사이의 상호 역할 분담을 다음 6가지 단계로 구분하였다.

---

[127] 최윤선, 「프랑스 자동차 광고 기호분석」, 『한국프랑스학논집』제 38집, 한국프랑스학회, 2002, pp. 93-118의 내용 일부를 인용하였음.

[128] H. Johannis, *De la stratégie marketing à la création publicitaire*, Paris, Dunod, 1995, pp. 136-153.

<표 47> 광고에서의 시각적 요소 및 언어적 요소의 역할 분담[129]

광고에서 언어가 담당하는 6가지 단계별 역할	시각적 요소 vs 언어적 요소의 역할 분담
1단계: <단순 상표전달 단계> 2단계: <단순 언어화 단계> 3단계: <명료화 단계> 4단계: <의미보완 단계> 5단계: <새로운 의미부여 단계> 6단계: <시각 이미지 배제 단계>	0%　　시각적 요소의 역할　　100% 단순 상표전달 단계 단순 언어화 단계 명료화 단계 의미보완 단계 새로운 의미 부여단계 시각 이미지 배제 단계 0%　　언어적 요소의 역할　　100%

이러한 구분은 시각적 이미지가 가장 성공적으로 완수되는 단계인 <단순 상표전달 단계>에서 시작되어(이때 언어 요소는 단지 상표나 회사명을 표기하는 역할에 그치게 됨), 점차 시각적 이미지의 중요도가 줄어드는 단계를 거친 후, 끝으로 언어 요소가 광고 메시지 전체를 담당하는 <시각 이미지 배제 단계>로 이행하게 된다. 여기서는 시각적 요소와 언어적 요소가 어떻게 그 중요도를 달리 하면서 등장하는지 미국, 프랑스, 한국의 자동차 광고를 통하여 제시하기로 한다.

(1) 단순 상표전달 단계: 이미지로 승부한다

이 단계는 광고에서 시각적 이미지가 담당하는 역할이 극대화된 경우이다. 이미지만으로 충분히 의미 전달이 되어 부가적 언어 설명이 필요하지 않은 단계로서, 이때 언어의 역할은 상표나 회사명을 알리는 차원으로 극히 제한된다.

---

[129] H. Johannis, *op. cit.*, Paris, Dunod, 1995, p. 139.

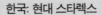

〈표 48〉 단순 상표전달 단계

프랑스: Citroen C5 Break	한국: 현대 스타렉스

위의 광고들은 언어 요소의 도움 없이 이미지만으로도 자동차의 실내 공간이 넓다는 것을 강조하는 광고임을 쉽게 알아차릴 수 있다. 왼편 광고는 강조하고자 하는 넓은 실내 공간을 차 뒷문을 열자 그 곳에 볼링 피스트가 펼쳐지는 시각적 이미지로 형상화하고 있다. 광고에서 필수적으로 여겨지는 헤드라인도 없이 작은 활자체의 지문만을 제공하고 있는 점 역시 이 광고가 시각적 이미지를 우선으로 하여 메시지 전달을 시도하고 있음을 보여준다. 여기서 두드러지는 활자라고는 "CITROEN C5 BREAK"라는 자동차 상품명뿐이다. 오른편 현대 스타렉스의 경우도 뒷배경을 푸른 하늘로 삼아 넓은 실내공간을 시원하게 강조하고 있다. 이들 광고는 시각적 이미지가 강조되고 언어적 요소가 최소화된 대표적인 예들이다.

(2) 단순 언어화 단계: 이미지가 주연, 카피는 조연

이 경우도 1단계와 유사하게 시각적 이미지만으로도 광고 메시지가 전달되는 경우이다. 언어적 요소의 역할이 ─여전히 미미하지만─ 1단계

보다는 상대적으로 비중을 차지하게 된다. 여기서 광고 카피는 이미지가 이미 보여주고 있는 것을 (재)언어화하는 제한된 기능만을 담당한다.

<표 49> 단순 언어화 단계

프랑스: Citroen C5 Break	미국: 현대 ENTOURAGE
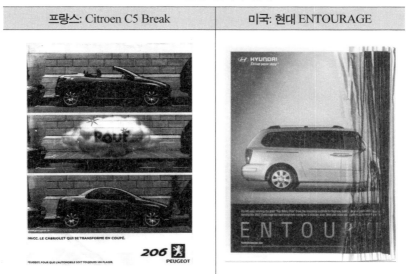	

왼편 광고는 시각적 이미지만으로도 광고가 표현하고자 하는 메시지가 충분히 전달되고 있다. 오픈카에서 쿠페[130]로 손쉽게 변환되는 Peugeot 206의 기능을 마술의 한 장면처럼 시각적 이미지를 통해 형상화하였다. 이때 광고 하단의 작은 활자체로 등장하는 "206CC. LE CABRIOLET QUI SE TRANSFORME EN COUPE(오픈카에서 쿠페로 변신 가능)"라는 카피는 광고를 보는 독자들 사이에서 혹시나 발생할 수

---

[130] 승용차를 모양에 따라 분류한 형식의 하나. 2인승으로 천장의 높이가 뒷자리로 갈수록 낮은 자동차를 이른다. 뒷자리는 어린이만 탈 수 있을 정도로 좁다. 좌석의 문은 두 짝이다. (네이버 국어사전)

있을 오해나 착오를 방지하려는 목적 하에 시각적 이미지가 이미 보여주고 있는 것을 언어적으로 반복하는 소극적인 역할만을 담당하고 있을 뿐이다. 헤드라인의 크기가 다른 광고에 비해 월등히 작으며 세부적인 정보 전달 역할을 담당하는 광고 지문은 아예 존재하지도 않을 정도로 언어 요소의 역할은 축소된 반면 시각적 이미지의 비중과 역할이 강조되고 있다.

오른편 광고 역시 시각적 이미지가 우세한 광고이다. 이 광고는 현대 Entourage의 충격 흡수 기능이 뛰어나다는 점을 구겨진 자동차 이미지를 통해 구현하고 있다. 헤드라인은 'ENTOURAGE'라는 자동차 상호만을 크게 부각시키고 있으며 관련 광고 지문은 헤드라인 위에 아주 작은 활자체로 등장한다. "winning the gold 'Top Security Pick' from the Insurance Institute for Highway Safety(고속도로 안전을 위한 보험 기구에서 금상을 수상하였음)"와 "earning the 2007 Entourage the best crash test rating for a minivan(2007년 미니밴 분야 충격 테스트에서 최고 등급을 받았음)"과 같은 내용으로 자동차의 뛰어난 충격 흡수 기능에 대한 공인된 결과를 소개함으로써 광고 이미지에 권위를 더하고 있다. 그러나 이러한 내용들은 실제 광고에서 중요한 역할을 하는 것이 아니라 이미지를 뒷받침하는 형식적인 부가 정보에 그칠 뿐이다. 글자 크기도 매우 작으려니와 오른쪽 부분은 구겨진 상태로 제시되어 내용을 제대로 읽기조차 어렵다는 점이 그 사실을 입증해주고 있다. 결국 위의 두 광고에서는 시각적 요소가 주연의 위치를 점하고, 언어적 요소는 제시되고 있는 시각적 메시지를 (재)언어화하는 제한된 기능만을 담당하는 일종의 조연 역할을 담당하고 있다.

(3) 명료화 단계: 카피가 힘을 발하다

앞의 두 단계와 달리 이 단계부터는 언어적 요소가 뚜렷한 힘을 발휘하기 시작한다. 이제 언어적 요소는 2단계에서처럼 시각적 요소가 이미 표현한 것을 반복하는데 그치는 소극적인 조연 역할이 아니라 시각적 요소가 지니고 있는 중의성을 하나의 의미로 고정시키는 보다 적극적인 역할을 수행한다. 이때 광고의 헤드라인 및 지문은 애매한 시각적 이미지를 명확하게 해주는 중요한 역할을 담당한다.

<표 50> 명료화 단계

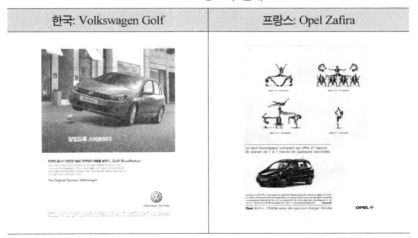

한국: Volkswagen Golf	프랑스: Opel Zafira

위에 제시된 광고들을 보자. 전 단계와 달리 이제는 이미지만으로는 선뜻 광고 메시지를 이해하기 어렵다. 왼편 광고에서 폭스바겐 골프가 길가에 핀 꽃을 피해 한 쪽 바퀴를 들고 서있는 것은 과연 무엇 때문일까? 그 해답을 얻을 수 있는 곳은 이미지가 아니라 그 아래 이어오는 광고 지문을 통해서이다.

얄밉도록 스마트하다

완벽한 골프가 친환경 기술로 완벽함의 레벨을 높였다 Golf BlueMotion

정차시 자동으로 시동이 꺼지는 시스템, 편안한 승차감과 효율적 연비를 동시에 가능케하는 DSG, 그것도 모자라 연료 효율성을 높이는 브레이크 에너지 재활용 기술까지!

블루모션 테크놀로지에 대한 세상의 견해를 예견하자면

편안한 드라이빙을 포기했던 친환경 자동차들은 얄밉도록 완벽하다 할 것이고 타는 이들은 더없이 스마트하다고 할 것입니다.

The Original German. Volkswagen

독자들은 위 광고 지문을 읽고 나서야 Golf BlueMotion이 집중적으로 연비를 절약하는 친환경 기술—자동 시동 정지 시스템, 연비절약 DSG, 연료 효율성을 높이는 브레이크 에너지 재활용 기술 등—을 갖춘 차로서 그로 인해 환경을 보호할 수 있다는 것을 알게 된다. 꽃을 밟는 것을 피하려고 한 바퀴를 들고 있는 자동차의 이미지는 골프가 환경 친화적 자동차임을 상징적으로 표현한 것이다. 그런데 광고의 헤드라인 및 뒤이어 오는 지문의 도움 없이 이미지만으로 이 광고를 해석하고자 하는 경우에는 자칫 제대로 이해를 못할 수도 있다. 차가 꽃을 밟지 않으려고 한 바퀴를 드는 것을 자동차의 우수한 급제동 시스템에 관한 내용이라고 오해할 수도 있을 것이기 때문이다. 그러므로 이 단계에서 언어적 요소는 시각적 요소가 지니고 있는 중의성을 하나의 의미로 고정시키는 적극적인 역할을 담당하게 된다.

오른편 광고 역시 헤드라인이 시각적 이미지가 함의하고 있는 중의성을 해소하는 역할을 수행하고 있다. 리듬체조 선수들이 취하고 있는 다양한 포즈가 실제로는 Opel Zafira monospace의 다양한 공간 이용 가능성을 형상화한 것이라는 점이 명료해지는 것은 바로 광고의 헤드라인 "Le seul monospace compact qui offre 27 façons de passer de 1 à 7 places en quelques secondes(단 몇초 만에 한 좌석에서 일곱 좌석으로 변환이 가능한 27가지 방식을 지닌 유일한 다목적 차량)"을 통해서이다. 그러므로 이 단계에서 언어 요소의 역할은 더 이상 시각 이미지를 그대로 반복하는 부가적인 존재가 아니라 시각적 이미지만큼이나 중요한 독립적인 역할을 담당한다. 광고 카피가 힘을 발하기 시작하는 단계이다.

(4) 의미보완 단계: 이미지와 카피가 시너지 효과를 내다

이 단계에서 시각적 요소는 단독으로 의미를 전달하지 못하거나, 혹은 미약하게 전달하는 상태여서 언어 요소의 의미보완이 절실한 단계이다. 그러므로 언어 요소는 시각적 메시지에 힘을 실어 주고 그것에 타당성을 더하는 중요한 역할을 담당한다.

<표 51> 의미보완 단계

미국: 현대자동차	프랑스: BMW 320
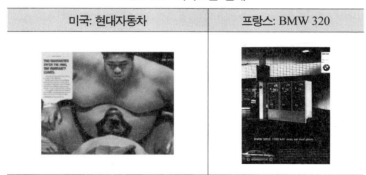	

왼편 광고에는 육중한 몸을 하고 상대를 노려보는 스모 선수가 모델로 등장한다. 그의 대적자는 뒷모습으로만 드러나는데 얼핏 보아도 비교가 되지 않을 정도로 작은 체구를 하고 있다. 그런데 이러한 이미지만으로는

이 광고가 무슨 광고인지 전혀 가늠할 수 없다. 회사명이나 상표도 눈에 뜨이지 않는다. 그러므로 무슨 광고인지 알기 위해서는 광고 카피에 의존하지 않을 수 없다. 의문은 다른 차에 비해 보증 기간을 2배로 늘린다는 헤드라인을 읽은 뒤에야 풀리게 된다. 다른 선수에 비해 체격이 월등히 큰 스모 선수는 타 자동차 회사보다 보증 기간이 2배나 긴 현대자동차를 상징적으로 표현한 것이었다. 결국 이미지만으로는 종잡기 어려운 이 광고를 완성시키는 것은 바로 언어 요소인 광고 카피이다.

오른편 BMW 광고 역시 마찬가지이다. 독자들은 주유기는 보이지 않고 커피자동판매기만 늘어선 주유소 이미지를 보고 갸우뚱하다가 "BMW 320d. 단 한 번의 주유로 1100km 주행"이라는 헤드라인을 읽고서야 비로소 고개를 끄덕이게 된다. 대부분의 차는 장거리 주행 시 급유를 위해 휴게소에 정차하기 마련이다. 그런데 BMW 320d는 장거리에도 주유가 필요 없을 정도로 연비가 뛰어나서 운전자가 휴식이 필요할 경우에만 휴게소에 정차하면 된다는 것을 자동판매기만 늘어서 있는 이미지를 통하여 강조하고 있다. 이제 광고의 헤드라인은 시각적 이미지만으로는 부족한 메시지를 결정적으로 보완해내는 중요한 역할을 담당하게 된다.

(5) 새로운 의미부여 단계: 이젠 카피가 주연, 이미지는 조연

이 단계에서는 언어적 요소가 시각적 요소를 넘어서서, 시각적 요소에 새로운 의미를 부여하거나 혹은 시각적 요소가 표현하는 것을 바꿔버리기까지 할 정도로 중요한 역할을 수행한다. 특히 광고의 시각적 이미지가 평범하거나 별 특징이 없을 경우 언어 메시지의 역할은 더욱 중요하게 된다. 이 경우 시각적 이미지에 대한 설명의 필요는 적어지는 반면, 진부하다고 여겨질 수 있을 이미지에 힘을 줄 수 있을 독창성이 광고 카피에

절실히 요구된다. 이와 반대로 보여지는 시각적 이미지가 극단적이거나 혹은 비현실적일 경우 역시 언어 메시지의 역할이 커지게 된다. 언어 메시지를 통해서 시각적 이미지를 독자들이 용인 가능하도록 완화시키는 역할을 광고 문구가 담당하여야 하기 때문이다.

<표 52> 새로운 의미부여 단계

프랑스: 푸조 406	한국: 현대 아반떼

달리는 자동차의 역동적인 뒷모습을 통하여 Peugeot 406의 힘을 부각시키고 있는 왼편 광고는 이미지 상으로는 여느 자동차 광고와 다를 바 없는 진부함을 면치 못하고 있다. 이러한 진부한 이미지에 새로운 힘을 부여하는 것은 다름 아닌 언어 요소인 헤드라인이다.

**"나는 절대로 내 자동차 모터(2,2L HDi/FAP) 성능을 최대치로 사용하지
않겠습니다" 라고 오른 발을 들고 "맹세합니다"라고 선서하세요**

이 광고의 헤드라인은 프랑스에서 증인이 법정에서 선서하는 형식("나는 진실을, 모든 진실을, 그리고 오직 진실만을 말할 것입니다"라고 오른 팔을 들고 "맹세합니다"라고 선서하세요)을 차용하고 있다. 이렇게 관용적 표현을 변형하여 광고에 언어적 묘미를 살리는 것은 그것이 효과적으

로 사용될 경우 상당히 성공적일 수 있다. 여기서는 406 모터의 파워를 절대로 다 발휘하지 않겠다고 법정 선서를 해야 할 정도로 -그것도 팔이 아닌 발을 들라는 재치있는 표현을 통해- 엔진의 성능이 뛰어나다는 것을 강조하고 있다. 이 광고는 광고의 시각적 이미지가 평범하거나 별 특징이 없을 경우 언어 메시지의 역할이 더욱 중요하게 된다는 것을 잘 보여준다.

오른편 현대 아반떼 광고도 마찬가지이다. 차가 도로를 질주하는 이미지는 상당히 정형화된, 그래서 진부함을 면치 못하는 형태이다. 이때 이 광고에 핵심을 이루는 것은 이미지가 아닌 바로 광고 카피이다.

아반떼보다 더 잘나가는건
아반떼뿐이다!

위 카피는 논리적 모순을 안고 있다. 논리적으로는 아반떼보다 더 잘 나가는 것은 아반떼가 아닌 그보다 더 성능 좋은 다른 자동차여야 할 것이다. 우리는 3.2.에서 그라이스 대화격률 중에서 질의 격률을 위반하는 광고들에 대해서 살펴본 바 있다. 위의 아반떼 광고의 경우도 아반떼의 성능이 대단히 뛰어나다는 것을 논리적 모순 문구를 통하여 강하게 어필하고 있다. 결국 이 단계는 이미지가 주연이고 카피가 조연이던 단순 언어화 단계와 반대로 이제 카피가 주연이 되고 이미지는 조연이 되어버리는 단계이다.

(6) 시각 이미지 배제 단계: 카피에 전적으로 의존하다

이 단계는 시각적 이미지 없이 문자로만 메시지를 전달하고자 하는 경우로서 언어 요소가 광고 커뮤니케이션의 전체를 차지하게 된다.[131] 그런데 자동차 광고에서 시각적 이미지가 전혀 없는 경우를 찾기가 상당히 어려웠기에 여기서는 그에 가장 근접한 광고의 예를 소개하기로 한다.

\<표 53\> 시각 이미지 배제 단계

미국: 현대자동차

이 광고의 핵심 메시지는 "현대자동차를 운전하면 수천 명의 헌신적인 장인들이 당신과 함께 차를 타고 있는 것입니다"라는 광고의 주 카피이다. 여기 배경으로 등장하는 자동차 트렁크 부분의 이미지는 단지 배경으로 작용할 뿐으로 언어적 요소가 시각적 요소에 극히 우선하는 예이다.

결론을 대신하여

이상으로 광고의 기호 표현을 구성하는 시각적 요소와 언어적 요소

---

[131] 그렇다고 해서 언어적 요소가 시각적 이미지로부터 완전히 자유로운 것은 아니다. 시각적 요소가 구체적 실체로서 광고상에 등장하지는 않는다 하더라도 활자체나 광고 지면의 공간 배치 등으로 간접적으로나마 시각적 메시지를 전달하게 되기 때문이다.

사이의 상호연관 관계를 이루는 6가지 단계를 구체적 예들과 함께 살펴보았다. 시각적 요소의 중요도가 크면 클수록 언어적 요소의 중요도는 낮아지고, 반대로 언어적 요소의 중요도가 높아질수록 시각적 요소의 중요도는 낮아지는 양상을 보였다. 이 6단계는 우열의 개념이 아니라 일종의 유형 개념으로 이해하는 것이 바람직하다. 또한 각 단계별 경계가 명확하게 설정되는 것은 아니라는 점도 인식해야 한다.

4.1.에서 언급한 것처럼 지시 기능에서 시적 기능으로 광고의 중심이 점차 이동되면서 최근 광고에서 이미지가 점차 중요하게 되는 일반적인 성향은 보이고 있지만, 그것이 이곳에서 소개하는 6단계 광고 유형과 1대 1 대응을 이루는 것은 아니다. 시적 기능은 시각적 요소뿐만 아니라 언어적 요소를 통해서도 구현될 수 있기 때문이다. 그러므로 광고가 강조하려는 기능이 무엇이건 간에 광고를 구성하는 핵심 요소인 언어적 요소와 시각적 요소의 비중을 어떻게 배분할 것인가를 충분히 고민하여야 할 것이다.

IV. 나가면서

이 책의 서두에서 나는 이 책이 담화와 담론이 만나는 장이 되기를 희망한다고 밝힌 바 있다. 거대 담론 연구 중심의 사회과학 분야에서는 권력의 생산이 담론을 통해서 생산/재생산되고 있음을 비판하고는 있었으나 그것을 일상적 담화 차원에서 구체적으로 분석해낸 언어학적 시도는 현재까지 미흡하였기 때문이다. 그러므로 이 책은 언어학에서 진행되어온 담화 연구와 사회과학 분야에서 진행된 담론 연구 사이에 일종의 가교 역할을 하고자 하였다.

분석 과정에서 우리는 페어클로에 의해 대표되는 비판적 담화 분석(Critical Discourse Analysis)의 입장을 취하였다. CDA는 사회의 익숙한 곳에 숨어 있는 담화의 권력 관계 및 지배/피지배 관계를 찾아내고, 그것의 힘의 관계(power relation)를 들춰내는 것을 목표로 하는 접근법이다. 이러한 입장은 푸코가 권력이 행사되는 과정이 물리적인 힘을 통해서라기보다는 담론을 통해서라는 점을 강조하면서 권력과 담론과의 관계에 주목하였던 문제 의식과 그 맥을 같이한다. 그러므로 CDA는 푸코 등에 의해서 제기된 거대 담론 이론을 구체적 언어 분석에 적용하는, 즉 '담론'과 '담화' 연구를 한 장에 결합시키는 유용한 접근 방식이라 하겠다. 이 책은 권력을 실어 나르는 구체적 운반 수단인 담화를 통하여 이데올로기가 생산/재생산되는 과정을 비판적 시각으로 분석하고자 한 CDA의 문제 의식에 최대한 충실하고자 하였다.

이 책의 핵심은 III절을 구성하고 있는 4개의 장이라 할 수 있다. 1장의 지칭/인칭 연구에서는 부르는 행위 속에 숨어있는 권력 관계 및 이해관계를 구체적 사례들을 통하여 제시하고자 하였다. 2장의 어휘/문체 연구에서는 어휘 및 문장 구조의 선택 및 배제를 통해 원하는 방식대로 현실을 재구성하고자 하는 이데올로기적 작용에 관심을 두었다. 3장 전제/함축 연구에서는 전제와 함축이 지니는 언어학적 특징이 어떻게 정치 담화 및 광고에서 효과적으로 활용되고 있는지 살펴보았다. 끝으로 4장에서는 메시지(기의) 담화 분석에 초점을 맞춘 1-3장과는 달리 이미지(기표)를 중심에 놓은 광고 기호 분석을 시도하였다. 각 장은 서로 다른 언어학적 지표들을 분석하고 있어 따로 떼어 읽어도 될 정도로 독립성을 지니지만, 사회 도처에 숨어 있는 크고 작은 권력 관계를 찾아내고 그것을 들춰내는 비판적 작업을 수행하고자 했다는 점에서는 서로 공통점을 지닌다.

이 책을 구상하고 쓰기 시작한 것은 2010년 여름부터였다. 이후 일년에 걸쳐 띄엄띄엄 붙잡고 있다가 다른 일들에 우선 순위가 밀려나 한쪽으로 밀쳐 두게 되었다. 이 책에 인용된 예들의 상당수가 2010년 안팎인 이유가 여기에 있다. 2013년 여름, 다시 마음을 잡고 손을 보기 시작하였다. 그리고 어느덧 책에 마침표를 찍어야 할 시간이 왔다. 위에서 밝혔듯이 이 책의 목적은 거대 담론 차원에서 이론적으로만 지적되어온 지배 담론의 이데올로기성이 일상의 언어 차원에서 어떻게 구현되고 있는지를 비판적 시각을 가지고 구체적으로 분석하는 것에 있었다. 책을 마치는 이 순간에도 여전히 우리 주위에는 크고 작은 권력 관계와 이해관계를 실어 나르는 담화들이 현재진행형으로 포진하고 있다. 이 책을 읽은 독자들이 이전과 달리 자신을 둘러싼 담화들을 보다 비판적으로 바라볼 수 있는 힘을 기르는데 이 책이 조금이라도 일조하였기를 바라면서 부족하나마 이 책을 마치기로 한다.

▌참고문헌 ▌

국립국어연구원 ≪표준국어대사전≫, 두산동아, 1999,
고영복(편), ≪사회학사전≫, 사회문화연구소, 2000.
김광철·장병원, ≪영화사전≫, media 2.0, 2004.
한국언론연구원(편), ≪매스컴대사전≫, 한국언론연구원, 1993.

김창남, ≪대중문화의 이해≫, 한울, 2010.
박정자, 푸코의 권력개념(1), http://www.cjpark.pe.kr
박명진(편), ≪두꺼운 언어와 얇은 언어≫, 문학과 지성사, 2012.
박정순, ≪대중매체의 기호학≫, 커뮤니케이션북스, 2009.
서상규·한영균, ≪국어정보학입문≫, 태학사, 1999.
원용진, ≪대중 문화의 패러다임≫, 한나래, 1996.
이병혁(편), ≪언어사회학 서설: 이데올로기와 언어≫, 까치, 1986.
윤평중, ≪푸코와 하버마스를 넘어서≫, 교보문고, 1990.
최윤선, 「'우리'라는 이름으로: 집합적 동일성 그리고 정치적 대표성과 정당
      성을 찾아서」, 『문학과 사회』39호, 문학과 지성사, 1997, pp.
      1032-1052.
_____, 「프랑스와 한국의 대통령선거 담화 비교분석: 상대후보에 대한 지칭
      전략을 중심으로」, 『불어불문학연구』제 43집, 한국불어불문학회,
      2000, pp. 441-464.
_____, 「프랑스 자동차 광고 기호분석」, 『한국프랑스학논집』제 38집, 한국
      프랑스학회, 2002, pp. 93-118.
_____, 「제16대 대통령 선거 후보들의 언술전략 분석」, 『언론과학연구』제 3
      권 3호, 한국지역언론학연구회, 2003a, pp. 163-198.
_____, 「프랑스와 한국의 정치담화 비교분석: "nous"에 드러난 언술전략 분
      석을 중심으로」, 『한국프랑스학논집』제 44집, 한국프랑스학회, 2003b,

pp. 65~84.

＿＿＿, 「프랑스 광고에 드러난 인칭대명사의 담화료과 분석」, 『한국프랑스
학논집』제 46집, 한국프랑스학회, 2004, pp. 83-100.

＿＿＿, 「프랑스와 한국의 광고기호 비교분석」, 『한국프랑스학논집』 제49집,
한국프랑스학회, 2005, pp. 137-152.

＿＿＿, 「프랑스 광고 속에 드러난 함축 의미의 화용론적 연구」, 『불어불문학
연구』제 78집, 한국불어불문학회, 2009a, pp. 331-358.

＿＿＿, 「프랑스 광고 커뮤니케이션 채널 유형 연구: 연동 인칭대명사 사용의
화용론적 분석을 중심으로」, 『한국프랑스학논집』제67집, 한국프랑스
학회, 2009b, pp. 137-156.

＿＿＿, 「선택과 배제의 담화전략 분석: 멕시코만 원유유출에 대한 BP의 보도
자료를 중심으로」, 『불어불문학연구』 제86집, 한국불어불문학회,
2011, pp. 451-473.

＿＿＿, 「2012년 프랑스 대통령 선거 TV토론의 담화분석- '전제'와 '함축'을
이용한 F. Hollande의 상대후보 공격 전략을 중심으로」, 『불어불문학
연구』제92집, 한국불어불문학회, 2012, pp. 641-663.

하상복, ≪푸코 & 하버마스 -광기의 시대, 소통의 이성≫, 김영사, 2009.

J. M. Adam & M. Bonhomme, *L'Argumentation publicitaire*, Nathan, 1997.
(장인봉 옮김, ≪광고논증≫, 고려대학교 출판부, 2001.)

L. Althusser, "Ideology and Ideological State Apparatuses", in *Lenin and
Philosophy and Other Essays*, New Left Books, 1971.

J. Austin, *How to do things with words*, Oxford University Press, 1962.

C. Barker & D. Galasinski, *Cultural Studies and Discourse Anlaysis*, Sage,
2001. (백선기 옮김, ≪문화연구와 담론분석≫, 커뮤니케이션북스,
2009.)

B. Bernstein, *Theoretical Studies towards a Sociology of Language*, Routledge,
1971.

J. Baudrillard, *Le système des objets*, Gallimard, 1970. (배영달 옮김, ≪사물

의 체계≫, 백의, 1999.)

_____, *La société de consommation*, Gallimard, 1986. (이상률 옮김, ≪소비의 사회≫, 문예출판사, 1991.)

E. Benveniste, *Problèmes de linguistique générale*, Gallimard, 1966.

P. Bourdieu, *Ce que parler veut dire. L'économie des échanges linguistiques*, Fayard, 1987.

P. Bourdieu, "La representation politique. Elements pour une theorie du champ politique", in *Actes de la recherche en sciences sociales*, n 36/37, Seuil, 1981.

P. Bourdieu, "La delegation et le fetichisme politique", in *Actes de la recherche en sciences sociales*, n 52/53, Seuil, 1984.

N. Chomsky, *Aspects of the theory of syntax*, M.I.T.Press, 1965.

M. Cohen, *Histoire d'une langue: le français*, Editions Sociales, 1967. (김동섭 옮김, ≪불어사:언어 발달과 사회 변천사≫, 어문학사, 1996.)

M. Coulomb-Gully, *Radioscopie d'une campagne: la représentation politique au journal télévisé*, Editions Kimé, 1994.

O. Ducrot, *Dire et ne pas dire*, Harmattan, 1972.

N. Fairclough, *Language and Power*, Longman, 1989. (김지홍 옮김, ≪언어와 권력≫, 경진, 2011.)

_____, *Media Discourse*, Edward Arnold, 1995. (이원표 옮김, ≪대중매체 담화 분석≫, 한국문화사, 2004.)

_____, *Critical discourse Analysis*, Longman, 1995.

_____, *Analysing Discourse*, Routledge, 2003. (김지홍 옮김, ≪담화분석 방법≫, 경진, 2012.)

N. Fairclough & R. Wodak, "Critical discourse analysis" in T. van Dijk (ed.), *Discourse as social interaction*, Sage, 1997.

N. Fairclough, J. Mulderring & R. Wodak, "Critical discourse analysis" in R. Wodak (ed.), *Critical Discourse Analysis*, Sage publication, 2012, pp. 79-101.

M. Foucault, *L'ordre du discours*, Editions Gallimard, 1971. (이정우 옮김,

《담론의 질서》, 새길, 1993.)

_____, *Surveiller et punir: Naissance de la prison*, Gallimard, 1975. (오생근 옮김, 《감시와 처벌: 감옥의 역사》, 나남, 2003.)

_____, "Truth and Power", in P. Rainbow (eds), *The Foucault Reader*, Pantheon, 1984.

R. Fowler, B. Hodge, G. Kress & T. Trew, *Language and control*, Routledge, 1979.

P. Guiraud, *Dictionnaire Erotique*, Payot, 1978.

H. P. Grice, "Logic and conversation", in Cole, P. et Morgan, J.L. (eds.), *Syntax and Semantics 3: Speech Acts*, New York, Academic Press, 1975, pp. 83-106.

B. Grunig, *Les mots de la publicité*, CNRS EDITIONS, 1998.

Y. Huang, *Pragmatics*, Oxford University Press, 2006. (이해윤 옮김, 《화용론》, 한국외국어대출판부, 2009.)

R. Jakobson, *Language in Literature*, Belknap Press of Harvard University Press, 1987. (신문수(편역), 《문학 속의 언어학》, 문학과 지성사, 1989.)

H. Johannis, *De la stratégie marketing à la création publicitaire*, Paris, Dunod, 1995.

L. Kahney, *Inside Steve's Brain*, Portfolio, 2008. (안진환·박아람 옮김, 《잡스처럼 일한다는 것》, 북섬, 2008.)

S. Levinson, *Pragmatics*, Cambridge University Press, 1983.

W. Labov, *The Social Stratification of English in New York City*, Cambrige University Press, 2006.

D. Macdonnel, *Theories of Discourse*, Blacwell, 1986. (임상훈 옮김, 《담론이란 무엇인가》, 한울, 1992.)

S. Mills, *Discourse*, Routledge, 1997. (김부용 옮김, 《담론》, 인간사랑, 2001)

J. Moeschler, & A. Reboul, *Dictionnaire Encyclopédique de pragmatique*, Seuil, 1994. (최재호·홍종화·김종을 공역. 《화용론 백과사전》, 한

국문화사, 2004.)

G. Péninou, *Intelligence de la publicité*, Robert Laffont, 1972. (김명숙·장인봉 옮김, ≪광고 기호 읽기≫, 이화여자대학교 출판부, 1998.)

S. Romaine, *Language in Society: an introduction to sociolinguistics*, Oxford University Press, 2000. (박용한·김동환 옮김, ≪언어와 사회: 사회언어학으로의 초대≫, 소통, 2009.)

D. Schiffrin, *Approches to Discourse*, Blackwell, 1994.

J. R. Searle, *Speech Acts: An Essay in the Philosophy of Language*, Cambridge University Press, 1969.

T. Trew, "Theory and Ideology at Work", in Roger Fowler, *Language and Control*, London: R.K.P., 1979, pp. 94-116. (이병혁(편),"대중정보의 왜곡과 이데올로기", ≪언어사회학 서설 -이데올로기와 언어≫, 까치, 1986, pp. 239-266.)

T. Van Dijk. "Multidisciplinary CDA: a plea for diversity", in R. Wodak & M. Meyer (eds.), *Methods of CDA*, Sage, 2009, pp 95-120.

R. Wodak (ed), *Critical Discourse Analysis*, vol I, Sage, 2012.

R. Wodak & M. Meyer, "Critical discourse analysis: history, agenda, theory, and methodology", in R. Wodak & M. Meyer (eds.), *Methods of CDA*, Sage, 2009, pp. 1-33.

M. Yaguello, *Les mots et les femmes*, Payot, 1978. (강주헌 옮김, ≪언어와 여성≫, 여성사, 1994.)

G. Yule, *Pragmatice*, Oxford University Press, 1996.

▌찾아보기 ▌